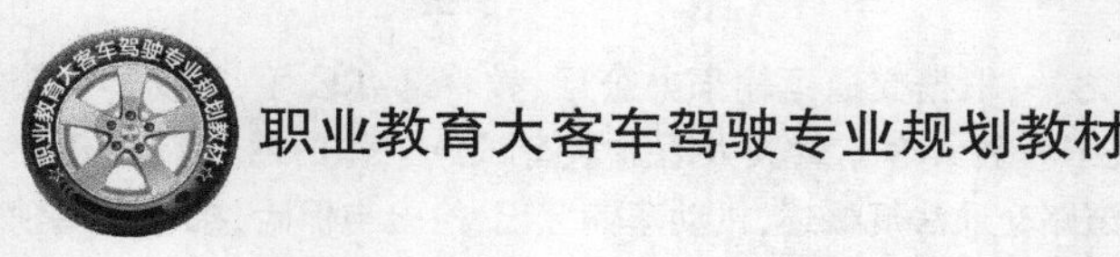

职业教育大客车驾驶专业规划教材

道路交通法规

交通运输部运输服务司　组织编写
王　杨　主　编

人民交通出版社股份有限公司
China Communications Press Co.,Ltd.

内 容 提 要

本书为职业教育大客车驾驶专业规划教材之一,根据交通运输部办公厅、教育部办公厅、公安部办公厅、人力资源社会保障部办公厅联合下发的《关于开展大客车驾驶人职业教育试点工作的通知》(厅运字〔2014〕100 号)编写而成。本书主要内容包括:道路交通法规概述,机动车辆登记、检验与保险,机动车驾驶证申请与使用,道路秩序通行规定,道路旅客运输安全管理规范,道路旅客运输经营管理规定。

本书为大客车驾驶专业的核心教材,也可作为道路客运驾驶人素质提升的培训用书和参考用书。

图书在版编目(CIP)数据

道路交通法规/王杨主编. —北京:人民交通出版社股份有限公司,2017.7

职业教育大客车驾驶专业规划教材

ISBN 978-7-114-13876-8

Ⅰ.①道… Ⅱ.①王… Ⅲ.①道路交通安全法—中国 Ⅳ.①D922.14

中国版本图书馆 CIP 数据核字(2017)第 124658 号

职业教育大客车驾驶专业规划教材

书　　名:道路交通法规
著 作 者:王　杨
责任编辑:郭　跃
出版发行:人民交通出版社股份有限公司
地　　址:(100011)北京市朝阳区安定门外外馆斜街 3 号
网　　址:http://www.ccpress.com.cn
销售电话:(010)59757973
总 经 销:人民交通出版社股份有限公司发行部
经　　销:各地新华书店
印　　刷:北京虎彩文化传播有限公司
开　　本:787×1092　1/16
印　　张:14.25
字　　数:334 千
版　　次:2017 年 7 月　第 1 版
印　　次:2022 年 9 月　第 4 次印刷
书　　号:ISBN 978-7-114-13876-8
定　　价:34.00 元

前言

FOREWORD

为进一步贯彻落实《国务院关于加强道路交通安全工作的意见》(国发〔2012〕30号)的有关要求,“将大客车驾驶人培养纳入国家职业教育体系,努力解决高素质客运驾驶人短缺问题”,经交通运输部、教育部、公安部和人力资源社会保障部共同研究,于2014年07月29日发文《关于开展大客车驾驶人职业教育试点工作的通知》(厅运字〔2014〕100号),决定在江苏、安徽、云南三省各选取一至两所具备资质的职业技术学院、高级技工学校,开展大客车驾驶人职业教育试点工作。为了认真落实通知精神,提升大客车驾驶人职业教育的办学水平,人民交通出版社受交通运输部委托,特组织试点院校编写职业教育大客车驾驶专业规划教材,以供本专业教学使用。

本套教材总结了全国交通高级技工学校、技师学院多年的专业教学经验,结合道路客运企业对大客车驾驶人的特殊要求,注重以学生就业为导向,以培养能力为本位,教材内容符合大客车驾驶专业教学改革精神,适应道路客运企业对大客车驾驶技能型紧缺人才的要求。本套教材中部分教材内容是在江苏汽车技师学院《大客车驾驶专业教学标准和课程标准》研究课题的课程体系框架下确定的。本套教材具有以下特色:

1. 按照交通行业职业技能规范和国家职业资格标准构建课程体系和教材体系。本套教材遵循大客车驾驶学制培养的具体要求,为贯彻国家职业资格标准,保证提高大客车驾驶专业学生的技术素质和服务质量奠定了良好的基础。

2. 本套教材注重实用性,体现先进性,保证科学性,突出实践性,贯穿可操作性,反映了汽车工业的新知识、新技术、新工艺和新标准,其工艺过程尽可能与当前生产情景一致。

3. 本套教材体现了汽车驾驶高级工应知应会的知识技能要求,更注重了汽车驾驶传统经验与现代大客车技术的有机结合。

4. 本套教材文字简洁,通俗易懂,以图代文,图文并茂,形象直观,形式生动,容易培养学生的学习兴趣,提高学习效果。

《道路交通法规》为本套教材之一,主要内容包括:道路交通法规概述,机动车辆登记、检验与保险，机动车驾驶证申请与使用，道路秩序通行规定，道路旅客运输安全管理规范，道路旅客运输经营管理规定。

本书由江苏汽车技师学院王杨担任主编，负责统稿。第一章由江苏汽车技师学院王杨和浙江交通技师学院何桂发编写，第二章由江苏汽车技师学院李海波编写，第三章由江苏汽车技师学院刘建珠编写，第四章由江苏汽车技师学院杨福华编写，第五章由浙江交通技师学院何桂发和江苏汽车技师学院王杨编写，第六章由杭州技师学院杨建军编写。

限于编者水平，加之大客车驾驶专业在全国已停办数年，书中难免有不当之处，敬请广大院校师生提出意见和建议，以便再版时完善。

编写委员会

2017 年 3 月

目 录

CONTENTS

第一章　道路交通法规概述

道路交通系统作为动态的开放系统，与人、车辆及道路环境等因素密切相关，其安全既受系统内部因素制约，又受系统外部环境的干扰，道路交通运输在国民经济建设、国防建设、人民生活需要及抢险救灾等方面担负着十分繁重的任务。交通安全是道路交通运输活动顺利完成的前提条件。我国十分重视道路交通安全管理工作，注重道路交通事故预防，对影响交通安全的人、车、路、环境、法规、管理等因素综合分析评价，建立了交通安全管理保障体系。道路交通法规是交通安全管理的核心，是指维护交通秩序，保障交通安全以及其他有关交通安全的法律法规。

第一节　道路交通安全法规

一、道路交通安全法规体系

道路交通安全管理法规由国家权力机关或行政机关依法制定或颁布，由众多的法律规范组成，国家强制力保证实施，它们之间是一个内在有机联系的整体。

(一)道路交通安全管理立法概况

1. 在公路管理方面

2004 年 8 月 28 日中华人民共和国主席令第 19 号公布施行《中华人民共和国公路法》。以国务院 2008 年 12 月 27 日中华人民共和国国务院令第 543 号公布，2009 年 1 月 1 日起施行的《中华人民共和国公路管理条例》和 2009 年 6 月 13 日交通运输部令 2009 年第 8 号公布的《中华人民共和国公路管理条例实施细则》为公路基本法，包括与之相配套的《公路工程基本建设管理办法》《公路工程质量监理暂行办法》《公路工程竣工验收办法》《公路工程技术标准》《车辆购置附加费征收办法》《公路养路费使用管理规定》《公路养护管理暂行规定》《公路绿化暂行办法》《公路路政管理规定》《公路工程施工招标投标管理办法》《关于禁止在公路上乱设卡乱罚款收费的通知》《关于在公路设置通行费收费站(点)的规定》等法规和规章，初步搭起了公路法规体系的框架。

2. 在道路运输管理方面

以国家经委、交通部发布的《公路运输管理暂行条例》和国务院发布的《关于农民个人或联户购置机动车船和拖拉机经营运输业的若干规定》为基本法，并在运政方面制定了《道路运输违章处罚规定》《公路运输管理部门工作条例》。《中华人民共和国道路运输条例》于 2012 年 11 月 9 日修正，2013 年 1 月 1 日起施行。在客运方面制定了《汽车旅客运输规则》

《全国汽车客运管理暂行规定》《公路汽车客运站务管理办法》;在货运方面制定了《汽车货物运输规则》《汽车危险货物运输规则》《公路货物运输合同实施细则》《汽车零担货物运输管理办法》;在运价及收费方面制定了《汽车运价规则》《公路运输管理费征收和使用规定》。

3. 在道路交通安全管理方面

2004 年 4 月 28 日国务院第 49 次常务会议通过《中华人民共和国道路交通安全法实施条例》(以下简称《道路交通安全法实施条例》(国务院令[2004]第 405 号)),自 2004 年 5 月 1 日施行。国务院第 462 号令公布《机动车交通事故责任强制险条例》于 2006 年 7 月 1 日施行。2011 年 4 月 22 日第十一届全国人民代表大会常务委员会第二十次会议《关于修改〈中华人民共和国道路交通安全法〉的决定》第二次修正,2011 年 5 月 1 日起施行。公安部、交通运输部[2012]5 号"关于进一步加强客货运驾驶人安全管理工作意见",国务院关于加强道路交通安全工作的意见[2012]30 号,交通部还通过对交通法的清理、汇编及立法解释,废止了近 900 件规章和规范性文件,修改了近 180 多个规章和规范性文件,大大提高了交通法的操作性、明确性。

综上所述,我国交通法体系已初具规模,经过多年的完善与修正,基本上使交通活动实现了有法可依。

(二)道路交通安全法规概念

道路交通安全法规是道路交通安全管理的法律、法规、规章和国家技术标准规范的总称,是规范交通参与者的交通行为,维护道路交通秩序,规范和调整人、车、路、环境等参与交通的各要素之间交通安全关系的法律规范的总称,它明确了道路的规划者、设计者、建设者、使用者,以及道路和道路交通安全的管理者等参与交通各方的法定权利和义务,包括道路交通参与者应该遵守的条款、禁令以及不执行和违反法规的制裁条款,从而规范道路交通参与者的交通行为,保障道路交通安全、畅通等,体现了法律的强制性和规范性。

(三)道路交通安全法规的作用

随着交通事业的发展,道路交通安全法规是道路交通管理中重要强制性手段,在加强道路交通管理,维护交通秩序,保障交通安全与畅通,减少交通事故,便利交通运输,促进社会主义现代化建设等方面都具有十分重要的作用。

1. 是实现现代化道路交通安全管理的重要手段

道路交通安全法规能够使交通参与者有法可依,统一认识,不仅加强了交通管理的严肃性,而且提高了人们的自觉性与责任感;调动广大人民群众的积极性,加强法制建设,保证道路交通的安全正常运行。

2. 维护交通秩序,保障交通安全,提高运输效益

道路交通安全法规的重要内容体现在以强制的手段维护交通秩序,使人们在走路、行车及进行与走路、行车有密切关系的社会活动时,都能严格按照交通法规行事,不仅维护了交通秩序,还保障了道路交通运输的畅通无阻,使道路和车辆的使用者以及道路交通管理人员做到"有法可依,执法必严,违法必究",减少道路交通事故的发生。实践证明,只有依法治理交通,才能保障道路交通安全管理,促进社会主义现代化建设。

3. 用法律的强制手段增强交通参与者的交通安全意识

多年来,各级公安机关交通管理部门在依法纠正、处罚道路交通安全违法行为时,经常对部分违章者采取一些教育措施或带有一定强制性的措施，诸如发违法通知书，组织学习交通法规，暂扣车辆、驾驶证件，或者对违法行为给予警告、罚款、拘留、吊销驾驶执照等措施，使违法者认识到违反交通法规也是犯法。通过运用法律的强制手段增强人们自觉遵守交通法规的意识，从而保证交通的安全、畅通。

4. 处理交通事故与纠纷，保护当事人合法权益

道路交通安全法规的实施不仅体现在其强制作用的优势上，而且在处理交通事故，解决交通纠纷上，《中华人民共和国道路交通安全法》（以下简称《道路交通安全法》）《中华人民共和国道路交通安全法实施条例》（以下简称《实施条例》）对交通事故的现场勘查、认定交通事故责任、处罚交通事故责任者、赔偿受害人的损失等问题都进行了具体规定，维护了当事人合法权益方面也发挥了重要作用。

5. 道路交通安全法规的实施起到了交通安全教育的作用

2011 年，公安部决定把每年的 12 月 2 日定为"全国交通安全日"。2012 年《国务院关于加强道路交通安全工作的意见》（国发[2012]30 号）明确提出设立"全国交通安全日"，2012 年 11 月 18 日，国务院正式批复同意自 2012 年起，将每年 12 月 2 日设立为"全国交通安全日"。道路交通安全法规的实施，使人们认识到交通安全是公民必须遵守的行为准则。要使人们真正认识到交通安全的重要性，必须大力宣传和认真贯彻执行道路交通安全管理法规，宣传与加强对各类人员遵章守纪教育相结合，结合全国交通安全日，在全社会营造人人谴责交通违法行为、人人践行文明交通的浓厚氛围，摒弃交通陋习，遵守交通信号，安全文明出行，开展针对性宣传教育活动，采取有效的措施保证道路交通安全管理法规的实施。

（四）道路交通安全法规体系

交通管理法规体系应满足的基本要求是用法律调整交通关系，交通法的表现形式多样化且层次分明，交通法律规范及表现形式结构严谨，且避免各法之间的冲突，从内容和表现形式上，把交通管理法规按体系分为：

1. 按交通管理法规内容来确定

交通管理法规内容如图 1-1-1 所示。

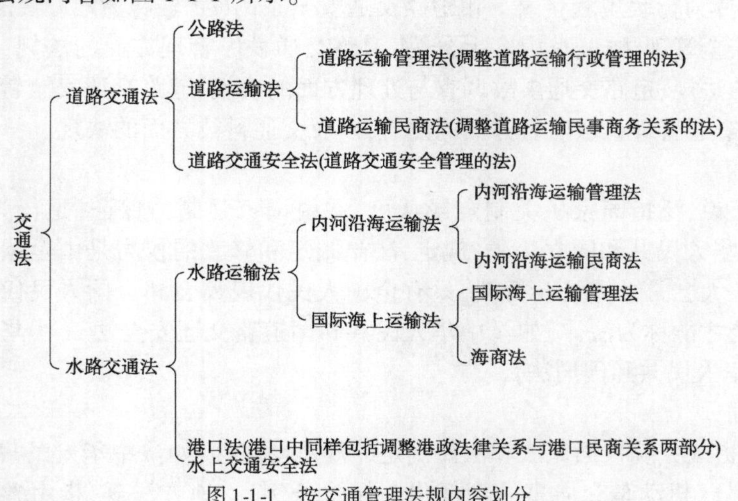

图 1-1-1　按交通管理法规内容划分

2. 按交通管理法规表现形式来确定

交通管理法规表现形式如图 1-1-2 所示。

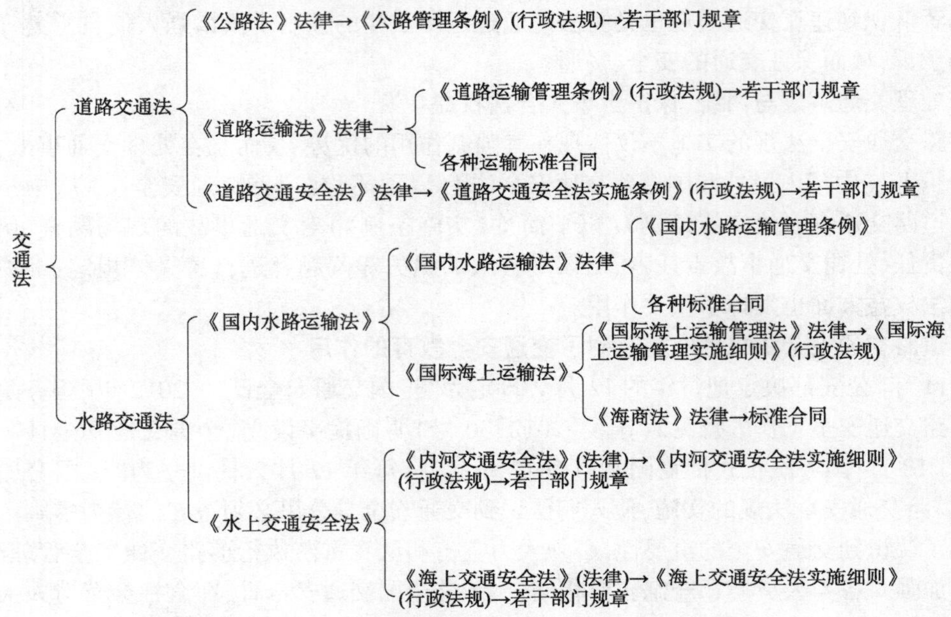

图 1-1-2　按交通管理法规形式来划分

3. 按道路交通安全管理法规体系来确定

现行道路交通安全管理法规体系分以下几个层次：道路交通安全法规的法律规定；道路交通安全管理的行政法规；道路交通安全管理的行政规章；道路交通安全管理的地方性法规和规章；道路交通安全管理的涉外法规；道路交通安全管理的技术规范和标准。

道路交通安全管理法规，根据法的效力不同分为：法律、行政法规、行政规章、地方性法规。法律中又包括行业基本法和各种单行法，《中华人民共和国道路交通安全法》为行业基本法；《中华人民共和国道路交通安全法实施条例》为行政法规；《机动车登记规定》《交通事故处理程序规定》为行政规章；《××市道路交通安全条例(草案)》为地方性法规。

道路交通安全管理法规，从内容上分为：道路交通秩序管理方面的法规、车辆和驾驶人安全管理方面的法规、道路交通事故调查与处理方面的法规、道路交通安全管理行政处罚方面的法规、道路交通管理执法监督方面的法规，以及交通科技方面的法规。

1)法律方面

法律广义上说，泛指国家机关制定或认可，并由国家强制力保证，是行为规范的总称。在我国依据《中华人民共和国立法法》规定，法律制定和修改的权力是由全国人民代表大会和全国人民代表大会常务委员会行使，只有全国人民代表大会和全国人民代表大会常务委员会制定的规范才能称为法律，如：《中华人民共和国道路交通安全法》《中华人民共和国侵权责任法》《中华人民共和国刑法》。

2)法规方面

行政法规，指国务院根据宪法和法律制定的规范性文件，如：《中华人民共和国道路交通安全法实施条例》《机动车交通事故责任强制保险条例》。地方法规，指由省、自治区、直辖市以及省、自治区人民政府所在地的市和经国务院批准的较大市的人民代表大会及其常务委员会根据本行政区域的具体情况和实际需要,在不与宪法、法律、行政法规相抵触的前提下,制定的规范性文件的总称。

3)规章方面

部门规章,指国务院各部门根据法律和国务院的行政法规,决定、命令在本部门的权限内按照规定程序所制定的规定、办法、实施细则、规则等规范性文件的总称,如:《机动车登记规定》《机动车驾驶证申领和使用规定》《道路交通事故处理程序规定》《道路交通安全违法行为处理程序规定》。地方政府规章,指由省、自治区、直辖市以及省、自治区人民政府所在地的市和经国务院批准的较大的市的人民政府,根据法律和行政法规按照规定程序所制定的普遍适用于本地区行政管理工作的规定、办法、实施细则、规则等规范性文件的总称。

4)其他规范性文件

在日常工作中,将法律、法规、自治条例和单行条例(由民族自治地方的人民代表大会制定)以及规章以外的规范性文件称为"其他规范性文件",具体表现为各级各类国家行政机关为实施法律,执行政策,在法定权限内制定的具有普遍约束力的决定、命令、行政措施、规范性文件,具体可体现为命令(令)、决定、指示、公告、通告、通知、通报、报告 、请示、批复、函、会议纪要等,如:司法解释 ,最高人民法院关于审理道路交通事故损害赔偿案件适用法律若干问题的解释,最高人民法院关于审理人身损害赔偿案件适用法律若干问题的解释,最高人民法院关于确定民事侵权精神损害赔偿责任若干问题的解释,最高人民法院关于印发醉酒驾车犯罪法律适用问题指导意见及相关典型案例的通知。

5)标准方面

国家标准 GB 或 GB/T;国家职业卫生标准 GBZ 或 GBZ/T;卫生部部颁标准 WS 或 WS/T,如车辆驾驶人员血液、呼气酒精含量阈值与检验(GB 19522—2010)(2011 年 7 月 1 日起实施)。

二、中华人民共和国道路交通安全法

《中华人民共和国道路交通安全法》是新中国成立后涉及道路交通安全问题的第一部法律,以下简称《道路交通安全法》,是所有参与道路交通活动者的基本规范和行为准则,是道路交通管理的法律依据。全国人民代表大会常务委员会根据我国道路交通情况的变化,对《道路交通安全法》曾于2007 年 12 月 9 日进行过第一次修订,2011 年 4 月 22 又进行了第二次修订,主要对机动车驾驶人饮酒后驾驶、醉酒后驾驶和伪造、变造或使用伪造、变造车牌等各种危害交通安全的违法行为加大了处罚力度。

(一)立法目的与适用范围

1.立法目的和宗旨

"为了维护道路交通秩序,预防和减少交通事故,保护人身安全,保护公民、法人和其他组织的财产安全及其他合法权益,提高通行效率,制定本法。"作为道路交通方面的基本法律,保障道路交通"有序、安全、畅通"是对其立法目的的完整表述。立法的目的体现在四个方面：

1）维护道路交通秩序

道路交通秩序主要包含：通行秩序，包括机动车通行秩序、非机动车通行秩序和行人通行秩序；车辆停放秩序；非交通占道秩序等。

2）预防和减少交通事故的发生

当前道路交通事故高发的原因，一是交通需求矛盾突出；二是人们的交通安全意识和交通法制意识淡薄；三是道路交通法律、法规滞后于守法和执法的需要。

3）保护公民、法人和其他组织的合法权益

主要包括：预防和减少交通事故，以使公民的人身安全，公民、法人和其他组织的财产安全得到保障；公民、法人和其他组织的通行权利、受到良好服务的权利等应受到尊重，不受侵害。

4）提高道路通行效率

主要是规范车辆及行人的交通行为，确保道路安全、畅通。

2. 适用范围

《道路交通安全法》作为道路交通的基本法律，保障道路交通“有序、安全、畅通”是对其立法目的的完整表述。《道路交通安全法》的适用范围，主要是指其效力范围，即生效的空间效力、时间效力以及对人的效力。

1）空间效力

指法律生效的地域范围，即法律在什么地方具有普遍约束力。《道路交通安全法》适用于中华人民共和国境内的道路上，如何定义道路的概念直接影响着本法的空间效力范围。本法对道路的定义作了这样的解释：道路，是指公路、城市道路和虽在单位管辖范围但允许社会机动车通行的地方，包括广场、公共停车场等用于公众通行的场所。

2）时间效力

是指本法何时生效、何时失效以及对以前的行为和时间有无追溯力。

3）对人的效力

是指本法对什么人有普遍约束力。在我国境内道路上通行的中国车辆驾驶人、行人、乘车人以及进行与道路交通有关活动的中国自然人、法人和其他组织都应当遵守本法；对外国人适用时应注意对享有外交特权和豁免权的外国人的适用问题，在我国境内道路上通行的外国车辆驾驶人、行人、乘车人以及进行与道路交通活动有关的外国自然人、法人和其他组织，也应当遵守本法。

（二）道路交通安全法规主要内容

1. 道路交通秩序管理

道路交通安全法规中关于道路交通秩序管理方面的内容包括道路通行条件和道路通行规定。道路通行条件是指为保障道路交通有序、安全、畅通而对道路、交通信号、交通标志、交通标线以及其他交通设施提出的基本要求，是保障“道路为交通所用”的基本出发点。道路通行规定是从道路通行的一般规定、机动车通行规定、非机动车通行规定、行人和乘车人通行规定、高速公路的特别规定五个方面对道路通行作了基本的规范，提出了道路通行中最具稳定性、社会效果性的合理解决办法。

2. 车辆和驾驶人安全管理

道路交通安全法规中关于车辆和驾驶人安全管理方面的内容，主要涉及车辆登记、检验、报废、保险和特种车辆使用，以及驾驶人驾驶资格、培训、审验、记分和驾驶车辆上道路行驶前的要求等。车辆和驾驶人管理是道路交通安全管理工作的基础，也是公安机关交通管理部门的管理重点。

相关法规有《关于实施机动车运行安全技术条件国家标准的通知》《中华人民共和国机动车号牌》《中华人民共和国机动车行驶证证件》《机动车运行安全技术条件》《城市机动车驾驶人考试暂行办法》《关于使用新的机动车号牌的通知》《汽车生产企业目录和产品目录》《车辆购置附加费征收办法》《机动车驾驶证申领和使用规定》《机动车登记规定》等。

3. 道路交通事故调查与处理

交通事故处理是指公安机关交通管理部门依据《道路交通安全法》及有关行政法规、规章的规定，对发生的交通事故勘查现场、收集证据、认定交通事故、处罚当事人、对损害赔偿进行调解的过程。规定了道路交通事故当事人的现场处理措施与责任、交通警察的交通事故处理职责、受伤人员医疗费承担、损害赔偿责任承担、当事人赔偿争议的解决方式、交通事故逃逸案举报奖励、道路外事故的处理等，对现行的道路交通事故处理办法作了较大改革。相关法规有《交通事故处理程序规定》《关于处理道路交通事故案件有关问题的通知》《关于加强预防和侦破交通肇事逃逸案件工作的通知》《关于道路交通事故现场勘查工作有关问题的通知》。

4. 道路交通安全管理行政处罚

行政处罚是指行政相对人违反行政法规，依法应当给予处罚的行政行为。道路交通安全管理行政处罚是对违反道路交通安全法律、法规行为人应当承担法律责任的规定。法律责任是指法律关系的主体，即各方当事人由于未执行或未正确执行法律、法规的具体规定，造成了应当承担法律责任的后果，所必须受到的法律制裁或惩罚。从责任主体的角度可分为两类：一是道路交通参与人实施了道路交通安全违法行为应当承担的法律责任；二是道路交通安全执法者违反《道路交通安全法》规定应当承担的法律责任。相关法规有《道路交通安全违法行为处理程序规定》《关于推广使用交通监控系统查处交通违章做法的通知》《罚款决定与罚款收缴分离实施办法》《关于改革交通违章罚款交纳办法的通知》。

5. 道路交通管理执法监督

对公安机关交通管理部门及其交通警察的监督有多种形式，主要有党的监督、权力机关的监督、司法机关的监督、新闻媒体的监督、群众的监督，以及行政机关内部的各级监督。行政机关内部的监督主要指交通管理部门内部的行政复议监督、督察监督、审计监督，这些监督方式在改善执法活动，提高执法水平方面发挥了重要的作用。要防止滥用权力、以权谋私、徇私枉法以及权力利益化、权力人格化，必须建立监督的体制和机制。在内部监督方面，严格实行执法监督、执法考评、错案责任追究制度，在外部实行社会各界对执法进行评议的制度，通过执法监督使交通警察确立有权就有责、用权受监督、侵权需赔偿的观念。相关法规有《中华人民共和国人民警察法》《公安机关内部执法监督工作规定》《公安机关人民警察执法过错责任追究规定》《关于严格禁止交通民警执勤中违纪行为的通知》《关于印发部分地区交通警察队伍廉政建设座谈会纪要的通知》。

6. 交通科技

近年来,我国公安机关交通管理部门通过开展“三项教育”“警务公开”“畅通工程”等活动,强调了依法行政、文明执法和规范执法,使执法水平有了很大提高。但与实现交通管理现代化、法制化的要求相比,我国交通警察的素质、法制水平和业务水平都还存在一定的差距,所以广泛开展交通科技教育势在必行。相关法规有《关于印发全国公安交通管理科技工作座谈会纪要的通知》《关于印发公安交通指挥中心建设与发展的若干意见的通知》《关于道路交通管理科技发展“九五”计划和2010年规划的通知》《公安部关于启用全国道路交通事故信息管理系统的通知》《关于基层公安交通警察队伍装备标准试行规定的通知》等。

三、中华人民共和国道路交通安全法实施条例

《中华人民共和国道路交通安全法实施条例》是具体贯彻《道路交通安全法》的措施和规定。车辆驾驶人、行人、乘车人以及与道路交通活动有关的单位和个人,都应自觉遵守《道路交通安全法》及其《实施条例》,以保证交通安全和道路畅通。

(一)指导思想及内容

按照《道路交通安全法》的配套要求,国务院根据《中华人民共和国道路交通安全法》的规定,于2004年4月28日第49次常务会议通过了《中华人民共和国道路交通安全法实施条例》(以下简称《实施条例》),并于2004年5月1日起与《道路交通安全法》同步施行。《实施条例》中对《道路交通安全法》规定已经比较明确的,不重复规定;在框架结构上与《道路交通安全法》相一致,主要从四个方面体现与《道路交通安全法》的配套:

(1)《道路交通安全法》对道路交通基本法律制度作了概括性规定的,如:车辆登记制度、检验制度,机动车驾驶人累积记分制度,驾驶证定期审验制度,这些制度的实施需要有具体的配套规定。

(2)《道路交通安全法》授权国务院对有关内容制定具体办法的,如道路通行规则、机动车安全技术检验社会化等进行具体的配套规定。

(3)将《道路交通安全法》有关道路交通事故处理的内容进行细化,增强可操作性。

(4)《道路交通安全法》已将行人、乘车人、非机动车、机动车的道路通行违法行为作了授权性处罚规定,《实施条例》的法律责任部分不再区分具体的违法行为处罚,而是对《道路交通安全法》规定的处罚以及强制措施的实施作了程序性规定。

(二)相关规定

《实施条例》体现了《道路交通安全法》保障道路交通有序、安全、畅通的指导思想和依法管理、方便群众的基本原则,内容上重点对《道路交通安全法》规定要在配套法规中明确的予以明确规定;对《道路交通安全法》的原则规定予以细化,增强其可操作性。

1. 政府的道路交通安全管理职责规定

《道路交通安全法》规定:各级人民政府应当保障道路交通安全管理工作与经济建设和社会发展相适应。县级以上地方各级人民政府应当适应道路交通发展的需要,依据道路交通安全法律、法规和国家有关政策,制定道路交通安全管理规划,并组织实施。

2. 机动车强制报废的规定

《道路交通安全法》规定:国家实行机动车强制报废制度,根据机动车的安全技术状况和不同用途,规定不同的报废标准(第 14 条)。按照现行报废规定,报废机动车需要先到公安机关交通管理部门办理机动车报废手续,领取《机动车报废证明》,持《机动车报废证明》将报废汽车交售给回收企业,再凭回收企业出具的《报废汽车回收证明》到公安机关交通管理部门办理机动车注销登记。《实施条例》从方便群众出发,对此作了修改:已注册登记的机动车达到国家规定的强制报废标准的,公安机关交通管理部门应当在报废期满的 2 个月前通知机动车所有人办理注销登记。机动车所有人应当在报废期满前将机动车交售给机动车回收企业,由机动车回收企业将报废的机动车登记证书、号牌、行驶证交公安机关交通管理部门注销。机动车所有人逾期不办理注销登记的,公安机关交通管理部门应当公告该机动车登记证书、号牌、行驶证作废(第 9 条)。

3. 安装使用行驶记录仪的规定

汽车行驶记录仪实时记录车辆运行和驾驶人驾驶活动的有关信息,在遏制疲劳驾驶、车辆超速等严重交通违法行为,预防道路交通事故,保障车辆行驶安全,提高营运管理水平等方面发挥着重要的作用,并将为事故分析鉴定提供原始数据。第 62 条第 7 款又规定,驾驶机动车不得有下列行为:连续驾驶机动车超过 4 小时未停车休息或者停车休息时间少于 20 分钟。《实施条例》第 14 条将安装使用记录仪作为维护道路交通安全的重要措施予以明确:"用于公路营运的载客汽车、重型载货汽车、半挂牵引车应当安装、使用符合国家标准的行驶记录仪"。

4. 对机动车安全技术检验社会化的具体规定

《道路交通安全法》规定:机动车的安全技术检验实行社会化,具体办法由国务院规定(第 13 条第 2 款)。《实施条例》规定:"由安全技术检验机构对机动车进行检验,并对检验结果承担法律责任;政府的质量技术监督部门负责对安全技术检验机构实行资格管理和计量认证,对设备进行检定,对国家标准的执行情况进行监督,安全技术检验的具体项目由国务院公安部门会同国务院质量技术监督部门规定"(第 15 条)。

5. 对机动车安全技术检验周期的规定

《道路交通安全法》规定:机动车的安全技术检验应当根据机动车用途、载客载货数量、使用年限等区别不同情况进行(第 13 条第 1 款)。为保障道路交通活动中的公共安全和预防、减少群死群伤道路交通事故的发生,《实施条例》区别不同情况规定了机动车的安全技术检验周期:一是营运载客汽车 5 年以内每年检验 1 次;超过 5 年的,每 6 个月检验 1 次;二是载货汽车和大型、中型非营运载客汽车 10 年以内每年检验 1 次;超过 10 年的,每 6 个月检验 1 次;三是小型、微型非营运载客汽车 6 年以内每 2 年检验 1 次;超过 6 年的,每年检验 1 次;超过 15 年的,每 6 个月检验 1 次;四是摩托车 4 年以内每 2 年检验 1 次;超过 4 年的,每年检验 1 次;五是拖拉机和其他机动车每年检验 1 次(第 16 条)。《实施条例》还明确规定了营运机动车在规定检验期限内经安全技术检验合格的,不再重复进行安全技术检验。与现行的所有机动车每年一次的年检制度相比,增强了针对性,体现了管住重点、方便大多数人的管理理念。第 22 条还规定,机动车驾驶人初次申领机动车驾驶证后的 12 个月为实习期,在实习期内驾驶机动车的,应当在车身后部粘贴或者悬挂统一式样的实习标志。

6. 对驾驶证审验制度与累积记分制度动态结合的规定

《道路交通安全法》规定：公安机关交通管理部门对机动车驾驶人违反道路交通安全法律、法规的行为，除依法给予行政处罚外，实行累积记分制度。《实施条例》将驾驶证审验与累积记分制度结合起来，做了具体规定：公安机关交通管理部门对机动车驾驶人的道路交通安全违法行为除给予行政处罚外，实行道路交通安全违法行为累积记分（以下简称记分）制度，记分周期为 12 个月。对在一个记分周期内记分达到 12 分的，由公安机关交通管理部门扣留其机动车驾驶证，该机动车驾驶人应当按照规定参加道路交通安全法规的学习并接受考试。考试合格的，记分予以清除，发还机动车驾驶证；考试不合格的，继续参加学习和考试（第 23 条）。机动车驾驶人在一个记分周期内记分未达到 12 分，所处罚款已经缴纳的，记分予以清除；记分虽未达到 12 分，但尚有罚款未缴纳的，记分转入下一记分周期。机动车驾驶人在一个记分周期内记分 2 次以上达到 12 分的，除按照本条例第 23 条的规定被扣留机动车驾驶证、参加学习、接受考试外，还应当接受驾驶技能考试。考试合格的，记分予以清除，发还机动车驾驶证；考试不合格的，继续参加学习和考试（24 条），对机动车驾驶人记分达到 12 分，拒不参加公安机关交通管理部门通知的学习，也不接受考试的，《实施条例》规定由公安机关交通管理部门公告其机动车驾驶证停止使用（第 25 条）。

7. 对现行道路通行规则的完善细化

《道路交通安全法》及其《实施条例》对现行通行规则做了完善和细化：一是保留了《道路交通管理条例》《高速公路管理办法》等现行行政法规、公安部规章中较为合理，并且已被广大交通参与人熟练掌握的规定，如：有关机动车车速、让车、超车、会车、掉头、倒车、停车、装载、安全视距以及非机动车驾驶人、行人、乘车人的具体通行规定等内容。二是借鉴了发达国家以及港、澳、台地区的一些成功经验和规定，如：台湾地区关于机动车让行、会车的规定（第 52 条）。三是吸收了地方性道路交通法规中的一些好的做法和规定，如：驾驶机动车不得手持接听拨打移动电话的规定（第 68 条）。四是细化了一些以人为本的措施，如：在盲人通行较为集中的路段设置人行横道信号灯应当使用声响提示装置（第 32 条）。

8. 对机动车载人、载物的规定

“公路载客汽车不得超过核定的载客人数”（第 55 条）。超过核定载客人数的，公安机关交通管理部门应当扣留机动车，由驾驶人转运超载的乘客（第 106 条）。为了有效控制货车超载，《实施条例》规定“机动车载物不得超过机动车行驶证上核定的载质量，装载长度、宽度不得超出车厢”，还规定了车辆的装载限高（第 54 条），规定了对超载的货运机动车扣车卸载的规定（第 106 条）。

9. 对高速公路行车道的规定

《实施条例》按照从左向右速度递减的办法具体规定车道的最低行驶速度：同方向有 2 条车道的，左侧车道的最低车速为 100km/h；同方向有 3 条以上车道的，最左侧车道的最低车速为 110km/h，中间车道的最低车速为 90km/h。同时，《实施条例》也规定在高速公路上行驶的小型载客汽车最高车速不得超过 120km/h，其他机动车不得超过 100km/h，这样的规定有利于提高高速公路的通行效率，维护通行秩序，保障交通安全（第 78 条）。

10. 对交通事故现场快速处理的规定

《实施条例》第 86 条规定：“机动车与机动车、机动车与非机动车在道路上发生未造成人身伤亡的交通事故,当事人对事实及成因无争议的,在记录交通事故的时间、地点、对方当事人的姓名和联系方式、机动车牌号、驾驶证号、保险凭证号、碰撞部位,并共同签名后,撤离现场,自行协商损害赔偿事宜”。“当事人对交通事故事实及成因有争议的,应当迅速报警,交通违章人有申辩权利”。第110条规定:“当事人对公安机关交通管理部门及其交通警察的处罚有权进行陈述和申辩,交通警察应当充分听取当事人的陈述和申辩,不得因当事人陈述、申辩而加重其处罚”。

11. 对交通事故当事人责任确定的规定

公安机关交通管理部门应当在查明事实、分析交通事故发生的主客观原因的基础上,提出当事人责任的专业性结论。《实施条例》规定:“公安机关交通管理部门应当根据交通事故当事人的行为对发生交通事故所起的作用以及过错的严重程度,确定当事人的责任”(第91条)。交通事故当事人没有过错或者虽有过错但不属于发生交通事故原因的,当事人无责任。《实施条例》还对肇事逃逸责任做了具体规定:第92条规定,发生交通事故后当事人逃逸的,逃逸的当事人承担全部责任。

12. 对交通信号的细化规定

《实施条例》对机动车信号灯、非机动车信号灯、人行横道信号灯、车道信号灯、方向指示信号灯、闪光警告信号灯以及道路与铁路平交道口信号灯的具体含义分别进行了细化规定(第38条、第39条、第40条、第41条、第42条、第43条)。

四、与道路运输驾驶员有关的中华人民共和国公安部令

中华人民共和国公安部令是中华人民共和国公安部部长签发的行政法令。

(一)公安部(123号)令关于修订《机动车驾驶证申领和使用规定》的主要内容

公安部修订发布的《机动车驾驶证申领和使用规定》(公安部令第123号)(以下简称新交规),其主要内容体现在:

1. 小型汽车科目二训练和考试取消单边桥等项目

小型汽车科目二训练和考试均为5项,分别是:倒车入库、坡道定点停车与起步、侧方停车、曲线行驶和直角转弯。

2. 新增安全文明驾驶常识考试

实际科目三路考后,增设安全文明驾驶常识的考试。

3. 一个记分周期内记满12分,5年内不得报考大客车驾驶证

严格限制有严重危险驾驶行为的驾驶人申请大中型客货车驾驶证,造成死亡交通事故负同等以上责任、有醉酒驾驶记录的终身不得申请大中型客货车驾驶证;被处以吊销或者撤销驾驶证记录的10年内不得申请。

4. 吸毒人员3年内不得申领驾驶证

对吸毒人员申领驾驶证或者驾驶机动车采取“零容忍”,严格限制吸毒人员申领机动车驾驶证。

5. 道路考试预约不得超5次

驾驶准考证明在有效期内,科目二、科目三道路驾驶技能考试的预约次数不得超过

5次。

6. 推出6项便民服务措施

驾驶证补换领、审验、小型车驾驶证的考试、放宽申领大型货车驾驶人年龄至20岁、驾驶人考试预约等。

（二）公安部（124号）令关于修改《机动车登记规定》的主要内容

公安部修改《机动车登记规定》的决定（公安部令第124号），2013年1月1日起施行，其主要内容体现在：

（1）为加强校车安全管理，明确了公安机关工作职责，保护中小学生上学、放学的交通安全提供了法律保障，公安部（124号）令按照《校车条例》规定，进一步细化了公安机关在校车标牌核发工作中的职责，规定了申请校车使用许可和校车标牌的具体流程，校车的机动车号牌号码、所有人、驾驶人、行驶线路、开行时间、停靠站点、发牌单位、有效期限等，对校车驾驶人需要满足的条件，以及公安机关加强校车驾驶人日常管理等方面作了规定。

（2）为适应我国社会经济的发展，满足人民群众的需求，公安部通过修订部门规章、制定服务群众措施等形式，陆续推出100多项涉及车管服务、事故处理、违法处理等交通管理便民利民措施，如“规定将在异地从事营运的驾驶人和货运车辆纳入营运地管辖，在办理有关备案登记手续后，允许在营运地直接办理驾驶证审验和机动车检验”等。

（3）将第二十七条　第一款修改为：“已达到国家强制报废标准的机动车，机动车所有人向机动车回收企业交售机动车时，应当填写申请表，提交机动车登记证书、号牌和行驶证。机动车回收企业应当确认机动车并解体，向机动车所有人出具《报废机动车回收证明》。”

（4）第三十四条“县级或者设区的市级公安机关交通管理部门应当自申请人交验机动车之日起二日内确认机动车，查验校车标志灯、停车指示标志、卫星定位装置以及逃生锤、干粉灭火器、急救箱等安全设备，审核行驶线路、开行时间和停靠站点。属于专用校车的，还应当查验校车外观标识。”

（三）公安部（139号）令关于修订《机动车驾驶证申领和使用规定》的主要内容

新修订的《机动车驾驶证申领和使用规定》（公安部第139号令），自2016年4月1日起施行，其主要内容表现在：

1. 统一车管所软件服务平台，开通网上办理通道

新增“第七条”：车辆管理所应当使用互联网交通安全综合服务管理平台，按规定办理机动车驾驶证业务。互联网交通安全综合服务管理平台信息管理系统数据库标准和软件全国统一，申请人使用互联网交通安全综合服务管理平台办理机动车驾驶证业务的，经过身份验证后，可以通过网上提交申请（新部令明确要求互联网平台的数据标准和软件全国统一，互联网身份认证与窗口提交申请效力相同）。

2. 新增全日制职业教育，降低A1、A2准入年龄

新增“第十二条”第一项第七目：接受全日制驾驶职业教育的学生，申请大型客车、牵引车准驾车型的，在20周岁以上50周岁以下（新部令把大客车驾驶证的申请年龄由26周岁降至20周岁，牵引车驾驶证的申请年龄由24周岁降至20周岁）。

3. 允许单眼视力障碍群众和上肢残疾人驾驶汽车

新部令参考国际通行做法，修改了“第十二条”第二项内容，单眼视力障碍的视力条件略高于正常人，提出了水平视野的要求，放开了限制，满足人们生活出行需求，但不允许申请大型车驾驶证。另外，任意一只手的手掌缺失，只要另一只手拇指和另外两指健全，可申请 C5 驾驶证，安装的辅助装置根据具体的残疾情况来确定。

4. 放开大中型客货车驾驶证异地申领限制

修改了“第十四条”内容，通过删除原部令中的限制情形，允许在居住地申请大中型客货车驾驶证；申请大中型客货车驾驶证不是在任意地方，而是在居住地，应当有居住证。

5. 境外驾驶证换领不能再“速成”

新增“第三十四条”第二款：内地居民持有境外机动车驾驶证，取得该机动车驾驶证时在核发国家或者地区连续居留不足三个月的，应当进行科目一、科目二和科目三的考试。

新部令修订做出限制性规定，从立法层面彻底解决境外“速成”考领驾照问题，要求内地居民取得境外驾驶证时间要在核发国家或者地区连续居留三个月以上，取得驾驶证时间之前和之后的停留时间都可以计算在三个月之内，三个月的时间必须是连续的。

6. 增加了驾驶证自学直考

新增“第二十三条”：实行小型汽车、小型自动挡汽车驾驶证自学直考的地方，申请人可以使用加装安全辅助装置的自备机动车，在具备安全驾驶经历等条件的人员随车指导下，按照公安机关交通管理部门指定的路线、时间学习驾驶技能，按照“第十九条”或者“第二十条”的规定申请相应准驾车型的驾驶证。小型汽车、中型自动挡汽车驾驶证自学直考管理制度由公安部另行规定。

引入自学直考的概念，对自学用车、随车指导人员的条件、训练的路线和时间只做了原则性规定，明确相关管理制度由公安部另行规定。

7. 补领、审验业务更加简便

修改“第五十八条”“ 第七十条”的内容，原规定驾驶人只能在驾驶证核发地办理补换领驾驶证、审验、提交体检证明业务，新部令规定允许异地办理补换证业务，简化了转入换证体检要求，体检证明改为自主申报，进一步体现了管理的人性化。

8. 细化了驾驶证降级的恢复程序

修改“第七十八条”第三款：机动车驾驶人办理降级换证业务后，申请增加被注销的准驾车型的，应当在本记分周期和申请前最近一个记分周期没有记满 12 分记录，且没有发生造成人员死亡承担同等以上责任的交通事故（新部令细化了驾驶证降级的恢复程序，降级注销后重新申领驾驶证的间隔时间缩短为 1 年）。

9. 实习驾驶员不可任性

修改“第七十九条”第一款：机动车驾驶人在实习期内发生道路交通安全违法行为被记满 12 分的，注销其实习的准驾车型驾驶资格。被注销的驾驶资格不属于最高准驾车型的，还应当按照“第七十八条”第一款规定，注销其最高准驾车型驾驶资格（只要是在实习期内发生的交通违法，无论什么时间处理，记满 12 分都会被注销驾驶证）。

综上所述，公安部第 139 号令实施后，机动车驾驶证申请条件和准驾车型对照表，见表 1-1-1和表 1-1-2。

机动车驾驶证准驾车型对照表 表 1-1-1

准驾车型	代号	准驾的车型	准驾的其他车型	每年提交身份条件证明	考试车辆的要求
大型客车	A1	大型载客汽车	A3、B1、B2、C1、C2、C3、C4、M	需要	车长不小于 9m 的大型普通载客汽车
牵引车	A2	重型、中型全挂、半挂汽车列车	B1、B2、C1、C2、C3、C4、M	需要	车长不小于 12m 的半挂汽车列车
城市公交车	A3	核载 10 人以上的城市公共汽车	C1、C2、C3、C4、	需要	车长不小于 9m 的大型普通载客汽车
中型客车	B1	中型载客汽车(含核载 10 人以上、19 人以下的城市汽车)	C1、C2、C3、C4、M	需要	车长不小于 5.8m 的中型普通载客汽车
大型货车	B2	重型、中型载货汽车;大、重、中型专项作业车	C1、C2、C3、C4、M	需要	车长不小于 9m,轴距不小于 5m 的重型普通载货汽车
小型汽车	C1	小型、微型载客汽车以及轻型微型载货汽车、轻、小、微型专项专业车	C2、C3、C4	70 周岁以下不需要	车长不小于 5m 的轻型普通载货汽车,或者车长不小于 4m 的小型普通载客汽车。或者车长不小于 4m 的轿车
小型汽车(自动挡)	C2	小型、微型自动挡载客汽车以及轻型、微型自动挡载货汽车	—	70 周岁以下不需要	车长不小于 5m 的轻型自动挡载货汽车,或者车长不小于 4m 的小型自动挡普通载客汽车,或者车长不小于 4m 的轿车

机动车驾驶证申请条件汇总表 表 1-1-2

准驾车型	可否初学	身体条件		年龄条件		增驾条件	申请户籍
		身高	视力	申请年龄	允许年龄	驾驶经历及记分情况	
A1	否	155	5.0	26~50	26~60	A3、B1、B2 五年以上、A2 两年以上	原驾驶证核发地
						前五个周期内无满分记录,无醉酒驾驶;驾驶证吊销撤销超过十年	
						无承担致人死亡交通事故同等以上责任	
				20~50	20~60	全日制职业教育学生 C1 本记分周期和前一个周期无满分记录	接受教育地

续上表

<table>
<tr><th rowspan="2">准驾车型</th><th rowspan="2">可否初学</th><th colspan="2">身体条件</th><th colspan="2">年龄条件</th><th>增驾条件</th><th rowspan="2">申请户籍</th></tr>
<tr><th>身高</th><th>视力</th><th>申请年龄</th><th>允许年龄</th><th>驾驶经历及记分情况</th></tr>
<tr><td rowspan="4">A2</td><td rowspan="4">否</td><td rowspan="4">155</td><td rowspan="4">5.0</td><td rowspan="3">24～50</td><td rowspan="3">24～60</td><td>B1、B2 三年以上，A1 一年以上且前三个记分周期内无满分记录</td><td rowspan="3">原驾驶证核发地</td></tr>
<tr><td>无醉酒驾驶；驾驶证吊销撤销超过十年</td></tr>
<tr><td>无承担致人死亡交通事故同等以上责任</td></tr>
<tr><td>20～50</td><td>20～60</td><td>全日制职业教育学生，C1 本记分周期和前一个周期无满分记录</td><td>接受教育地</td></tr>
</table>

另外，公安部 139 号令中实行的交通违法扣分标准沿袭了公安部 123 号老部令的规定，继续坚持对于实习驾驶证、校车、大中型客货运车及危险品运输车驾驶人的严重违法行为的记分分值，总记分分值达 52 项，对于违法行为记分规定未作修改。

第二节　道路交通运输法规

进入 21 世纪，我国道路交通运输发展迅速，成为推动经济社会发展的重要力量，道路交通运输法规的地位随之日益显现。

一、道路交通运输法规体系

（一）道路交通运输法规简介

道路交通运输法规体系主要包括相关的法律、行政法规、部门规章、地方法规、行政规范性文件，见表 1-2-1 所示。其中相关法律主要包括《中华人民共和国公路法》《中华人民共和国劳动合同法》等，行政法规主要包括《公路安全保护条例》《中华人民共和国道路运输条例》等，部门规章主要包括《机动车驾驶员培训管理规定》《道路运输从业人员管理规定》《旅客运输及客运站管理规定》《机动车驾驶员培训与考试大纲》等，地方法规如《××省道路运输管理条例》等，规范性文件主要包括《道路运输驾驶员诚信考核办法》《道路运输驾驶员继续教育办法》等。

道路交通运输法规体系　　表 1-2-1

分　类	名　称
相关法律	《中华人民共和国公路法》《中华人民共和国劳动合同法》等
行政法规	《公路安全保护条例》《中华人民共和国道路运输条例》等
部门规章	《机动车驾驶员培训管理规定》《道路运输从业人员管理规定》《旅客运输及客运站管理规定》《机动车驾驶员培训与考试大纲》等
地方法规	《××省道路运输管理条例》
行政规范性文件	《道路运输驾驶员诚信考核办法》《道路运输驾驶员继续教育办法》等

（二）道路交通运输法规作用

道路交通运输法规体系的建立，对维护道路交通运输秩序，促进交通运输行业发展，加强道路运输从业人员的管理，预防和减少道路运输安全事故，保护运输各方合法权益等方面起到巨大的作用。

（三）学习的必要性

大客车驾驶专业的学生是未来道路交通运输重要的参与者和实践者，国家和社会寄予美好的期望，所以要系统性学习理论和实践，学习道路交通运输法律法规，掌握法律赋予职业驾驶员的责任、权利和义务，努力做到知法、懂法、守法、用法，安全文明驾驶，提高道路交通运输能力和服务水平。

二、公路法与公路安全保护条例

公路是国民经济重要的基础设施，公路运输能直接提供“门到门”的运输服务，在各种运输方式中始终占有不可替代的重要位置，我国现有《中华人民共和国公路法》和《公路安全保护条例》等法律法规。

（一）中华人民共和国公路法

为了加强公路的建设和管理，促进公路事业的发展，适应社会主义现代化建设和人民生活的需要，国家制定了《中华人民共和国公路法》（以下简称《公路法》）。

1. 公路的概念

公路的字面含义是公用之路、公众交通之路，供汽车、自行车等交通工具及行人行走，也称为马路。公路是指连接城市、乡村和工矿基地之间，主要供汽车行驶并具备一定技术标准和设施的道路。本法所称公路，包括公路桥梁、公路隧道和公路渡口，按技术等级可分为高速公路、一级公路、二级公路、三级公路和四级公路。

2. 公路管理

对已建成的公路管理，一是对公路的养护，保持公路处于良好的技术状态；二是对公路的保护，即公路的路政管理，防止公路及公路附属设施受到人为的破坏和损坏，保障公路的安全与畅通。

（1）各级地方人民政府应当采取措施，加强对公路的保护。任何单位和个人不得擅自占用、挖掘公路，不得损坏、擅自移动、涂改公路附属设施，在公路上及公路用地范围内摆摊设点、堆放物品、倾倒垃圾、设置障碍、挖沟引水、利用公路边沟排放污物或者进行其他损坏、污染公路和影响公路畅通的活动。

（2）在公路上行驶的车辆的轴载质量应当符合公路工程技术标准要求。

（3）超过公路、公路桥梁、公路隧道或者汽车渡船的限载、限高、限宽、限长标准的车辆，不得在有限定标准的公路、公路桥梁上或者公路隧道内行驶，不得使用汽车渡船。运载不可解体的超限物品的，应当按照指定的时间、路线、时速行驶，并悬挂明显标志。

（4）造成公路损坏的，责任者应当及时报告公路管理机构，并接受公路管理机构的现场调查。任何单位和个人未经县级以上地方人民政府交通主管部门批准,不得在公路用地范围内设置公路标志以外的其他标志。

3. 公路监督检查

(1)公路受国家保护,任何单位和个人都有爱护公路、公路用地及公路附属设施的义务,有权检举和控告破坏、损坏公路、公路用地、公路附属设施和影响公路安全的行为。

(2)禁止任何单位和个人在公路上非法设卡、收费、罚款和拦截车辆。

(3)公路监督检查人员依法在公路、建筑控制区、车辆停放场所、车辆所属单位等进行监督检查时,任何单位和个人不得阻挠。

4. 违法行为处罚

《公路法》对违法行为的处罚规定,见表1-2-2所示。

《公路法》对违法行为的处罚规定 表1-2-2

违法行为	处罚措施
阻碍公路建设或者公路抢修,致使公路建设或者抢修不能正常进行,尚未造成严重损失的	依照《中华人民共和国治安管理处罚法》的规定处罚
损毁公路或者擅自移动公路标志,可能影响交通安全,尚不够刑事处罚的	适用《中华人民共和国道路交通安全法》的规定处罚
对公路造成较大损害的车辆	必须立即停车,保护现场,报告公路管理机构,接受公路管理机构的调查、处理后方得驶离

(二)公路安全保护条例

为了加强公路保护,保障公路完好、安全和畅通,根据《中华人民共和国公路法》,国务院制定了《公路安全保护条例》,针对公路保护工作的特点及近年来公路保护工作中出现的新情况、新问题,细化了《公路法》的内容,制定了一系列具体的安全保护及监管制度。

1. 立法背景与原则

改革开放以来,我国公路建设得到长足的发展,如何运用法律手段进一步加强公路管理,提高公路保护水平,确保公路始终处于良好的技术状态,以更加充分和有效地发挥公路对经济社会发展全局以及人民群众安全便捷出行的服务作用。其立法的原则:一是立足全面保护,明确了公路、桥梁、隧道、渡口、公路附属设施等公路主体线路的保护;二是重点强化治超,从管理手段上强化超限治理措施,从车辆的生产、改装、注册登记、货运装载、站点检测、责任追究等环节入手,对超限治理作了详细规定;三是坚持依法行政,实现公路执法的权责统一;四是突出服务便民,不断强化公共服务职能,体现以人为本的思想和宗旨。

2. 公路线路保护

公路管理机构依照本条例的规定具体负责公路保护的监督管理工作,任何单位和个人不得破坏、损坏、非法占用或者非法利用公路、公路用地和公路附属设施。

(1)禁止将公路作为检验车辆制动性能的试车场地。

(2)禁止利用公路桥梁进行牵拉、吊装等危及公路桥梁安全的施工作业。

(3)禁止损坏、擅自移动、涂改、遮挡公路附属设施或者利用公路附属设施架设管道、悬挂物品。

3. 公路通行规定

(1)运输不可解体物品需要改装车辆的,应当由具有相应资质的车辆生产企业按照规定的车型和技术参数进行改装。

(2)超过公路、公路桥梁、公路隧道限载、限高、限宽、限长标准的车辆,不得在公路、公路桥梁或者公路隧道行驶;超过汽车渡船限载、限高、限宽、限长标准的车辆,不得使用汽车渡船。

(3)车辆载运不可解体物品,车货总体的外廓尺寸或者总质量超过公路、公路桥梁、公路隧道的限载、限高、限宽、限长标准,确需在公路、公路桥梁、公路隧道行驶的,从事运输的单位和个人应当向公路管理机构申请公路超限运输许可。

(4)经批准进行超限运输的车辆,应当随车携带超限运输车辆通行证,按照指定的时间、路线和速度行驶,并悬挂明显标志。禁止租借、转让超限运输车辆通行证。

(5)车辆应当按照超限检测指示标志或者公路管理机构监督检查人员的指挥接受超限检测,不得故意堵塞固定超限检测站点通行车道、强行通过固定超限检测站点或者以其他方式扰乱超限检测秩序,不得采取短途驳载等方式逃避超限检测。

(6)任何单位和个人不得指使、强令车辆驾驶人超限运输货物,不得阻碍道路运输管理机构依法进行监督检查。

(7)载运易燃、易爆、剧毒、放射性等危险物品的车辆,应当符合国家有关安全管理规定,负责审批危险物品运输许可的机关应当提前将行驶时间、路线,通知特大型公路桥梁或者特长公路隧道的管理单位,并对在特大型公路桥梁或者特长公路隧道行驶的车辆进行现场监管。

(8)车辆应当规范装载,装载物不得触地拖行。车辆装载物易掉落、遗洒或者飘散的,应当采取厢式密闭等有效防护措施方可在公路上行驶。

4. 违法行为处罚

《公路安全保护条例》对违法行为的处罚规定,见表1-2-3所示。

《公路安全保护条例》对违法行为的处罚规定 表1-2-3

违 法 行 为	处 罚 措 施
利用公路桥梁进行牵拉、吊装等危及公路桥梁安全的施工作业	责令改正,处2万元以上10万元以下的罚款
车货总体的外廓尺寸、轴荷或者总质量超过公路、公路桥梁、公路隧道、汽车渡船限定标准的	责令改正,可以处3万元以下的罚款
未按照指定时间、路线和速度行驶的	责令改正;拒不改正的,公路管理机构或者公安机关交通管理部门可以扣留车辆
未随车携带超限运输车辆通行证的	扣留车辆,责令车辆驾驶人提供超限运输车辆通行证或者相应的证明
租借、转让超限运输车辆通行证的	没收超限运输车辆通行证,处1000元以上5000元以下的罚款
使用伪造、变造的超限运输车辆通行证的	没收伪造、变造的超限运输车辆通行证,处3万元以下的罚款

续上表

违法行为	处罚措施
1年内违法超限运输超过3次的货运车辆	吊销车辆营运证
1年内违法超限运输超过3次的货运车辆驾驶人	责令停止从事营业性运输
采取故意堵塞固定超限检测站点通行车道、强行通过固定超限检测站点等方式扰乱超限检测秩序的；采取短途驳载等方式逃避超限检测的	强制拖离或者扣留车辆，处3万元以下的罚款
车辆装载物触地拖行、掉落、遗洒或者飘散，造成公路路面损坏、污染的	责令改正，处5000元以下的罚款

三、中华人民共和国道路运输条例

《中华人民共和国道路运输条例》(以下简称《道路运输条例》)是我国道路运输法规体系中重要的行政法规之一，从事道路运输经营以及道路运输相关业务的人员，都应遵守《道路运输条例》。

(一)道路运输管理

为了维护道路运输市场秩序，保障道路运输安全，保护道路运输有关各方当事人的合法权益，促进道路运输业的健康发展，国务院制定了《道路运输条例》。

1. 道路运输经营

道路运输相关业务包括站(场)经营、机动车维修经营、机动车驾驶员培训。道路运输经营包括道路旅客运输经营(以下简称客运经营)和道路货物运输经营(以下简称货运经营)。

2. 道路运输经营管理

道路运输经营管理，应遵守公平、公正、公开和便民的原则，国家鼓励道路运输企业实行规模化、集约化经营。任何单位和个人不得封锁或者垄断道路运输市场，从事道路运输经营以及道路运输相关业务，应遵守依法经营，诚实信用，公平竞争的原则。

国务院交通主管部门主管全国道路运输管理工作，县级以上地方人民政府交通主管部门负责组织领导本行政区域的道路运输管理工作，县级以上道路运输管理机构负责具体实施道路运输管理工作。

(二)道路旅客运输经营

1. 客运经营条件

申请从事客运经营的，应当具备下列条件：

(1)有与其经营业务相适应并经检测合格的车辆；

(2)有符合《道路运输条例》规定条件的驾驶人员；

(3)有健全的安全生产管理制度。

2. 客运经营驾驶人条件

从事客运经营的驾驶人员，应当符合下列条件：

(1)取得相应的机动车驾驶证；

(2)年龄不超过60周岁；

(3)3年内无重大以上交通责任事故记录；

(4)经设区的市级道路运输管理机构对有关客运法律法规、机动车维修和旅客急救基本知识考试合格。

(三)道路货物运输经营

1.货运经营条件

申请从事货运经营的，应当具备下列条件：

(1)有与其经营业务相适应并经检测合格的车辆；

(2)有符合《道路运输条例》第二十三条规定条件的驾驶人员；

(3)有健全的安全生产管理制度。

2.货运经营驾驶人条件

从事货运经营的驾驶人员，应当符合下列条件：

(1)取得相应的机动车驾驶证；

(2)年龄不超过60周岁；

(3)经设区的市级道路运输管理机构对有关货运法律法规、机动车维修和货物装载保管基本知识考试合格。

申请从事危险货物运输经营的，还应当具备下列条件：

(1)有5辆以上经检测合格的危险货物运输专用车辆、设备；

(2)有经所在地设区的市级人民政府交通主管部门考试合格，取得上岗资格证的驾驶人员、装卸管理人员、押运人员；

(3)危险货物运输专用车辆配有必要的通信工具；

(4)有健全的安全生产管理制度。

(四)经营行为规定

(1)客货运输经营者应当加强对从业人员的安全教育、职业道德教育，确保道路运输安全。道路运输从业人员必须遵守道路运输操作规程，不得违章作业。驾驶人员连续驾驶时间不得超过4个小时。

(2)生产(改装)客运车辆、货运车辆的企业应当按照国家规定，标定车辆的核定人数或者载重量，严禁多标或者少标车辆的核定人数或者载重量。客运经营者、货运经营者应当使用符合国家规定标准的车辆从事道路运输经营。

(3)客货运输经营者应当加强对车辆的维护和检测，确保车辆符合国家规定的技术标准，不得使用报废的、擅自改装的和其他不符合国家规定的车辆从事道路运输经营。

(4)客货运输经营者应当制定有关交通事故、自然灾害以及其他突发事件的道路运输应急预案。应急预案应包括报告程序、应急指挥、应急车辆和设备的储备以及处置措施等内容。

(5)发生交通事故、自然灾害以及其他突发事件，客货运输经营者应当服从县级以上人民政府或者有关部门的统一调度、指挥。

(6)道路运输车辆应当随车携带道路运输证，不得转让、出租。

(7)道路运输经营者违反下列规定的,由公安机关交通管理部门依照《中华人民共和国道路交通安全法》的有关规定进行处罚:

①道路运输车辆运输旅客的,超过核定的人数或违反规定载货的;

②运输货物车辆运输旅客的,或运输的货物不符合核定的载重量,超载的;

③载物的长、宽、高违反装载要求的。

(8)客运经营者、危险货物运输经营者必须为旅客或者危险货物投保承运人责任险。

(五)国际道路运输

1. 国际道路运输条件

申请从事国际道路运输经营的,应当具备下列条件:

(1)依照《道路运输条例》规定取得国内道路运输经营许可证的企业法人;

(2)在国内从事道路运输经营满3年,且未发生重大以上道路交通责任事故。

2. 经营行为规定

(1)中国国际道路运输经营者应当在其投入运输车辆的显著位置,标明中国国籍识别标志。

(2)外国国际道路运输经营者的车辆在中国境内运输,应当标明本国国籍识别标志,并按照规定的运输线路行驶;不得擅自改变运输线路,不得从事起止地都在中国境内的道路运输经营。

(3)在口岸设立的国际道路运输管理机构应当加强对出入口岸的国际道路运输的监督管理。

(六)违法行为处罚

《道路运输条例》对违法行为的处罚规定,见表1-2-4所示。

《道路运输条例》对违法行为的处罚规定 表1-2-4

违法行为	处罚措施
未取得道路运输经营许可,擅自从事道路运输经营的	责令停止经营;有违法所得的,没收违法所得,处违法所得2倍以上10倍以下的罚款;没有违法所得或者违法所得不足2万元的,处3万元以上10万元以下的罚款;构成犯罪的,依法追究刑事责任
未取得客运、货运从业资格的驾驶人员驾驶道路运输经营车辆的	由县级以上道路运输管理机构责令改正,处200元以上2000元以下的罚款;构成犯罪的,依法追究刑事责任
客运经营者、货运经营者非法转让、出租道路运输许可证件的	责令停止违法行为,收缴有关证件,处2000元以上1万元以下的罚款;有违法所得的,没收违法所得
客运经营者、危险货物运输经营者未按规定投保承运人责任险的	责令限期投保;拒不投保的,由原许可机关吊销道路运输经营许可证
客运经营者、货运经营者不按照规定携带车辆营运证的	责令改正,处警告或者20元以上200元以下的罚款

续上表

违法行为	处罚措施
客运经营者、货运经营者不按批准的客运站点停靠或者不按规定的线路、公布的班次行驶的；强行招揽旅客、货物的；在旅客运输途中擅自变更运输车辆或者将旅客移交他人运输的；未报告原许可机关，擅自终止客运经营的；没有采取必要措施防止货物脱落、扬撒等的	责令改正，处1000元以上3000元以下的罚款；情节严重的，由原许可机关吊销道路运输经营许可证
客运经营者、货运经营者不按规定维护和检测运输车辆的	责令改正，处1000元以上5000元以下的罚款
客运经营者、货运经营者擅自改装已取得车辆营运证的车辆的	责令改正，处5000元以上2万元以下的罚款
外国国际道路运输经营者未按照规定的线路运输，擅自从事中国境内道路运输或者未标明国籍识别标志的	由省级道路运输管理机构责令停止运输；有违法所得的，没收违法所得，处违法所得2倍以上10倍以下的罚款；没有违法所得或者违法所得不足1万元的，处3万元以上6万元以下的罚款

四、中华人民共和国交通运输部相关规章

我国道路交通运输法规体系中交通运输部规章主要包括《机动车驾驶员培训管理规定》《道路运输从业人员管理规定》《旅客运输及客运站管理规定》《机动车驾驶员培训与考试大纲》等。

(一)机动车驾驶培训管理规定

《机动车驾驶培训管理规定》是《中华人民共和国道路运输条例》的重要实施性规章之一，是我国机动车驾驶员培训行业行政法规体系建设的重要标志。

1. 机动车驾驶员培训经营许可

机动车驾驶员培训业务指以培训学员机动车驾驶能力或者以培训道路运输驾驶人员的从业能力为教学任务，为社会公众有偿提供驾驶培训服务的活动。包括对初学机动车驾驶人员、增加准驾车型的驾驶人员和道路运输驾驶人员所进行的驾驶培训、继续教育以及机动车驾驶员培训教练场经营等业务。机动车驾驶培训经营许可：

1)机动车驾驶员

培训业务根据经营项目分为普通机动车驾驶员培训、道路运输驾驶员从业资格培训、机动车驾驶员培训教练场经营三类。

普通机动车驾驶员培训根据培训能力分为一级普通机动车驾驶员培训、二级普通机动车驾驶员培训和三级普通机动车驾驶员培训三类。道路运输驾驶员从业资格培训根据培训内容分为道路客货运输驾驶员从业资格培训和危险货物运输驾驶员从业资格培训两类。

2)道路运输驾驶员

获得道路客货运输驾驶员从业资格培训许可的，可以从事经营性道路旅客运输驾驶员、经营性道路货物运输驾驶员的从业资格培训业务；获得危险货物运输驾驶员从业资格培训许可的，可以从事道路危险货物运输驾驶员的从业资格培训业务。

获得道路运输驾驶员从业资格培训许可的,还可以从事相应车型的普通机动车驾驶员培训业务。

3)申请从事普通机动车驾驶员培训业务的,应当符合下列条件

(1)取得企业法人资格;

(2)有健全的培训机构和管理制度;

(3)有与培训业务相适应的教学人员和管理人员;

(4)有必要的教学车辆,必要的教学设施、设备和场地。

4)申请从事道路运输驾驶员从业资格培训业务的,应当具备下列条件

(1)取得企业法人资格;

(2)具备相应车型的普通机动车驾驶员培训资格;

(3)有与培训业务相适应的教学人员;

(4)有必要的教学设施、设备和场地。

2. 教练员管理

(1)机动车驾驶培训教练员应当按照统一的教学大纲规范施教,并如实填写《教学日志》和《中华人民共和国机动车驾驶员培训记录》。

(2)机动车驾驶员培训机构应当加强对教练员的职业道德教育和驾驶新知识、新技术的再教育,对教练员每年进行至少一周的脱岗培训,提高教练员的职业素质。

(3)机动车驾驶员培训机构应当加强对教练员教学情况的监督检查,定期对教练员的教学水平和职业道德进行评议,公布教练员的教学质量排行情况,督促教练员提高教学质量。

(4)省级道路运输管理机构应当制定机动车驾驶培训教练员教学质量信誉考核办法,对机动车驾驶培训教练员实行教学质量信誉考核制度。机动车驾驶培训教练员教学质量信誉考核内容应当包括教练员的基本情况、教学业绩、教学质量排行情况、参加再教育情况、不良记录等。

3. 经营管理

(1)机动车驾驶员培训机构应当在注册地开展培训业务,不得采取异地培训、恶意压价、欺骗学员等不正当手段开展经营活动,不得允许社会车辆以其名义开展机动车驾驶员培训经营活动。

(2)机动车驾驶员培训实行学时制,按照学时合理收取费用。机动车驾驶员培训机构应当将学时收费标准报所在地道路运输管理机构备案。对每个学员理论培训时间每天不得超过6个学时,实际操作培训时间每天不得超过4个学时。

(3)机动车驾驶员培训机构应当使用符合标准并取得牌证、具有统一标识的教学车辆。禁止使用报废的、检测不合格的和其他不符合国家规定的车辆从事机动车驾驶员培训业务,不得随意改变教学车辆的用途。

(4)机动车驾驶员培训机构在道路上进行培训活动,应当遵守公安交通管理部门指定的路线和时间,并在教练员随车指导下进行,与教学无关的人员不得乘坐教学车辆。

(5)省级道路运输管理机构应当建立机动车驾驶员培训机构质量信誉考评体系,制定机动车驾驶员培训监督管理的量化考核标准,并定期向社会公布对机动车驾驶员培训机构的考核结果。

4. 违法行为处罚

《机动车驾驶员培训管理规定》对违法行为处罚规定，见表1-2-5所示。

违法行为处罚规定 表1-2-5

违法行为	处罚措施
未取得机动车驾驶员培训许可证件，非法从事机动车驾驶员培训业务的；使用无效、伪造、变造、被注销的机动车驾驶员培训许可证件，非法从事机动车驾驶员培训业务的；超越许可事项，非法从事机动车驾驶员培训业务的；对于接受非法转让、出租机动车驾驶员培训许可证件的受让方	责令停止经营；有违法所得的，没收违法所得，并处违法所得2倍以上10倍以下的罚款；没有违法所得或者违法所得不足1万元的，处2万元以上5万元以下的罚款；构成犯罪的，依法追究刑事责任
机动车驾驶员培训机构非法转让、出租机动车驾驶员培训许可证件的	责令停止违法行为，收缴有关证件，处2000元以上1万元以下的罚款；有违法所得的，没收违法所得
机动车驾驶员培训机构未按照全国统一的教学大纲进行培训的；未向培训结业的人员颁发《结业证书》的；向培训未结业的人员颁发《结业证书》的；向未参加培训的人员颁发《结业证书》的；使用无效、伪造、变造《结业证书》的；租用其他机动车驾驶员培训机构《结业证书》的	责令改正；拒不改正的，由原许可机关吊销其经营许可
机动车驾驶员培训机构未在经营场所醒目位置悬挂机动车驾驶员培训经营许可证件的；未在经营场所公示其经营类别、培训范围、收费项目、收费标准、教练员、教学场地等情况的；未按照要求聘用教学人员的；未按规定建立学员档案、教学车辆档案的；未按规定报送《培训记录》和有关统计资料的；使用不符合规定的车辆及设施、设备从事教学活动的；存在索取、收受学员财物，或者谋取其他利益等不良行为的；未定期公布教练员教学质量排行情况的；违反本规定其他有关规定的	责令限期整改；逾期整改不合格的，予以通报
机动车驾驶培训教练员未按照全国统一的教学大纲进行教学的；填写《教学日志》《培训记录》弄虚作假的；教学过程中有道路交通安全违法行为或者造成交通事故的；存在索取、收受学员财物，或者谋取其他利益等不良行为的；未按照规定参加驾驶新知识、新技能再教育的；违反本规定其他有关规定的	责令限期整改；逾期整改不合格的，予以通报

（二）道路运输从业人员管理规定

为加强道路运输从业人员管理，提高道路运输从业人员综合素质，根据《中华人民共和国道路运输条例》《危险化学品安全管理条例》以及有关法律、行政法规而制定，自2007年3月1日施行。详见第五章第四节内容。

（三）旅客运输及客运站管理规定

为规范道路旅客运输及道路旅客运输客运站经营活动，维护道路旅客运输市场秩序，保障道路旅客运输安全，保护旅客和经营者的合法权益，依据《中华人民共和国道路运输条例》及有关法律、行政法规的规定而制定。详细见第六章第三节。

（四）机动车驾驶培训教学与考试大纲

为落实《国务院办公厅转发公安部、交通运输部关于推进机动车驾驶人培训考试制度改革意见的通知》(国办发[2015]88 号)要求,交通运输部、公安部对 2012 年版《机动车驾驶培训教学与考试大纲》进行了修订,2016 年 10 月 1 日起施行(以下简称新《大纲》)。新《大纲》包括《机动车驾驶培训教学大纲》和《机动车驾驶人考试大纲》两大部分。

1. 新《大纲》教学部分的修改

新《大纲》更加突出培养安全文明合格驾驶人的理念,对教学部分从结构、学时、内容、教学日志以及相关要求五个方面进行修改。

1)结构调整

取消培训阶段的概念,将原来的“阶段”修改为“部分”,淡化培训先后顺序的要求。

2)学时调整

取消具体项目学时规定,对每项教学内容具体学时的限定,只对每一部分(科目)的总学时进行要求,适当调整基础驾驶(场地项目驾驶)学时;适当调整模拟器学时;适当调整理论教学学时。

3)内容调整

优化合并要求,结合原《大纲》教学目标和考试目标,优化培训教学目标;结合原教学大纲和考试大纲的元素,新《大纲》表格内容分为课目、内容、目标、适用车型四个栏目。

4)教学日志调整

明确最低学时,体现最低学时和增加学时的区别,让学员清楚哪些是必学内容,在教学日志中体现增加学时的空间;优化考核记录,增加电子教学日志样式,结合计时管理系统的推广使用,设计使用电子教学日志样式。

5)相关要求调整

进一步完善大纲前面基本要求,明确制定的依据、学时安排及相关要求。

2. 新《大纲》中教学主要内容

1)制定依据

根据《中华人民共和国道路交通安全法》及《实施条例》《中华人民共和国道路运输条例》《机动车驾驶员培训管理规定》《机动车驾驶证申领和使用规定》等有关规定制定本大纲,主要包括机动车驾驶培训教学大纲和驾驶培训教学日志。

2)学时安排

本大纲的学时为各车型基本学时要求;增加考试内容和项目的,须相应增加学时;每个学员课堂学习时间每天不得超过 4 学时,实际操作学习时间每天不得超过 4 学时;每学时为 60 分钟,其中,有效教学时间不得低于 45 分钟。

3)教学要求

本大纲分为“道路交通安全法律、法规和相关知识”“基础和场地驾驶”“道路驾驶”和“安全文明驾驶常识”四部分内容。每部分内容培训结束后,应对学员的学习进行考核。“基础和场地驾驶”“道路驾驶”两部分考核不合格的,由考核员提出增加复训的内容和学时建议。

“道路交通安全法律、法规和相关知识”和“安全文明驾驶常识”教学可采取多媒体教学、远程网络教学、交通安全体验等多种方式,倡导课堂教学与远程网络教学相结合。课堂教学不得低于 6 学时,其中,“道路交通安全法律、法规和相关知识”不得低于 4 学时,“安全文明驾驶常识”不得低于 2 学时。

"基础和场地驾驶"中"操纵装置的规范操作"和"起步前车辆检查与调整"教学内容,应采用驾驶模拟设备教学;"道路驾驶"中"恶劣条件下的驾驶""山区道路驾驶""高速公路驾驶"等内容,可采用驾驶模拟设备教学。模拟教学学时为4学时。

"安全文明驾驶常识"教学应与"道路驾驶"教学交叉融合;"基础和场地驾驶"与"道路驾驶"可交叉训练。

4)其他规定

驾培机构应根据新《大纲》制定教学计划,倡导根据学员特点进行差异化教学。轮式自行机械车(M)、无轨电车(N)、有轨电车(P)三种准驾车型的培训教学大纲,由各省根据需要和地方特点自行制定,并报交通运输部备案。各省应当根据实际对各准驾车型培训驾驶里程做出相关要求,但最低不得少于300公里。大型客货车驾驶员职业教育,参考本大纲,按有关规定另行制订人才培养方案。

5)培训教学大纲

第一部分:道路交通安全法律、法规和相关知识;第二部分:基础和场地驾驶;第三部分:道路驾驶;第四部分:安全文明驾驶常识。

3.新《大纲》中的考试内容

1)制定依据

依据《中华人民共和国道路交通安全法》及其《实施条例》《中华人民共和国刑法》《机动车驾驶证申领和使用规定》《机动车登记规定》《道路交通安全违法行为处理程序规定》《道路交通事故处理程序规定》等有关规定制定。

2)考试目标

符合国务院公安部门规定的驾驶许可条件的人员,可申请参加机动车驾驶人考试。机动车驾驶人考试执行全国统一的考试内容和合格标准,考核应考人员是否了解和掌握道路交通安全法律法规知识、安全文明驾驶常识和驾驶技能,是否具备驾驶安全意识。对通过考试的人员,公安机关交通管理部门核发机动车驾驶证。

3)考试内容

本大纲分为"科目一　道路交通安全法律、法规和相关知识考试""科目二　场地驾驶技能考试""科目三　道路驾驶考试"和"科目三　安全文明驾驶常识考试"四部分内容。

4)考试要求

对考试内容的考核要求按照由低到高分为三个层次,分别是"了解""熟知"和"掌握",高一层次的考试要求包括低一层次的考试要求;科目一考试和科目三安全文明驾驶常识考试的考试要点分为通用考试要点和专用考试要点,通用考试要点适用于所有准驾车型考试,专用考试要点适用于大型客车、牵引车、城市公交车、中型客车、大型货车准驾车型考试;轮式自行机械车(M)、无轨电车(N)、有轨电车(P)三种准驾车型的考试大纲,由各省级公安机关交通管理部门根据需要和地方特点自行制定,并报公安部备案。

5)考试要点

科目一:道路交通安全法律、法规和相关知识考试;科目二:场地驾驶技能考试;科目三:道路驾驶技能考试和安全文明驾驶常识考试。

第二章　机动车辆登记、检验与保险

第一节　机动车辆登记制度

《机动车登记规定》于2008年10月1日起施行，根据2012年9月12日中华人民共和国公安部令第124号公布的《公安部关于修改〈机动车登记规定〉的决定》修正。自2004年4月30日公安部发布的《机动车登记规定》（公安部令第72号）予以废止。

一、机动车登记证书、号牌与行驶证

对机动车核发登记证书、号牌和行驶证，是车辆管理机关加强对车辆的监督管理，保障行车安全，充分发挥车辆运输效能的重要手段。对车辆进行登记、检验合格后核发牌证，有利于国家掌握各种车辆的数目、分布和使用情况；有利于群众监督驾驶员遵守交通法规、公共秩序，以保障交通安全；有利于维护社会治安，防止盗抢车，以保障车主的合法权益；有利于查缉交通违法行为和肇事后逃跑人员，以加强交通管理；有利于督促车主加强对车辆的维修，以保持车况的良好。

驾驶机动车上道路行驶时，应当悬挂机动车号牌，放置检验合格标志、保险标志，并随车携带机动车行驶证。机动车号牌应当按照规定悬挂并保持清晰、完整，不得故意遮挡、污损。

任何单位和个人都不得伪造或者使用伪造的机动车号牌和行驶证，不得倒卖、转借、挪用、涂改和骗领机动车号牌和行驶证。任何单位和个人不得收缴、扣留机动车号牌。除公安机关交通管理部门外，任何单位或个人不准以任何借口收缴、扣留机动车行驶证。

机动车登记证书、号牌、行驶证、检验合格标志的种类、式样，以及各类登记表格式样等由公安部制定。

（一）机动车登记证书

机动车登记证书是车辆所有权的法律证明，可以作为车辆担保抵押、过户和交易等凭证，如图2-1-1所示。作为机动车登记的证明文件，由机动车所有人保管，不随车携带。此后办理转籍、过户等任何车辆登记时都要求出具，并在其上记录车辆的有关情况，除《机动车登记证书》丢失需要补领以外，其他所有登记都可以由代理人代理。

图2-1-1　机动车登记证书

机动车登记证书由公安部统一印制。

（二）机动车号牌

1. 机动车号牌

机动车号牌是准予机动车在我国境内道路上行驶的法定标志。机动车号牌式样，要做到统一标准字模、标准色板、反光膜，以提高机动车号牌的防伪性能。

机动车号牌按管辖性质的不同，可分为军用车号牌、武警车号牌、警察专用车号牌，如图 2-1-2和图 2-1-3 所示。民用车号牌、使馆和领事馆号牌，如图 2-1-4 所示，港澳入出境号牌等；按号牌使用性质的不同，可分为正式号牌、临时行驶号牌，如图 2-1-5 所示，临时入境号牌、教练车号牌等；按机动车类型的不同，可分为大型车号牌，如图 2-1-6 所示，小型车号牌，如图 2-1-7 所示，低速汽车号牌、拖拉机号牌、摩托车号牌和挂车号牌等。

京·A0006警

图 2-1-2　警用车前号牌

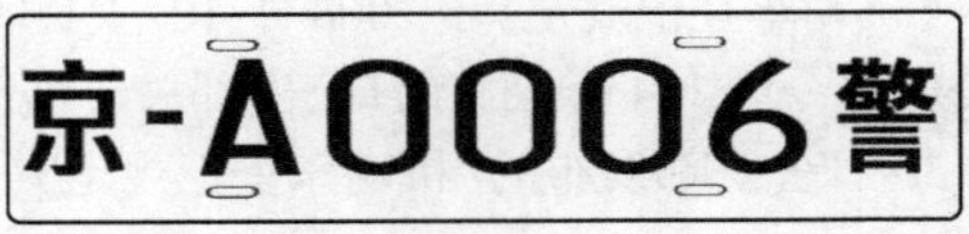

京-A0006警

图 2-1-3　警用车后号牌

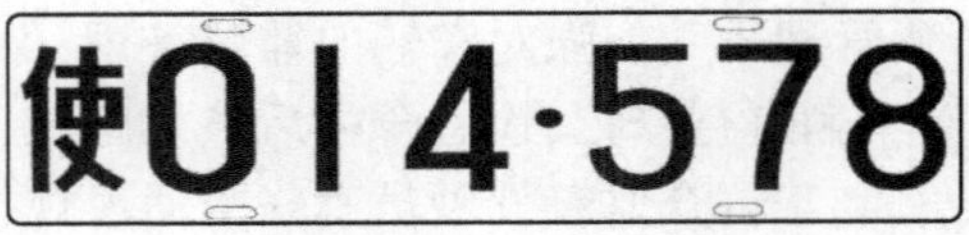

使014·578

图 2-1-4　使馆车号牌

京A 00001
年 月 日

图 2-1-5　临时号牌

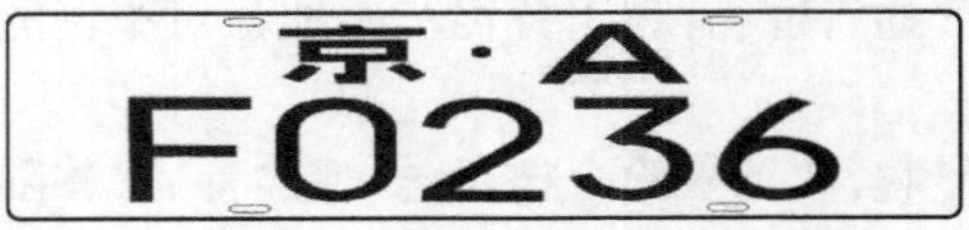

京·A
F0236

图 2-1-6　大型车后号牌和挂车号牌

京A·F0236

图 2-1-7　大型汽车前号牌和小型汽车号牌

车辆号牌的分类、规格、颜色及适用范围如表 2-1-1 所示。

号牌的分类、规格、颜色及适用范围　　表 2-1-1

<table>
<tr><th>序号</th><th>分　类</th><th>外廓尺寸（mm × mm）</th><th>颜　色</th><th>数量</th><th>适用范围</th></tr>
<tr><td>1</td><td>大型汽车号牌</td><td>前：440 × 140
后：440 × 220</td><td rowspan="2">黄底黑字，黑框线</td><td>2</td><td>中型（含）以上载客、载货汽车和专项作业车；半挂牵引车；电车</td></tr>
<tr><td>2</td><td>挂车号牌</td><td>440 × 220</td><td>1</td><td>全挂车和不与牵引车固定使用的半挂车</td></tr>
<tr><td>3</td><td>小型汽车号牌</td><td rowspan="4">440 × 140</td><td>蓝底白字白框线</td><td rowspan="4">2</td><td>中型以下的载客、载货汽车和专项作业车</td></tr>
<tr><td>4</td><td>使馆汽车号牌</td><td rowspan="2">黑底白字，红“使”“领”字，白框线</td><td>驻华使馆的汽车</td></tr>
<tr><td>5</td><td>领馆汽车号牌</td><td>驻华领事馆的汽车</td></tr>
<tr><td>6</td><td>港澳入出境车号牌</td><td>黑底白字，白“港”“澳”字，白框线</td><td>港澳地区入出内地的汽车</td></tr>
</table>

续上表

<table>
<tr><th>序号</th><th>分　类</th><th>外廓尺寸
（mm×mm）</th><th>颜　色</th><th>数量</th><th>适用范围</th></tr>
<tr><td>7</td><td>教练汽车号牌</td><td rowspan="2">440×140</td><td>黄底黑字,黑“学”字,黑框线</td><td rowspan="7">2</td><td>教练用汽车</td></tr>
<tr><td>8</td><td>警用汽车号牌</td><td>白底黑字,红“警”字,黑框线</td><td>汽车类警车</td></tr>
<tr><td>9</td><td>普通摩托车号牌</td><td rowspan="5">前:220×95
后:220×140</td><td>黄底黑字,黑框线</td><td>普通二轮摩托车和普通三轮摩托车</td></tr>
<tr><td>10</td><td>轻便摩托车号牌</td><td>蓝底白字,白框线</td><td>轻便摩托车</td></tr>
<tr><td>11</td><td>使馆摩托车号牌</td><td rowspan="2">黑底白字,红“使”“领”字,白框线</td><td>驻华使馆的摩托车</td></tr>
<tr><td>12</td><td>领馆摩托车号牌</td><td>驻华领事馆的摩托车</td></tr>
<tr><td>13</td><td>教练摩托车号牌</td><td>黄底黑字,黑“学”字,黑框线</td><td>教练用摩托车</td></tr>
<tr><td>14</td><td>警用摩托车号牌</td><td>220×140</td><td>白底黑字,红“警”字,黑框线</td><td>1</td><td>摩托车类警车</td></tr>
<tr><td>15</td><td>低速车号牌</td><td>300×165</td><td>黄底黑字,黑框线</td><td>2</td><td>低速载货汽车、三轮汽车和轮式自行机械车</td></tr>
<tr><td rowspan="4">16</td><td rowspan="4">临时行驶车号牌</td><td rowspan="4">220×140</td><td>天(酞)蓝底纹
黑字,黑框线</td><td rowspan="2">1</td><td>行政辖区内临时行驶的机动车</td></tr>
<tr><td>棕黄底纹
黑字,黑框线</td><td>跨行政辖区临时移动的机动车</td></tr>
<tr><td>棕黄底纹
黑字,黑框线
黑“试”字</td><td rowspan="2">1</td><td>试验用机动车</td></tr>
<tr><td>棕黄底纹
黑字,黑框线
黑“超”字</td><td>特型机动车,指轴荷和总质量超限的工程专项作业车和超长、超宽、超高的运输大型不可解物品的机动车</td></tr>
<tr><td>17</td><td>临时入境汽车号牌</td><td>220×140</td><td rowspan="2">白底棕蓝色专用底纹,黑字,黑边框</td><td rowspan="2"></td><td>临时入境汽车</td></tr>
<tr><td>18</td><td>临时入境摩托车号牌</td><td>88×60</td><td>临时入境摩托车</td></tr>
<tr><td>19</td><td>拖拉机号牌</td><td colspan="3">按 NY 345.1—2005 执行</td><td>上道路行驶的拖拉机</td></tr>
</table>

临时号牌为纸质材料,其他号牌为铝合金材料。

民用机动车号牌于 1994 年 7 月 1 日开始更换启用,称之为“92 式”,是我国车辆管理史上第六代机动车牌证,号牌牌面的编排由省(自治区、直辖市)简称、发牌机关代号和注册编号组成。92式车牌号的第一个是汉字代表所在省(自治区、直辖市)的简称:如北京就是京,第二个是英文代表所在地的地市发牌机关代号。在编排城市或其他地级行政区时跳过I和O,O往往被用作警车或机关单位,全国多个省市已取消"O"牌车。民用汽车车号一般为5位数字,即00001～99999;某一地区编号超过10万时,由A、B、C等英文字母代替,A代表10万,B代表11万,C代表12万,其余类推。

2002年8月12日,公安部推出了"2002式"民用汽车号牌。该式号牌将号码由5位升为6位,为可自选号码的"个性化车牌",但在北京、天津、杭州、深圳4市试行了几天后,于2002年8月22日"因技术原因"暂停。2007年11月1日,《中华人民共和国机动车号牌》(GA 36—2007)标准实施,新标准对机动车号牌分类、登记编号编码规则、制作技术和安装使用等进行了新规定,其号牌的分类、规格、颜色及适用范围见表2-1-1所示。优化了机动车号牌号码的编码规则,增大了号牌的编码容量,比原来增加14倍,为群众自编自选号牌号码提供了更多的选择空间。

新标准的车牌种类从原来的24种缩减为了19种(包括警用车牌)。

驻华使馆、领事馆汽车号牌采用黑底白字,并在号牌上注明红色"使""领"字;中国香港、中国澳门入出内地的汽车,号牌为黑底白字,并注明白色的"港""澳"字,如"粤Z·F023港""粤Z·F023澳"。

中型载客汽车和中型专项作业车,一律按新的号牌标准核发大型汽车号牌(黄牌照)。已经挂上蓝牌照的中型客车,可照常上路行驶,但在"办理车辆转移登记"或"补换领号牌"业务时,需更新为黄牌照。

中型载客汽车是指车长小于6m,乘坐人数大于9人、小于20人的载客汽车,如中巴车、面包车等;用于专项作业的中型专项作业车是指如洒水车、吸污车、水泥搅拌车、起重车、医疗车等车辆。以前这两种车核发蓝底白字的小型车号牌,很多人误认为持"Cl驾证也可以开中巴车",按公安部关于驾证申领和使用的规定,这两种车必须由持有B1以上驾证的驾驶员才能驾驶,新标准规定中型客车的号牌为黄底黑字的黄牌照后。

中型载客汽车悬挂大型汽车号牌后,对应的准驾记录仍为B1驾驶证(中型客车)。装置有专用设备或器具,用于专项作业的中型专项作业车,依然悬挂小型汽车号牌,对应的准驾记录均为B2驾驶证(大型货车)或旧证B驾驶证(大型货车)。

2. 机动车号牌号码

机动车号牌号码由车辆管理所按照排列顺序依次确定,向机动车所有人发放。2003年9月,实行号牌号码由电脑公开自动选取,机动车所有人可在2个号牌号码中选择1个;2007年7月,机动车所有人可至少从5个号牌号码中选择1个,并按规定继续留用报废机动车号牌号码;2008年实施的《机动车登记规定》(公安部令第102号)进一步改进了机动车号牌号码的选取方式:一是扩大重新启用原号牌号码的机动车范围,将允许申请重新启用原号牌号码的机动车范围,由报废的机动车扩大到所有办结注销或转移登记的机动车,进一步满足了机动车所有人留用原号牌号码的需求。为防止恶意买卖或变相买卖机动车号牌号码,《机动车登记规定》规定了申请使用原机动车号牌号码的条件:①机动车所有人在办理转移登记或者注销登记后6个月内提出申请;②机动车所有人拥有原机动车3年以上;③涉及原机动车的道路交通安全违法行为和交通事故处理完毕。二是在全国范围内实行由机动车所有人自编自选机动车号牌号码服务措施。《机动车登记规定》规定机动车号牌号码有两种选取方式,机动车所有人可任选一种:一种是机动车所有人通过计算机公开自动选择,并可以至少从5个号牌号码中选取1个,可当场领到号牌;另一种是由机动车所有人按照机动车号牌编码规则自行编排确定,只要选定的号牌号码,先前没有人使用,即可由本人使用。实行自编自选的,不收取选号费,号牌工本费也保持不变。根据各地不同情况,机动车所有人自行编排选号可以在车辆管理所内进行,也可通过互联网编排确定。

《中华人民共和国机动车号牌》对机动车号牌的编码规则进行了修改,即号牌的汉字和第一位字母是发牌机关代号,不能选择;后5位可以选择,每一位可以是数字,也可以是英文字母,若数字和字母结合时最多可使用2个字母,且不能出现易与数字混淆的I、O两个字母。其次,在具体操作中,各省(自治区、直辖市)要根据本地号牌资源情况和实际管理需要,制定具体的编排规则。有的省(自治区、直辖市)允许5位都自编,有的是4位,有的只有3位。

机动车车主自行编排号牌号码规则,适用于中小型汽车新车注册登记业务和小型汽车转入的登记业务。警用、教练、工程抢险、消防、出租客运、小型专项作业、低速载货、三轮汽车等特殊和特种车辆并不适用。

(三)机动车行驶证

机动车行驶证是准予汽车在我国境内道路上行驶的法定证件。行驶证由证夹、主页、车辆照片和副页组成,用以记录机动车号牌号码、车型、车主、住址、发动机号、车架号、总质量、使用性质、核定载质(客)量及有关事项的证书,如图2-1-8所示。

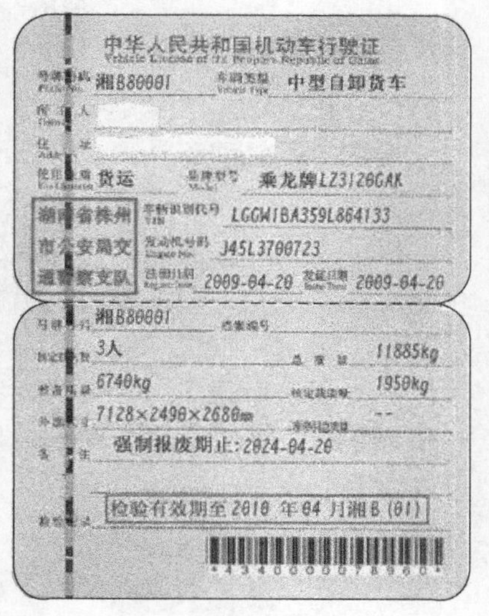
中华人民共和国机动车行驶证
湘B80001 中型自卸货车
货运 乘龙牌LZ3120GAK
湖南省株洲市公安局交通警察支队
LGGW1BA359L864133
J45L3700723
2009-04-20 2009-04-20
湘B80001
3人 11885kg
6740kg 1950kg
7128×2490×2680mm --
强制报废期止:2024-04-20
检验有效期至2010年04月湘B(01)

图2-1-8 机动车行驶证

二、机动车登记规定

(一)机动车登记机关

机动车登记由公安机关、交通管理部门负责实施。

省级公安机关交管部门负责本省(自治区、直辖市)机动车登记工作的指导、检查和监督。直辖市公安机关交管部门车辆管理所、设区的市或者相当于同级的公安机关交管部门车辆管理所负责办理本行政辖区内机动车登记业务。

县级公安机关交管部门车辆管理所可以办理本行政辖区内摩托车、三轮汽车、低速载货汽车登记业务。条件具备的,可以办理除进口机动车、危险化学品运输车、校车、中型以上载客汽车以外的其他机动车登记业务。具体业务范围和办理条件由省级公安机关交管部门确定。

车辆管理所办理机动车登记,应当遵循公开、公正、便民的原则。车辆管理所在受理机动车登记申请时,对申请材料齐全并符合法律、行政法规和本规定的,应当在规定的时限内办结。对申请材料不齐全或者其他不符合法定形式的，应当一次告知申请人需要补正的全部内容。对不符合规定的，应当书面告知不予受理、登记的理由。

车辆管理所应当将法律、行政法规和本规定的有关机动车登记的事项、条件、依据、程序、期限以及收费标准、需要提交的全部材料的目录和申请表示范文本等在办理登记的场所公示。

省级、设区的市或者相当于同级的公安机关交管部门应当在互联网上建立主页，发布信息，便于群众查阅机动车登记的有关规定，下载、使用有关表格。

车辆管理所应当使用计算机登记系统办理机动车登记，并建立数据库。不使用计算机登记系统登记的，登记无效。计算机登记系统的数据库标准和登记软件全国统一。数据库能够完整、准确记录登记内容，记录办理过程和经办人员信息，并能够实时将有关登记内容传送到全国公安交通管理信息系统。计算机登记系统应当与交通违法信息系统和交通事故信息系统实行联网。

（二）注册登记

1. 注册登记

初次申领机动车号牌、行驶证的，机动车所有人应当向住所地的车辆管理所申请注册登记。

机动车所有人应当到机动车安全技术检验机构对机动车进行安全技术检验，取得机动车安全技术检验合格证明后申请注册登记。

免予安全技术检验的机动车有下列情形之一的，应当进行安全技术检验：国产机动车出厂后两年内未申请注册登记的；经海关进口的机动车进口后两年内未申请注册登记的；申请注册登记前发生交通事故的。专用校车办理注册登记前，应当按照专用校车国家安全技术标准进行安全技术检验。

2. 注册登记所需手续

申请注册登记的应提交以下证明、凭证：机动车所有人的身份证明；购车发票等机动车来历证明；机动车整车出厂合格证明或者进口机动车进口凭证；车辆购置税完税证明或者免税凭证；机动车交通事故责任强制保险凭证；车船税纳税或者免税证明；法律、行政法规规定应当在机动车注册登记时提交的其他证明、凭证。

不属于经海关进口的机动车和国务院机动车产品主管部门规定免予安全技术检验的机动车，还应当提交机动车安全技术检验合格证明。

车辆管理所应当自受理申请之日起2日内，确认机动车，核对车辆识别代号拓印膜，审查提交的证明、凭证，核发机动车登记证书、号牌、行驶证和检验合格标志。

3. 注册登记注意事项

有下列情形之一的，不予办理注册登记：机动车所有人提交的证明、凭证无效的；机动车来历证明被涂改或者机动车来历证明记载的机动车所有人与身份证明不符的；机动车所有人提交的证明、凭证与机动车不符的；机动车未经国务院机动车产品主管部门许可生产或者未经国家进口机动车主管部门许可进口的；机动车的有关技术数据与国务院机动车产品主管部门公告的数据不符的；机动车的型号、发动机号码、车辆识别代号或者有关技术数据不符合国家安全技术标准的;机动车达到国家规定的强制报废标准的;机动车被人民法院、人民检察院、行政执法部门依法查封、扣押的;机动车属于被盗抢的;其他不符合法律、行政法规规定的情形。

(三)变更登记

1. 变更登记项目

已注册登记的机动车有下列情形之一的,机动车所有人应当向登记地车辆管理所申请变更登记:改变车身颜色的;更换发动机的;更换车身或者车架的;因质量问题更换整车的;营运机动车改为非营运机动车或者非营运机动车改为营运机动车等使用性质改变的;机动车所有人的住所迁出或者迁入车辆管理所管辖区域的。

2. 变更登记所需手续

申请变更登记的,机动车所有人应当填写申请表,交验机动车,并提交以下证明、凭证:机动车所有人的身份证明;机动车登记证书;机动车行驶证;属于更换发动机、车身或者车架的,还应提交机动车安全技术检验合格证明;属于因质量问题更换整车的,还应提交机动车安全技术检验合格证明,经海关进口的机动车和国务院机动车产品主管部门认定免予安全技术检验的机动车除外。

车辆管理所应当自受理之日起1日内,确认机动车,审查提交的证明、凭证,在机动车登记证书上签注变更事项,收回行驶证,重新核发行驶证。

3. 变更登记注意事项

有下列情形之一的,不予办理变更登记:改变机动车的品牌、型号和发动机型号的,但经国务院机动车产品主管部门许可选装的发动机除外;改变已登记的机动车外形和有关技术数据的,但法律、法规和国家强制性标准另有规定的除外;

有下列情形之一,在不影响安全和识别号牌的情况下,机动车所有人不需要办理变更登记:小型、微型载客汽车加装前后防撞装置;货运机动车加装防风罩、水箱、工具箱、备胎架等;增加机动车车内装饰。

(四)转移登记

已注册登记的机动车所有权发生转移的,现机动车所有人应当自机动车交付之日起三十日内向登记地车辆管理所申请转移登记。机动车所有人申请转移登记前,应当将涉及该车的道路交通安全违法行为和交通事故处理完毕。

1. 转移登记所需手续

申请转移登记的,现机动车所有人应当填写申请表,交验机动车,并提交以下证明、凭证:现机动车所有人的身份证明;机动车所有权转移的证明、凭证;机动车登记证书;机动车行驶证;属于海关监管的机动车,还应当提交《中华人民共和国海关监管车辆解除监管证明书》或者海关批准的转让证明;属于超过检验有效期的机动车,还应当提交机动车安全技术检验合格证明和交通事故责任强制保险凭证。

现机动车所有人住所在车辆管理所管辖区域内的,车辆管理所应当自受理申请之日起1日内,确认机动车,核对车辆识别代号拓印膜,审查提交的证明、凭证,收回号牌、行驶证,确定新的机动车号牌号码,在机动车登记证书上签注转移事项,重新核发号牌、行驶证和检验合格标志。

2. 转移登记注意事项

有下列情形之一的,不予办理转移登记:

(1)机动车与该车档案记载内容不一致的;

(2)属于海关监管的机动车,海关未解除监管或者批准转让的;

(3)机动车在抵押登记、质押备案期间的;

(4)有注册登记,机动车所有人提交的证明、凭证无效的;机动车来历证明被涂改或者机动车来历证明记载的机动车所有人与身份证明不符的;机动车达到国家规定的强制报废标准的;机动车被人民法院、人民检察院、行政执法部门依法查封、扣押的;机动车属于被盗抢的。

(五)抵押登记

机动车所有人将机动车作为抵押物抵押的,应当向登记地车辆管理所申请抵押登记;抵押权消灭的,应当向登记地车辆管理所申请解除抵押登记。

1. 抵押登记所需手续

申请抵押登记的,机动车所有人应当填写申请表,由机动车所有人和抵押权人共同申请,并提交下列证明、凭证:机动车所有人和抵押权人的身份证明;机动车登记证书;机动车所有人和抵押权人依法订立的主合同和抵押合同。

车辆管理所应当自受理之日起 1 日内,审查提交的证明、凭证,在机动车登记证书上签注抵押登记的内容和日期。

2. 申请解除抵押登记所需手续

申请解除抵押登记的提交下列证明、凭证:机动车所有人和抵押权人的身份证明;机动车登记证书。人民法院调解、裁定、判决解除抵押的,机动车所有人或者抵押权人应当填写申请表,提交机动车登记证书、人民法院出具的已经生效的《调解书》《裁定书》或者《判决书》,以及相应的《协助执行通知书》。

车辆管理所应当自受理之日起 1 日内,审查提交的证明、凭证,在机动车登记证书上签注解除抵押登记的内容和日期。机动车抵押登记日期、解除抵押登记日期可以供公众查询。

(六)注销登记

1. 正常注销登记

已达到国家强制报废标准的机动车,机动车所有人向机动车回收企业交售机动车时,应当填写申请表。报废的校车、大型客、货车及其他营运车辆应当在车辆管理所的监督下解体。

机动车回收企业应当在机动车解体后七日内将申请表、机动车登记证书、号牌、行驶证和《报废机动车回收证明》副本提交车辆管理所,申请注销登记。

2. 非正常注销登记

机动车有下列情形之一的,机动车所有人应当向登记地车辆管理所申请注销登记:机动车灭失的；机动车因故不在我国境内使用的；因质量问题退车的；机动车登记被依法撤销的；达到国家强制报废标准的机动车被依法收缴并强制报废的。

机动车所有人申请注销登记的，应当填写申请表，并提交以下证明、凭证：机动车登记证书；机动车行驶证；属于机动车灭失的，还应当提交机动车所有人的身份证明和机动车灭失证明；属于机动车因故不在我国境内使用的，还应当提交机动车所有人的身份证明和出境证明，其中属于海关监管的机动车，还应当提交海关出具的《中华人民共和国海关监管车辆进（出）境领（销）牌照通知书》；属于因质量问题退车的，还应当提交机动车所有人的身份证明和机动车制造厂或者经销商出具的退车证明。

车辆管理所应当自受理之日起 1 日内，审查提交的证明、凭证，收回机动车登记证书、号牌、行驶证，出具注销证明。

3. 异地注销登记

因车辆损坏无法驶回登记地的，机动车所有人可以向车辆所在地机动车回收企业交售报废机动车。交售机动车时应当填写申请表，提交机动车登记证书、号牌和行驶证。机动车回收企业应当确认机动车并解体，向机动车所有人出具《报废机动车回收证明》。报废的校车、大型客、货车及其他营运车辆应当在报废地车辆管理所的监督下解体。

机动车回收企业应当在机动车解体后 7 日内将申请表、机动车登记证书、号牌、行驶证和《报废机动车回收证明》副本提交报废地车辆管理所，申请注销登记。报废地车辆管理所应当自受理之日起 1 日内，审查提交的证明、凭证，收回机动车登记证书、号牌、行驶证，并通过计算机登记系统将机动车报废信息传递给登记地车辆管理所。

登记地车辆管理所应当自接到机动车报废信息之日起 1 日内办理注销登记，并出具注销证明。

4. 注销登记注意事项

已注册登记的机动车有下列情形之一的，车辆管理所应当公告机动车登记证书、号牌、行驶证作废：达到国家强制报废标准，机动车所有人逾期不办理注销登记的；机动车登记被依法撤销后，未收缴机动车登记证书、号牌、行驶证的；达到国家强制报废标准的机动车被依法收缴并强制报废的；机动车所有人办理注销登记时未交回机动车登记证书、号牌、行驶证的。

有下列情形之一的，不予办理注销登记。机动车所有人提交的证明、凭证无效的；机动车被人民法院、人民检察院、行政执法部门依法查封、扣押的；机动车属于被盗抢的；机动车与该车档案记载内容不一致的；机动车在抵押登记、质押备案期间的；

（七）质押备案

1. 质押备案所需手续

申请办理机动车质押备案或者解除质押备案的，由机动车所有人和典当行共同申请，机动车所有人应当填写申请表，并提交以下证明、凭证：机动车所有人和典当行的身份证明；机动车登记证书。

车辆管理所应当自受理之日起 1 日内，审查提交的证明、凭证，在机动车登记证书上签注质押备案或者解除质押备案的内容和日期。

2. 质押备案注意事项

有以下情形之一的,不予办理质押备案:对机动车所有人提交的证明、凭证无效;机动车被人民法院、人民检察院、行政执法部门依法查封、扣押的;机动车属于被盗抢的;

(八)机动车号牌、行驶证的补领、换领

机动车号牌、行驶证灭失、丢失或者损毁的,机动车所有人应当向登记地车辆管理所申请补领、换领。申请时,机动车所有人应当填写申请表并提交身份证明。

车辆管理所应当审查提交的证明、凭证,收回未灭失、丢失或者损毁的号牌、行驶证,自受理之日起1日内补发、换发行驶证,自受理之日起15日内补发、换发号牌,原机动车号牌号码不变。

补发、换发号牌期间应当核发有效期不超过15日的临时行驶车号牌。

(九)临时行驶车号牌

1. 申领临时行驶车号牌条件

机动车具有下列情形之一,需要临时上道路行驶的,机动车所有人应当向车辆管理所申领临时行驶车号牌:未销售的;购买、调拨、赠予等方式获得机动车后尚未注册登记的;进行科研、定型试验的;因轴荷、总质量、外廓尺寸超出国家标准不予办理注册登记的特型机动车。

2. 申领临时行驶车号牌手续

机动车所有人申领临时行驶车号牌应当提交以下证明、凭证:机动车所有人的身份证明;机动车交通事故责任强制保险凭证;属于未销售的、因轴荷、总质量、外廓尺寸超出国家标准不予办理注册登记的特型机动车,还应当提交机动车整车出厂合格证明或者进口机动车进口凭证;

属于购买、调拨、赠予等方式获得机动车后尚未注册登记的,还应当提交机动车来历证明,以及机动车整车出厂合格证明或者进口机动车进口凭证;属于进行科研、定型试验的,还应当提交书面申请和机动车安全技术检验合格证明。

车辆管理所应当自受理之日起1日内,审查提交的证明、凭证,属于未销售的、购买、调拨、赠予等方式获得机动车后尚未注册登记的,需要在本行政辖区内临时行驶的,核发有效期不超过15日的临时行驶车号牌;需要跨行政辖区临时行驶的,核发有效期不超过30日的临时行驶车号牌。属于进行科研、定型试验的、因轴荷、总质量、外廓尺寸超出国家标准不予办理注册登记的特型机动车,核发有效期不超过90日的临时行驶车号牌。

因号牌制作的原因,无法在规定时限内核发号牌的,车辆管理所应当核发有效期不超过15日的临时行驶车号牌。

对未销售的或购买、调拨、赠予等方式获得机动车后尚未注册登记的,机动车所有人需要多次申领临时行驶车号牌的,车辆管理所核发临时行驶车号牌不得超过3次。

(十)内容变更

机动车所有人发现登记内容有错误的,应当及时要求车辆管理所更正。车辆管理所应

当自受理之日起5日内予以确认。确属登记错误的,在机动车登记证书上更正相关内容,换发行驶证。需要改变机动车号牌号码的,应当收回号牌、行驶证,确定新的机动车号牌号码,重新核发号牌、行驶证和检验合格标志。

已注册登记的机动车被盗抢的,车辆管理所应当根据刑侦部门提供的情况,在计算机登记系统内记录,停止办理该车的各项登记和业务。被盗抢机动车发还后,车辆管理所应当恢复办理该车的各项登记和业务。

机动车在被盗抢期间,发动机号码、车辆识别代号或者车身颜色被改变的,车辆管理所应当凭有关技术鉴定证明办理变更备案。

第二节 机动车辆检验制度

一、机动车检验类别

根据汽车检验的目的,汽车检验可分为安全技术检验(公安部门)、综合性能检验(交通部门)和与维修有关的汽车检验。

1. 机动车安全技术检验

机动车安全技术检验是指根据《中华人民共和国道路交通安全法》及其《实施条例》规定,按照机动车国家安全技术标准等要求,对上道路行驶的机动车进行检验检测的活动,包括机动车注册登记时的初次安全技术检验和登记后的定期安全技术检验。

安全技术检验只对汽车安全性、环保性和动力性指标中车速这些项目进行检验,包括汽车申请注册登记时的初次检验、汽车登记后的定期检验、汽车临时检验和汽车特殊检验(包括肇事车辆、改装车辆和报废车辆等技术检验)等。其检验标准和检验方法为《机动车运行安全技术条件》(GB 7258—2012)和《机动车安全技术检验项目和方法》(GB 21861—2014)。

汽车安全技术检验行为已由公安机关交管部门行政行为转化为具有第三方公正性的检验机构向社会出具检验检测数据的行为,对汽车安全技术检验机构的资格管理和监督职责主要由质量技术监督部门承担。

2. 机动车综合性能检验

综合性能检验是指对机动车进行的安全性、可靠性、动力性、经济性和环保性5种主要性能的检验。机动车综合性能检验由交通主管部门负责组织实施,其检验标准为《道路运输车辆综合性能要求和检验方法》(GB l8565—2016)。

3. 机动车其他检验

与维修有关的机动车检验是指确定车辆是否需要大修以实行视情修理,诊断查找故障的确切部位和发生故障的原因,从而确定排除故障方法的检验。

二、机动车定期检验

机动车必须按规定期限接受检验(安全技术检验),未按规定期限检验或检验不合格的不准继续行驶。

车辆定期检验是指按交通法规和政策规定,定期对已领取正式号牌、行驶证的机动车辆所进行的一次安全技术检验,以保证车辆的安全技术性能经常处于良好状态,督促车辆所有人经常对其维护修理,避免机械故障,确保行车安全。因为车辆在运行过程中,受到行驶里程的增加,使用年限的加长,各系统总成机件的运转和外界运行条件的影响,车辆的安全技术状况必将逐渐变坏,以致最后完全丧失其应有的性能而报废。所以,对车辆实行的年检制度,在于督促车属单位和车主加强对车辆的维护修理,使车辆经常处于完好的技术状态,保持整洁的车容车貌,这对确保车辆安全行驶和提高交通运输效率、减少环境污染、节约能源有着重要意义。

车辆年度检验时间为车辆登记日期(月)所对应的月份。如:某辆载货汽丰的注册登记日期是2009年5月18日,其对应的年度检验日期就是第二年的5月份。

车属单位(车主)必须事先做好车辆的维修和自行检验,提供机动车行驶证和机动车第三者责任强制保险单(交强险)。检验合格的,发给定期检验合格标志。

三、安全技术检验周期

为保障道路交通活动中的公共安全和预防、减少群死群伤道路交通事故的发生,道路交通安全法实施条例(第16条),区别不同情况规定了机动车的安全技术检验周期。

1. 检验周期

营运载客汽车5年以内每年检验1次;超过5年的,每6个月检验1次。

载货汽车和大型、中型非营运载客汽车10年以内每年检验1次;超过10年的每6个月检验1次。

小型、微型非营运载客汽车6年以内每2年检验1次;超过6年的,每年检验1次;超过15年的,每6个月检验1次。

2. 法规政策

2014年4月29日公安部和质检总局下发《关于加强和改进机动车检验工作的意见》的通知,试行非营运轿车等车辆6年内免检。自2014年9月1日起,试行6年以内的非营运轿车和其他小型、微型载客汽车(面包车、7座及7座以上车辆除外)免检制度。对注册登记6年以内的非营运轿车和其他小型、微型载客汽车(面包车、7座及7座以上车辆除外),每2年需要定期检验时,机动车所有人提供交通事故强制责任保险凭证、车船税纳税或者免征证明后,可以直接向公安机关交管部门申请领取检验标志,无须到检验机构进行安全技术检验。申请前,机动车所有人应当将涉及该车的道路交通安全违法行为和交通事故处理完毕。但车辆如果发生过造成人员伤亡的交通事故的,仍应按原规定的周期进行检验。上述车辆注册登记超过6年(含6年)的,仍按规定每年检验1次;超过15年(含15年)的,仍按规定每年检验2次。

四、机动车安全技术检验机构

《机动车安全技术检验机构监督管理办法》自2009年12月1日起施行,2006年2月27日国家质量监督检验检疫总局公布的《机动车安全技术检验机构管理规定》同时废止。

安检机构是指在中华人民共和国境内,根据《中华人民共和国道路交通安全法》及其

《实施条例》的规定，按照机动车国家安全技术标准等要求，对上道路行驶的机动车进行检验，并向社会出具公证数据的检验机构。

国家质量监督检验检疫总局对全国安检机构实施统一监督管理。各省级质量技术监督部门负责本行政区域内安检机构的监督管理工作。市县级质量技术监督部门在各自的职责范围内负责本行政区域内安检机构的监督管理工作。各级质量技术监督部门应当遵循科学、公正、廉洁、高效的原则，依法对安检机构实施监督管理。

安检机构应当严格依据国家有关法律法规规定，按照机动车国家安全技术标准和有关规定对机动车实施检验，并对检验结果负责。

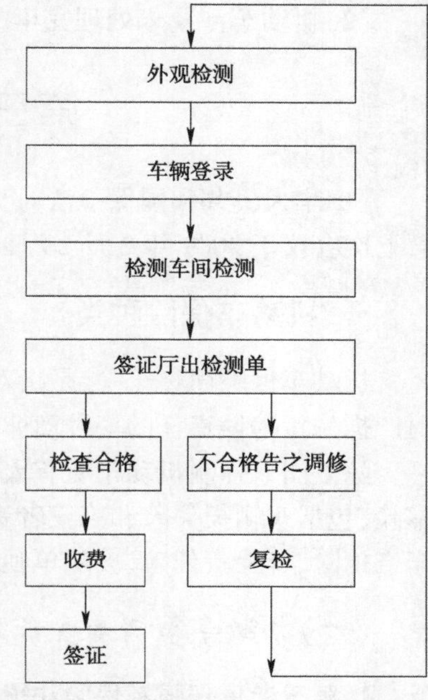

图 2-2-1 机动车安全技术检验流程图

五、机动车安全技术检验流程

机动车安全技术检验流程，如图 2-2-1 所示。

(1)送检车辆到达后，行驶到检测线待检区进行外观检测，并领取机动车检验合格标志申请表；

(2)车辆停在停车线内以便监控登录，新车需要向登录窗口提交合格证和车辆代码证；

(3)在检测线出口处凭行驶证接回车辆，并到签证厅领取机动车安全技术检验报告；

(4)对检测的数据结果不符合标准要求的，并在适当时间内调修复检，如对检测数据有不明之处，请向外观检测人员咨询；

(5)对检测的数据结果符合要求的，且交通违法处理完毕的，提交行驶证、机动车检验合格标志申请表、机动车安全技术检验报告、机动车交强险第三联原件，到签证厅办理收费签证。

六、机动车检验合格标志

图 2-2-2 机动车检验合格标志

机动车所有人可以在机动车检验有效期满前 3 个月内向登记地车辆管理所申请检验合格标志，如图 2-2-2 所示。申请前，机动车所有人应当将涉及该车的道路交通安全违法行为和交通事故处理完毕。

申请时，机动车所有人应提供以下资料：机动车牌证申请表、行驶证、机动车交通事故责任强制保险凭证、机动车安全技术检验合格证明。

申请核发检验合格标志时，行驶证副证签注已满的，可以在检验机动车的检测场办理换证。

有下列情形之一的，不予核发机动车检验合格标志：

(1)机动车号牌号码与行驶证、机动车交通事故责任强制保险凭证、车船税纳税或者免税证明和机动车安全技术检验合格证明上记载的号牌号码不一致的。

(2)机动车涉及未处理完毕的道路交通安全违法行为和交通事故的。

第三节　机动车保险制度

《中华人民共和国保险法》已由中华人民共和国第十一届全国人民代表大会常务委员会第七次会议于2009年2月28日修订通过，自2009年10月1日起施行。

一、机动车保险种类

机动车保险简称车险，是指对机动车辆由于自然灾害或意外事故所造成的人身伤亡或财产损失负赔偿责任的一种商业保险，汽车保险是财产保险的一种。

除了国家强制机动车所有人必须购买的交强险，其他机动车保险分为两大类：一类是基本险，包括车辆损失险和第三者责任事故险；另一类是车主自愿投保的附加险，主要包括全车盗抢险、车上责任险、玻璃单独破碎险、自燃损失险、不计免赔特约险等险种。

(一)机动车第三者责任强制保险

1. 第三者责任强制保险法律依据

(1)机动车之间发生交通事故的，由有过错的一方承担赔偿责任；双方都有过错的，按照各自过错的比例分担责任。

(2)机动车与非机动车驾驶人、行人之间发生交通事故，非机动车驾驶人、行人没有过错的，由机动车一方承担赔偿责任；有证据证明非机动车驾驶人、行人有过错的，根据过错程度适当减轻机动车一方的赔偿责任；机动车一方没有过错的，承担不超过10%的赔偿责任。

2. 实施交强险制度的意义

交强险是责任保险的一种。目前现行的商业机动车第三者责任保险是按照自愿原则由投保人选择购买。以前商业三责险投保率比较低(2005年约为35%)，致使发生道路交通事故后，有的因没有保险保障或致害人支付能力有限，受害人往往得不到及时地赔偿，也造成了大量经济赔偿纠纷。因此，实行交强险制度就是通过国家法律强制机动车所有人或管理人购买相应的责任保险，以提高三责险的投保面，在最大限度上为交通事故受害人提供及时和基本的保障。

3. 交强险与三责险差异

1)赔偿原则不同

根据《中华人民共和国道路安全法》的规定，对机动车发生交通事故造成人身伤亡、财产损失的，由保险公司在交强险责任限额范围内予以赔偿；而商业三责险中，保险公司是根据投保人或被保险人在交通事故中应负的责任来确定赔偿责任。

2)保障范围不同

除了个别事项外，交强险的赔偿范围几乎涵盖了所有道路交通责任风险；而商业三责险中,保险公司不同程度地规定有免赔额、免赔率或责任免除事项。

3)交强险具有强制性

机动车的所有人或管理人都应当投保交强险,同时,保险公司不能拒绝承保,不得拖延承保,不得随意解除保险合同。一是交强险实行全国统一的保险条款和基础费率(如非营业客车6座以下每年950元),保监会按照交强险业务总体上"不盈利不亏损"的原则审批费率。二是对"第三者"的赔偿不同,交强险对于撞了自家人的车主,可以因遭受人身伤亡或财产损失而向保险公司索赔;而商业第三者责任保险对于撞了自家人的车主,保险公司免赔;三是交强险实行分项责任限额。

4. 交强险的责任限额

交强险责任限额是指被保险机动车发生道路交通事故时,保险公司对每次保险事故所有受害人的人身伤亡和财产损失所承担的最高赔偿金额。

交强险责任限额分为死亡伤残赔偿限额11万元、医疗费用赔偿限额1万元、财产损失赔偿限额2000元,以及被保险人在道路交通事故中无责任的赔偿限额。被保险人在交通事故中无责任的情况下,死亡伤残赔偿限额为1.1万元,医疗费用赔偿限额为1000元,财产损失赔偿限额为100元。

(二)第三者责任险

1. 第三者责任险

第三者责任险是指被保险人允许的合格驾驶人员在使用保险车辆过程中发生意外事故,致使第三者遭受人身伤亡或财产的直接损毁,依法应当由被保险人支付的赔偿金额,保险人依照保险合同的规定,对超过交强险各分项赔偿限额以上的部分给予赔偿的责任保险。

所谓"第三者"是指除了投保人及其财产、被保险车辆驾乘人员及其财产以外的其他人和财产。保险公司称为保险人(即第一者),车主称为被保险人(即第二者)。

第三者责任保险的责任范围除了投保时明确的被保险人之外,还包括被保险人允许的驾驶人员,如单位或个人的驾驶员、雇佣或借调的驾驶员以及保险车辆借给他人使用时的驾驶员等,这些人使用保险车辆时对第三者造成的人身伤亡或直接财产损失,均由保险公司负责赔偿。

2. 最高赔偿限额

投保时,投保人可以自愿选择投保,事故最高赔偿限额如20万元、30万元、50万元、100万元等;对第三者的赔偿数额,应由保险公司进行核定,被保险人不能自行承诺或支付赔偿金额。

3. 第三者责任险保费计算

第三者责任险保费全国范围不一致,家庭自用轿车(6座以下)的第三者责任险,北京地区保额5万元时保费为671元,10万元时保费为940元,15万元时保费为1060元,20万元时保费为1141元,30万元时保费为1275元,50万元时保费为1443元,100万元时保费为1644元;上海地区保额5万元时保费为626元,10万元时保费为903元,15万元时保费为1031元,20万元时保费为1120元,30万元时保费为1264元。

4. 第三者责任险的赔付

国务院颁布的《中华人民共和国道路交通安全法实施条例》,对交通事故责任认定、处

罚、事故损害赔偿的调解以及具体的损害赔偿计算标准等都有详尽的规定。公安机关交管部门应依照相关法规对事故当事人进行责任认定,确定赔偿标准,而保险公司则应根据公安交通管理部门的调解或裁决对被保险人依法应支付的赔偿金额给予补偿。

交通事故在我国一般由公安交通管理部门处理,但是非公共道路上发生的车辆事故,如村庄、大院、乡间土路上发生的车辆事故,可由出险地政府有关部门参照《中华人民共和国道路交通安全法实施条例》进行处理,保险公司再予以赔付。

5. 除外责任

(1)所有车辆的被保险人及其家庭成员,一般是根据独立经济的户口进行划分。

(2)企业所有或代管的财产,一般是指投保单位或集体所有或代管的财产,如投保单位的仓库、设备、住宅等。

(3)车辆在装卸货物时所致的他人伤亡和财产损失,也不属于第三者责任险的责任范畴。

(三)车辆损失险

1. 车辆损失险

车辆损失险是指车主向保险公司投保以预防车辆可能造成损失的保险。车辆损失险的保险金额可以按投保时的保险价值或实际价值确定,由投保人与保险公司协商确定,保险金额不得超出保险价值。

2. 车辆损失险保费计算

车辆损失险的保费与购买新车价格有关,按下式计算:

$$车辆损失险保费 = 新车价 \times 1.2\%$$

3. 车辆损失险的保险责任

车辆损失险的保险责任是指保险车辆在行驶或停放中遇到下列情况遭受损失时,由保险公司负责经济损失赔偿的责任。车辆损失险保险责任范围主要有以下方面:碰撞、倾覆、火灾、爆炸,雷击、暴风、洪水、破坏性地震、地陷、冰陷、崖崩、雹灾、泥石流、隧道坍塌、空中运行物体坠落,载运保险车辆的渡船遭受自然灾害或意外事故(仅限于有驾驶人员随车照料者),全车失窃(包括挂车单独失窃)3 个月以上。此外,发生保险事故时,被保险人对保险车辆采取施救和保护措施所支付的合理费用,保险公司也负责赔偿。

4. 车辆损失险保险责任类别

车辆损失险的保险责任分为碰撞责任、非碰撞责任和施救保护费用责任。

1)碰撞责任

碰撞危险是车辆损失险的主要责任,也是机动车辆最易发生的危险之一。碰撞是指车辆与外界物体的意外接触,如两车对撞、追尾相撞、撞及其他物体等。一般因碰撞造成的损失,除了驾驶者故意行为者外,不论驾驶人员是否违章或有无过失(明确除外责任者不在内),保险公司均负责赔偿。倾覆是指保险车辆由于自然灾害或意外事故,造成车辆本身倾斜翻倒、车体触地,使其失去正常状态和行驶能力,不经过施救不能恢复行驶。如因雨天路滑,车辆不慎翻到沟里,或转弯过急、车速过快,使车辆侧翻或全翻等,保险公司对倾覆造成的损失负责赔偿。

2)非碰撞责任

非碰撞责任主要指自然灾害、意外事故(如火灾、爆炸)、全车失窃以及车辆渡船过河时发生意外事故等。自然灾害造成的车辆损失容易判断和界定,如洪水将车辆冲走;在山区行驶时遭受泥石流或雪崩、崖崩的袭击,将车辆损坏;下冰雹时将车身砸烂等。对于一些自然灾害规定了量的标准,如暴风是指风速超过17.2米/秒(即8级以上),破坏性地震指震级在4.75级以上,达到以上程度的自然灾害造成保险车辆的损毁,保险公司负责赔偿。

火灾事故的原因复杂,如车辆油路漏油,遇明火引起火灾;车辆停放时由于外界失火引起车辆着火;由于碰撞引起车辆失火等,保险公司负责赔偿。

保险车辆上电气设备老化、短路或超负荷,引起本身发热烧毁,保险公司负责赔偿。由于上述原因起火造成其他部位的损失,则不负责电器设备自身的损失,由于人工直流供油而引起的火灾造成车辆损失,保险公司也不负责赔偿。

爆炸的原因较多,发动机因其内部的原因发生爆裂,如缸体破裂、活塞脱顶造成爆裂,则不属于爆炸的范畴,保险公司不负责赔偿。

全车失窃,包括挂车单独失窃后,经向公安部门报案,并在3个月以上仍未找到者,保险公司负责赔偿,3个月内找到者,保险公司则注销这宗赔案。车辆在失窃过程中遭到损坏或车上零部件失窃,这种因全车失窃而造成的车辆部分损坏,则属于保险责任,失窃车辆在3个月以后找到,保险公司即将该车定损后折价归被保险人,并收回已经支付的相应赔偿。

3)施救、保护费用

施救、保护费用指保险车辆在遭受保险责任范围内的自然灾害或意外事故后,为了减少车辆损失,采取的必要施救措施所支付的合理费用,如雇佣吊车、拖车进行抢救、拖运,使用消防设备灭火等,雇人看守不能行驶的事故车辆或因抢救过程中损害他人的财产费用支出,保险公司负责赔偿。但此项费用的最高赔偿额不能超过该车的保险金额。如将施救、保护以及修理费用相加,预计已达到或超过保险金额,保险公司可推定全损,予以赔偿。

5. 除外责任

在机动车辆保险责任之外,还有一些危险称为除外责任。由除外责任造成的被保险车辆损失和损坏,保险公司不负责赔偿。

除外责任包括下列情况:战争、军事冲突或暴乱;驾驶员酒后驾驶车辆、无有效驾驶证、人工直接供油;受本车所载货物撞击;自然磨损、锈蚀、轮胎自身炸裂或车辆的自身故障(如自燃);保险车辆遭受保险责任范围内的损失后,未经必要的修理,致使损失扩大的部分;保险车辆因保险责任范围内的灾害或事故致使被保险人停业、停驶的损失以及各种间接损失;其他不属于保险责任范围内的损失和费用。

(四)车上人员责任险

车上人员责任险(乘坐险)是指保险车辆发生保险责任范围内的事故,致使保险车辆上的人员遭受伤亡,保险人在保险单所载明的该项赔偿限额内计算赔偿本应由被保险人支付的赔偿金额的责任保险。

车上人员责任险保费计算方法:以5座、非营运轿车为例,5座全部投保,每座60元;不全部投保,每座120元。

（五）自燃损失险

自燃损失险是指保险车辆因本车电器、线路、供油系统、供气系统发生故障及运载货物的自身原因起火燃烧，造成保险车辆损失，以及被保险人在发生本保险责任事故时，为减少车辆损失所支出的必要合理的施救费用，由保险公司进行赔付的保险。

车辆自燃损失险保费的计算方法为：

自燃损失险保费 = 车辆折旧价值 ×0.4%

（六）盗抢险

盗抢险是指保险车辆因全车被盗窃、抢劫、抢夺时，经县级以上公安刑侦部门立案核实，满60天未查明下落的，保险人对其直接经济损失按保险金额计算赔偿的保险。

如果车辆被盗抢后60天内被找回，但在此期间车辆发生损坏或零部件丢失，保险公司负责赔偿修复费用。

全车盗抢险保费的计算方法为：

全车盗抢险保费 = 车辆折旧价值 ×1%

（七）玻璃单独破碎险

玻璃单独破碎险是指保险车辆只发生风窗玻璃破碎后，由保险公司承担赔付责任的保险。

玻璃单独破碎险保费计算方法为：

玻璃单独破碎险保费 = 新车价 ×0.15%（国产玻璃）

玻璃单独破碎险保费 = 新车价 ×0.25%（进口玻璃）

（八）新增加设备损失险

新增加设备损失险是指投保车辆在出厂时原有各项设备以外，被保险人对另外加装设备而进行的保险，保险人将在保险合同中该项目所载明的保险金额内，按实际损失计算赔偿。

新增加设备损失险保费的计算方法为：

新增加设备损失险保费 = 新增加设备的实际价值 ×1.2%

（九）不计免赔特约险

不计免赔特约险是指发生保险责任范围内的事故后，按照对应投保险种规定的免赔率计算的、应当由被保险人自行承担的免赔金额部分，保险人负责赔偿的保险。

免赔率的通常规定为：负次要事故责任的为5%，负同等事故责任的为8%，负主要事故责任的为10%，负全部事故责任的为15%，自燃损失、盗抢全车损失的为20%。

不计免赔特约险保费的计算方法为：

不计免赔特约险保费 =（车辆损失险保费 + 第三者责任险保费）×20%

二、机动车交通事故责任强制保险条例

《机动车交通事故责任强制保险条例》于2006年3月21日以中华人民共和国国务院令第462号公布;根据2012年12月17日中华人民共和国国务院令第630号公布的《国务院关于修改〈机动车交通事故责任强制保险条例〉的决定》第2次修订,2013年3月1日起施行。

(一)总则

在中华人民共和国境内道路上行驶的机动车的所有人或者管理人,应当依照《中华人民共和国道路交通安全法》的规定投保机动车交通事故责任强制保险。机动车交通事故责任强制保险,是指由保险公司对被保险机动车发生道路交通事故造成本车人员、被保险人以外的受害人的人身伤亡、财产损失,在责任限额内予以赔偿的强制性责任保险。

国务院保险监督管理机构(以下称保监会)依法对保险公司的机动车交通事故责任强制保险业务实施监督管理。

公安机关交通管理部门、农业(农业机械)主管部门(以下统称机动车管理部门)应当依法对机动车参加机动车交通事故责任强制保险的情况实施监督检查。对未参加机动车交通事故责任强制保险的机动车,机动车管理部门不得予以登记,机动车安全技术检验机构不得予以检验。

公安机关交通管理部门及其交通警察在调查处理道路交通安全违法行为和道路交通事故时,应当依法检查机动车交通事故责任强制保险的保险标志。

(二)投保

保险公司经保监会批准,可以从事机动车交通事故责任强制保险业务。未经保监会批准,任何单位或者个人不得从事机动车交通事故责任强制保险业务。

机动车交通事故责任强制保险实行统一的保险条款和基础保险费率。保监会按照机动车交通事故责任强制保险业务总体上不盈利不亏损的原则审批保险费率。

保监会应当每年对保险公司的机动车交通事故责任强制保险业务情况进行核查,并向社会公布;根据保险公司机动车交通事故责任强制保险业务的总体盈利或者亏损情况,可以要求或者允许保险公司相应调整保险费率。

调整保险费率的幅度较大的,保监会应当进行听证。

被保险机动车没有发生道路交通安全违法行为和道路交通事故的,保险公司应当在下一年度降低其保险费率。在此后的年度内,被保险机动车仍然没有发生道路交通安全违法行为和道路交通事故的,保险公司应当继续降低其保险费率,直至最低标准。被保险机动车发生道路交通安全违法行为或者道路交通事故的,保险公司应当在下一年度提高其保险费率。多次发生道路交通安全违法行为、道路交通事故,或者发生重大道路交通事故的,保险公司应当加大提高其保险费率的幅度。在道路交通事故中被保险人没有过错的,不提高其保险费率。降低或者提高保险费率的标准,由保监会会同国务院公安部门制定。

保监会、国务院公安部门、国务院农业主管部门以及其他有关部门应当逐步建立有关机

动车交通事故责任强制保险、道路交通安全违法行为和道路交通事故的信息共享机制。

投保人在投保时应当选择具备从事机动车交通事故责任强制保险业务资格的保险公司,被选择的保险公司不得拒绝或者拖延承保。

保监会应当将具备从事机动车交通事故责任强制保险业务资格的保险公司向社会公示。

投保人投保时,应当向保险公司如实告知重要事项。

重要事项包括机动车的种类、厂牌型号、识别代码、牌照号码、使用性质和机动车所有人或者管理人的姓名(名称)、性别、年龄、住所、身份证或者驾驶证号码(组织机构代码)、续保前该机动车发生事故的情况以及保监会规定的其他事项。

签订机动车交通事故责任强制保险合同时,投保人应当一次支付全部保险费;保险公司应当向投保人签发保险单、保险标志。保险单、保险标志应当注明保险单号码、车牌号码、保险期限、保险公司的名称、地址和理赔电话号码。

被保险人应当在被保险机动车上放置保险标志,保险标志式样全国统一,保险单、保险标志由保监会监制。任何单位或者个人不得伪造、变造或者使用伪造、变造的保险单、保险标志。

签订机动车交通事故责任强制保险合同时,投保人不得在保险条款和保险费率之外,向保险公司提出附加其他条件的要求,保险公司不得强制投保人订立商业保险合同以及提出附加其他条件的要求。

保险公司不得解除机动车交通事故责任强制保险合同;但是,投保人对重要事项未履行如实告知义务的除外。

投保人对重要事项未履行如实告知义务,保险公司解除合同前,应当书面通知投保人,投保人应当自收到通知之日起 5 日内履行如实告知义务;投保人在上述期限内履行如实告知义务的,保险公司不得解除合同。

保险公司解除机动车交通事故责任强制保险合同的,应当收回保险单和保险标志,并书面通知机动车管理部门。

投保人不得解除机动车交通事故责任强制保险合同,但有下列情形之一的除外:

(1)被保险机动车被依法注销登记的;

(2)被保险机动车办理停驶的;

(3)被保险机动车经公安机关证实丢失的。

机动车交通事故责任强制保险合同解除前,保险公司应当按照合同承担保险责任。合同解除时,保险公司可以收取自保险责任开始之日起至合同解除之日止的保险费,剩余部分的保险费退还投保人。

被保险机动车所有权转移的,应当办理机动车交通事故责任强制保险合同变更手续。机动车交通事故责任强制保险合同期满,投保人应当及时续保,并提供上一年度的保险单。

机动车交通事故责任强制保险的保险期间为 1 年,但有下列情形之一的,投保人可以投保短期机动车交通事故责任强制保险:

(1)境外机动车临时入境的;

(2)机动车临时上道路行驶的;

(3)机动车距规定的报废期限不足1年的;

(4)保监会规定的其他情形。

(三)赔偿

被保险机动车发生道路交通事故造成本车人员、被保险人以外的受害人人身伤亡、财产损失的,由保险公司依法在机动车交通事故责任强制保险责任限额范围内予以赔偿。

1. 不予赔偿

道路交通事故的损失是由受害人故意造成的,保险公司不予赔偿。有下列情形之一的,保险公司在机动车交通事故责任强制保险责任限额范围内垫付抢救费用,并有权向致害人追偿:

(1)驾驶人未取得驾驶资格或者醉酒的;

(2)被保险机动车被盗抢期间肇事的;

(3)被保险人故意制造道路交通事故的。

有前款所列情形之一,发生道路交通事故的,造成受害人的财产损失,保险公司不承担赔偿责任。

机动车交通事故责任强制保险在全国范围内实行统一的责任限额。责任限额分为死亡伤残赔偿限额、医疗费用赔偿限额、财产损失赔偿限额以及被保险人在道路交通事故中无责任的赔偿限额。

机动车交通事故责任强制保险责任限额由保监会会同国务院公安部门、国务院卫生主管部门、国务院农业主管部门规定。

国家设立道路交通事故社会救助基金(以下简称救助基金)。有下列情形之一时,道路交通事故中受害人人身伤亡的丧葬费用、部分或者全部抢救费用,由救助基金先行垫付,救助基金管理机构有权向道路交通事故责任人追偿:

(1)抢救费用超过机动车交通事故责任强制保险责任限额的;

(2)肇事机动车未参加机动车交通事故责任强制保险的;

(3)机动车肇事后逃逸的。

2. 道路交通事故社会救助基金

救助基金的来源包括:

(1)按照机动车交通事故责任强制保险的保险费的一定比例提取的资金;

(2)对未按照规定投保机动车交通事故责任强制保险的机动车的所有人、管理人的罚款;

(3)救助基金管理机构依法向道路交通事故责任人追偿的资金;

(4)救助基金孳息;

(5)其他资金。

救助基金的具体管理办法,由国务院财政部门会同保监会、国务院公安部门、国务院卫生主管部门、国务院农业主管部门制定试行。

3. 赔偿程序

(1)报险:被保险机动车发生道路交通事故,被保险人或者受害人通知保险公司的,保险公司应当立即给予答复，告知被保险人或者受害人具体的赔偿程序等有关事项。

(2)受理：被保险机动车发生道路交通事故的，由被保险人向保险公司申请赔偿保险金。保险公司应当自收到赔偿申请之日起1日内，书面告知被保险人需要向保险公司提供的与赔偿有关的证明和资料。

(3)核查：保险公司应当自收到被保险人提供的证明和资料之日起5日内，对是否属于保险责任进行核定，并将结果通知被保险人；对不属于保险责任的，应当书面说明理由；对属于保险责任的，在与被保险人达成赔偿保险金的协议后10日内，赔偿保险金。

被保险人与保险公司对赔偿有争议的，可以依法申请仲裁或者向人民法院提起诉讼。

保险公司可以向被保险人赔偿保险金，也可以直接向受害人赔偿保险金。但是，因抢救受伤人员需要保险公司支付或者垫付抢救费用的，保险公司在接到公安机关交通管理部门通知后，经核对应当及时向医疗机构支付或者垫付抢救费用。

(4)其他：因抢救受伤人员需要救助基金管理机构垫付抢救费用的，救助基金管理机构在接到公安机关交通管理部门通知后，经核对应当及时向医疗机构垫付抢救费用。医疗机构应当参照国务院卫生主管部门组织制定的有关临床诊疗指南，抢救、治疗道路交通事故中的受伤人员。保险公司赔偿保险金或者垫付抢救费用，救助基金管理机构垫付抢救费用，需要向有关部门、医疗机构核实有关情况的，有关部门、医疗机构应当予以配合。

保险公司、救助基金管理机构的工作人员对当事人的个人隐私应当保密。道路交通事故损害赔偿项目和标准依照有关法律的规定执行。

(四)罚则

未经保监会批准，非法从事机动车交通事故责任强制保险业务的，由保监会予以取缔；构成犯罪的，依法追究刑事责任；尚不构成犯罪的，由保监会没收违法所得，违法所得20万元以上的，并处违法所得1倍以上5倍以下罚款；没有违法所得或者违法所得不足20万元的，处20万元以上100万元以下罚款。

保险公司未经保监会批准从事机动车交通事故责任强制保险业务的，由保监会责令改正，责令退还收取的保险费，没收违法所得，违法所得10万元以上的，并处违法所得1倍以上5倍以下罚款；没有违法所得或者违法所得不足10万元的，处10万元以上50万元以下罚款；逾期不改正或者造成严重后果的，责令停业整顿或者吊销经营保险业务许可证。

保险公司违反本条例规定，有下列行为之一的，由保监会责令改正，处5万元以上30万元以下罚款；情节严重的，可以限制业务范围、责令停止接受新业务或者吊销经营保险业务许可证：

(1)拒绝或者拖延承保机动车交通事故责任强制保险的；

(2)未按照统一的保险条款和基础保险费率从事机动车交通事故责任强制保险业务的；

(3)未将机动车交通事故责任强制保险业务和其他保险业务分开管理，单独核算的；

(4)强制投保人订立商业保险合同的；

(5)违反规定解除机动车交通事故责任强制保险合同的；

(6)拒不履行约定的赔偿保险金义务的；

(7)未按照规定及时支付或者垫付抢救费用的。

机动车所有人、管理人未按照规定投保机动车交通事故责任强制保险的，由公安机关交管部门扣留机动车，通知机动车所有人、管理人依照规定投保，处依照规定投保最低责任限额应缴纳的保险费的2倍罚款。机动车所有人、管理人依照规定补办机动车交通事故责任强制保险的，应当及时退还机动车。

上道路行驶的机动车未放置保险标志的，公安机关交管部门应当扣留机动车，通知当事人提供保险标志或者补办相应手续，可以处警告或者20元以上200元以下罚款。当事人提供保险标志或者补办相应手续的，应当及时退还机动车。

伪造、变造或者使用伪造、变造的保险标志，或者使用其他机动车的保险标志，由公安机关交管部门予以收缴，扣留该机动车，处200元以上2000元以下罚款；构成犯罪的，依法追究刑事责任。当事人提供相应的合法证明或者补办相应手续的，应当及时退还机动车。

（五）附则

1. 投保人与被保险人

投保人是指与保险公司订立机动车交通事故责任强制保险合同，并按照合同负有支付保险费义务的机动车的所有人、管理人。被保险人是指投保人及其允许的合法驾驶人。

2. 抢救费

抢救费用，是指机动车发生道路交通事故导致人员受伤时，医疗机构参照国务院卫生主管部门组织制定的有关临床诊疗指南，对生命体征不平稳和虽然生命体征平稳但如果不采取处理措施会产生生命危险，或者导致残疾、器官功能障碍，或者导致病程明显延长的受伤人员，采取必要的处理措施所发生的医疗费用。

3. 其他

挂车不投保机动车交通事故责任强制保险。发生道路交通事故造成人身伤亡、财产损失的，由牵引车投保的保险公司在机动车交通事故责任强制保险责任限额范围内予以赔偿；不足的部分，由牵引车方和挂车方依照法律规定承担赔偿责任。

机动车在道路以外的地方通行时发生事故，造成人身伤亡、财产损失的赔偿，比照适用本条例。

第四节　机动车报废与回收制度

一、机动车报废

《机动车强制报废标准规定》自2013年5月1日起施行。《关于发布<汽车报废标准>的通知》（国经贸经〔1997〕456号）、《关于调整轻型载货汽车报废标准的通知》（国经贸经〔1998〕407号）、《关于调整汽车报废标准若干规定的通知》（国经贸资源〔2000〕1202号）、《关于印发<农用运输车报废标准>的通知》（国经贸资源〔2001〕234号）、《摩托车报废标准暂行规定》（国家经贸委、发展计划委、公安部、环保总局令〔2002〕第33号）同时废止。

机动车报废是指达到国家报废标准，或者虽未达到国家报废标准，但发动机或者底盘严重损坏，经检验不符合国家机动车运行安全技术条件或者国家机动车污染物排放标准的机动车。

根据机动车使用和安全技术、排放检验状况，国家对达到报废标准的机动车实施强制报废。

二、机动车报废标准

1. 强制报废

已注册机动车有下列情形之一的应当强制报废，其所有人应当将机动车交售给报废机动车回收拆解企业，由报废机动车回收拆解企业按规定进行登记、拆解、销毁等处理，并将报废机动车登记证书、号牌、行驶证交公安机关交管部门注销：

(1)达到规定使用年限的；

(2)经修理和调整仍不符合机动车安全技术国家标准对在用车有关要求的；

(3)经修理和调整或者采用控制技术后，向大气排放污染物或者噪声仍不符合国家标准对在用车有关要求的；

(4)在检验有效期届满后连续3个机动车检验周期内未取得机动车检验合格标志的。

2. 机动车使用年限

(1)小、微型出租客运汽车使用8年，中型出租客运汽车使用10年，大型出租客运汽车使用12年；

(2)租赁载客汽车使用15年；公交客运汽车使用13年；专用校车使用15年；

(3)小型教练载客汽车使用10年，中型教练载客汽车使用12年，大型教练载客汽车使用15年；

(4)其他小、微型营运载客汽车使用10年，大、中型营运载客汽车使用15年；大、中型非营运载客汽车(大型轿车除外)使用20年；

(5)三轮汽车、装用单缸发动机的低速货车使用9年，装用多缸发动机的低速货车以及微型载货汽车使用12年，危险品运输载货汽车使用10年，其他载货汽车(包括半挂牵引车和全挂牵引车)使用15年；

(6)有载货功能的专项作业车使用15年，无载货功能的专项作业车使用30年；

(7)全挂车、危险品运输半挂车使用10年，集装箱半挂车20年，其他半挂车使用15年；

(8)正三轮摩托车使用12年，其他摩托车使用13年。

对小、微型出租客运汽车(纯电动汽车除外)和摩托车，省、自治区、直辖市人民政府有关部门可结合本地实际情况，制定严于上述使用年限的规定，但小、微型出租客运汽车不得低于6年，正三轮摩托车不得低于10年，其他摩托车不得低于11年。

小、微型非营运载客汽车、大型非营运轿车、轮式专用机械车无使用年限限制。

机动车使用年限起始日期按照注册登记日期计算，但自出厂之日起超过2年未办理注册登记手续的，按照出厂日期计算。

3. 其他

变更使用性质或者转移登记的机动车应当按照下列有关要求确定使用年限和报废：

(1)营运载客汽车与非营运载客汽车相互转换的，按照营运载客汽车的规定报废，但小、

微型非营运载客汽车和大型非营运轿车转为营运载客汽车的,应按照公式核算累计使用年限,且不得超过15年;

(2)不同类型的营运载客汽车相互转换,按照使用年限较严的规定报废;

(3)小、微型出租客运汽车和摩托车需要转出登记所属地省、自治区、直辖市范围的,按照使用年限较严的规定报废;

(4)危险品运输载货汽车、半挂车与其他载货汽车、半挂车相互转换的,按照危险品运输载货车、半挂车的规定报废。

距使用年限1年以内(含1年)的机动车,不得变更使用性质、转移所有权或者转出登记地所属地市级行政区域。

三、报废机动车回收

《报废汽车回收管理办法》(国务院第307号令)经国务院第41次常务会议通过,自2001年6月16日起施行。对于规范机动车报废回收活动,防止报废汽车和拼装车上路行驶,维护道路交通秩序,保障人民生命财产安全,保护环境,发挥了积极作用。

近年来,国家积极促进循环经济发展,其中一项重要举措是在全国范围内开展报废汽车再制造试点。现行《报废汽车回收管理办法》关于报废汽车回收企业拆解的报废汽车"五大总成"应当作为废金属交售给钢铁企业作为冶炼原料的规定,已经不能适应开展汽车再制造的需要。同时,2002年清理行政审批时,现行《管理办法》确立的报废汽车回收企业资格认定这项行政审批被取消。对此,国务院有关部门、地方政府以及报废汽车回收企业多次反映,报废汽车回收拆解活动涉及公共安全、环境保护以及循环经济发展,为从源头上加强管理,确有必要对报废汽车回收拆解企业实行资格许可制度,建议通过修改《报废汽车回收管理办法》,重新确立报废汽车回收拆解企业资格许可制度。

为解决机动车再制造工作的制度障碍,促进循环经济发展,同时进一步加强报废机动车回收拆解的管理,商务部在深入调研并广泛征求各方面意见的基础上,起草并向国务院报送了《报废机动车回收拆解管理条例(修订草案送审稿)》。国务院法制办收到送审稿后,广泛征求了国务院有关部门、地方人民政府、有关协会以及部分报废汽车回收企业、再制造试点企业、汽车生产企业的意见,根据各方面的意见,会同商务部对送审稿进行了研究修改,形成了征求意见稿。征求意见稿对现行《报废汽车回收管理办法》主要作了以下四个方面的修改:

一是增加规定了促进资源综合利用和循环经济发展的有关内容。主要是:明确将"促进资源综合利用和循环经济发展"作为立法目的之一;鼓励汽车再制造企业与回收拆解企业建立长期合作关系,以促进回收拆解环节与再制造环节的有效衔接;为提高报废汽车回收利用率,规定回收拆解企业应当采取有利于资源回收利用和再制造的方式拆解报废机动车;规定拆解的汽车总成以及其他零配件可以交售给再制造企业。

二是重新确立了报废机动车回收拆解资格制度。2002年清理行政审批时取消了报废汽车回收企业资格认定这一审批项目,但《报废汽车回收管理办法》未做修改。根据各有关方面的意见,征求意见稿继续保留了《报废汽车回收管理办法》有关资格许可规定,并根据实际情况,对取得报废机动车回收拆解资格应当具备的条件做了相应调整,使其更具针对性和可操作性。这实际上是重新确立了报废机动车回收拆解资格制度。

三是增加规定了机动车生产企业、进口企业在报废机动车拆解活动中的责任。为了提高报废机动车回收拆解企业的技术水平,征求意见稿规定:机动车生产企业、进口企业应当以提供拆解指导手册或者在企业网站上公布拆解技术信息等方式,为回收拆解企业提供必要的技术支持。

四是补充、完善了加强监督管理的内容。主要有两方面:第一,规定回收拆解企业应当建立报废机动车回收拆解档案和数据库,如实记录报废机动车回收、拆解、废弃物处理情况以及拆解后零部件、材料和废弃物的流向,并按照规定向商务主管部门和公安机关报送相关数据和信息。第二,规定商务、公安、工商、环境保护等部门在报废机动车回收拆解监督管理工作中应当密切配合,加强沟通,建立信息通报机制,实现信息共享。

国务院商务主管部门负责全国报废机动车回收拆解的监督管理工作。国务院公安、工商行政管理、环境保护等有关部门在各自的职责范围内负责报废机动车回收拆解的相关监督管理工作。

县级以上地方各级人民政府商务主管部门对本行政区域内的报废机动车回收拆解活动实施监督管理。县级以上地方各级人民政府公安、工商行政管理、环境保护等有关部门在各自的职责范围内对本行政区域内的报废机动车回收拆解活动实施相关的监督管理。

四、报废机动车回收拆解资格

申请报废机动车回收拆解资格,应当具备下列条件:

(1)注册资本不低于200万元人民币;

(2)有符合回收拆解企业技术规范和报废机动车拆解环境保护技术规范要求的存储场地、拆解场地以及拆解设备;

(3)有符合国家规定的消防设施;

(4)有相应的报废机动车拆解专业技术人员;

(5)有符合国家环境保护标准的废弃物存储设施和处理方案。

设立回收拆解企业,还应当符合省、自治区、直辖市人民政府商务主管部门会同同级有关部门编制的报废机动车回收拆解行业发展规划。

申请报废机动车回收拆解资格,应当向所在地省、自治区、直辖市人民政府商务主管部门提出申请,并提交申请书以及证明符合本条例第十条规定条件的材料。省、自治区、直辖市人民政府商务主管部门应当自收到完备的申请材料之日起30个工作日内,审查申请材料并进行现场核查,作出批准或者不予批准的决定。予以批准的,由省、自治区、直辖市人民政府商务主管部门颁发《报废机动车回收拆解资格证书》;不予批准的,书面通知申请人并说明理由。

申请人持《报废机动车回收拆解资格证书》,依照《中华人民共和国公司登记管理条例》的规定向工商行政管理部门办理登记手续后,方可从事报废机动车回收拆解活动。

省、自治区、直辖市人民政府商务主管部门应当将本行政区域内的回收拆解企业名单报国务院商务主管部门备案,并及时向社会公布。

任何单位和个人不得买卖或者伪造、变造《报废机动车回收拆解资格证书》,不得买卖或者使用伪造、变造的《报废机动车回收拆解资格证书》。

第三章 机动车驾驶证申请与使用

第一节 机动车驾驶证

根据国家公安交通管理部门的统计，至2017年年底，全国机动车数量已突破3.10亿辆，其中，汽车数量为2.17亿辆；机动车驾驶人数量为3.85亿人，其中，汽车驾驶人为3.42亿人。驾驶人综合素质的高低直接关系到我国道路交通安全的整体状况，也直接关系到我国社会主义经济建设的良好有序发展和全社会安定团结的政治局面。因此，对机动车驾驶人进行规范化、科学化的管理是国家行使公共安全管理职能的一个特别重要的方面，同时也是关系到大力发展国家经济的一项重要内容。

机动车驾驶人管理是指国家职能机关（主要是指公安机关交管部门）对机动车驾驶人的身份、身体条件、合法证件及其准驾机动车车型、有效期限等相关资格方面的资料及信息进行管理，以行使国家职能，维护道路交通公共安全的行政过程。

一、机动车驾驶证种类

（一）驾驶证及其信息资料

机动车驾驶证是由国家公安机关车辆管理部门核发的，证明持有人在规定期限内具有相应机动车驾驶资格的合法有效证件。

机动车驾驶证记载和签注的主要信息资料有机动车驾驶人的姓名、性别、出生日期、国籍、住址、身份证明号码（机动车驾驶证号码）、照片等信息资料；车辆管理所签注的内容有：初次领证日期、准驾车型代号、有效期起始日期、有效期限、核发机关印章、档案编号等信息资料。机动车驾驶证，如图3-1-1所示。

中华人民共和国机动车驾驶证
Driving License of the People's Republic of China
证号
姓名 Name 性别 Sex 国籍 Nationality
住址 Address
江苏省扬州市公安局交通巡逻警察支队
出生日期 Date of Birth
初次领证日期 Date of First Issue
准驾车型 Class
有效期限 Valid Period

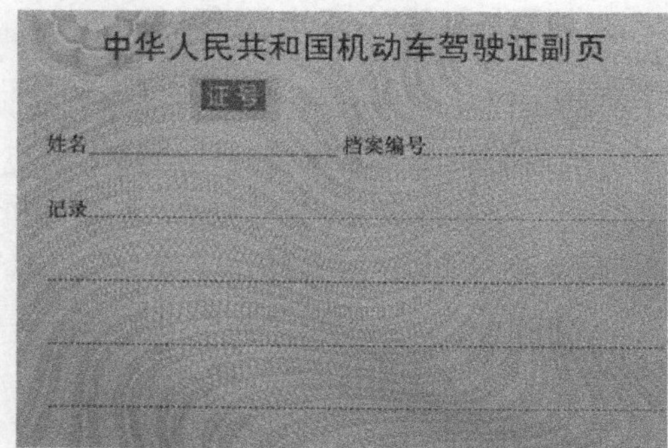

中华人民共和国机动车驾驶证副页
证号
姓名 档案编号
记录

图3-1-1 机动车驾驶证

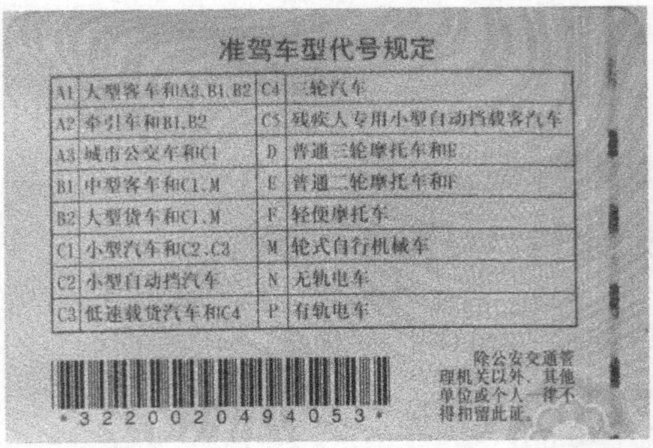

（二）机动车驾驶人准驾车型

机动车驾驶人的准驾车型，是指公安机关交管部门根据我国道路交通管理的相关法规，核准机动车驾驶人准予驾驶的车辆类型。

机动车驾驶人准予驾驶的车型顺序依次分为：大型客车、牵引车、城市公交车、中型客车、大型货车、小型汽车、小型自动挡汽车、低速载货汽车、三轮汽车、普通三轮摩托车、普通二轮摩托车、轻便摩托车、轮式自行机械车、无轨电车和有轨电车等，准驾车型代号规定内容，如图3-1-2所示。准驾车型及代号的详细信息见本章节附件1。

准驾车型代号规定

A1	大型客车和A3、B1、B2	C4	三轮汽车
A2	牵引车和B1、B2	C5	残疾人专用小型自动挡载客汽车
A3	城市公交车和C1	D	普通三轮摩托车和E
B1	中型客车和C1、M	E	普通二轮摩托车和F
B2	大型货车和C1、M	F	轻便摩托车
C1	小型汽车和C2、C3	M	轮式自行机械车
C2	小型自动挡汽车	N	无轨电车
C3	低速载货汽车和C4	P	有轨电车

3220020494053

除公安交通管理机关以外，其他单位或个人一律不得扣留此证。

图3-1-2　准驾车型代号规定

（三）机动车驾驶证有效期限

机动车驾驶证有效期限，是指机动车驾驶人合法持有驾驶证，驾驶准驾机动车的有效期限。它是机动车驾驶证在法定年限到期后由车辆管理部门进行审验，验证其合法有效性的一种年限规定和管理程序，以维护道路交通安全和机动车驾驶证的有效性。

根据我国目前国内道路交通管理状况及国家有关汽车使用的政策、法规的规定等实际情况，机动车驾驶证有效期规定可分为6年、10年和长期有效3种。

机动车驾驶人驾驶车型的年龄，是指机动车驾驶人合法驾驶准驾车型的年龄规定。对于身体各部分机能正常的驾驶人，合法取得机动车驾驶证以后在法定年龄规定的上限以内可以正常驾驶相关机动车辆。

《道路交通安全法》对机动车驾驶人在法定年龄驾驶机动车进行了严格规定，具体规定如下：

（1）凡年龄在60周岁以上的，不得驾驶大型客车、牵引车、城市公交车、中型客车、大型货车、无轨电车和有轨电车；

（2）年龄在70周岁以上的，不得驾驶低速载货汽车、三轮汽车、普通三轮摩托车、普通二轮摩托车和轮式自行机械车。

二、机动车驾驶证申请条件

机动车驾驶证的申领，是指机动车驾驶证申请人根据自身的身体条件和使用需要，向国家公安机关交管部门车辆管理所申请考取机动车驾驶证的意愿与过程。

对于一个身体健康、肌体健全、各部分机能正常的正常人来说，申请机动车驾驶证是合法、正常的要求，也是现代社会工作和生活的需要。

（一）申请条件

《道路交通安全法》和《公安部关于修改＜机动车驾驶证申领和使用规定＞的决定》（公安部第139号令）等法律、法规对申请机动车驾驶证的申请人进行了年龄条件和身体条件两方面的规定,凡申请机动车驾驶证的人员应当符合年龄条件和身体条件的规定。

车辆管理所办理机动车驾驶证业务,应当依法受理申请人的申请,审核申请人提交的资料,对符合条件的,按照规定程序和期限办理机动车驾驶证。申请机动车驾驶证的人,应当如实向车辆管理所提交规定的资料,如实申告规定的事项。

1. 年龄条件

年龄条件是指机动车驾驶证申请人员年龄在《机动车驾驶证申领和使用规定》的范围内,才允许申请相关机动车驾驶证的法律规定。对于机动车驾驶证申领的年龄规定具体如下:

(1)申请小型汽车、小型自动挡汽车、残疾人专用小型自动挡载客汽车、轻便摩托车准驾车型的,在18周岁以上,70周岁以下;

(2)申请低速载货汽车、三轮汽车、普通三轮摩托车、普通二轮摩托车或者轮式自行机械车准驾车型的,在18周岁以上,60周岁以下;

(3)申请城市公交车、大型货车、无轨电车或者有轨电车准驾车型的,在20周岁以上,50周岁以下;

(4)申请中型客车准驾车型的,在21周岁以上,50周岁以下;

(5)申请牵引车准驾车型的,在24周岁以上,50周岁以下;

(6)申请大型客车准驾车型的,在26周岁以上,50周岁以下;

(7)接受全日制驾驶职业教育的学生,申请大型客车、牵引车准驾车型的,在20周岁以上,50周岁以下。

2. 身体条件

身体条件是指对申请机动车驾驶证人员的身体状况进行的相关规定,主要规定了身高、视听力、辨色力和肢体活动能力等7个方面,具体规定如下:

(1)身高:申请大型客车、牵引车、城市公交车、大型货车、无轨电车准驾车型的,身高为155厘米以上;申请中型客车准驾车型的,身高为150厘米以上;

(2)视力:申请大型客车、牵引车、城市公交车、中型客车、大型货车、无轨电车或者有轨电车准驾车型的,两眼裸视力或者矫正视力达到对数视力表5.0以上;申请其他准驾车型的,两眼裸视力或者矫正视力达到对数视力表4.9以上。单眼视力障碍,优眼裸视力或者矫正视力达到对数视力表5.0以上,且水平视野达到150度的,可以申请小型汽车、小型自动挡汽车、低速载货汽车、三轮汽车、残疾人专用小型自动挡载客汽车准驾车型的机动车驾驶证;

(3)辨色力:无红绿色盲;

(4)听力:两耳分别距音叉50厘米能辨别声源方向;有听力障碍但佩戴助听设备能够达到以上条件的,可以申请小型汽车、小型自动挡汽车准驾车型的机动车驾驶证;

(5)双手拇指健全,每只手其他手指必须有三指健全,肢体和手指运动功能正常。但手指末节残缺或者左手有三指健全,且双手手掌完整的,可以申请小型汽车、小型自动挡汽车、低速载货汽车、三轮汽车准驾车型的机动车驾驶证;

(6)双下肢健全且运动功能正常,不等长度不得大于5厘米。但左下肢缺失或者丧失运动功能的,可以申请小型自动挡汽车准驾车型的机动车驾驶证;

(7)躯干、颈部:无运动功能障碍;

(8)右下肢、双下肢缺失或者丧失运动功能但能够自主坐立,且上肢符合本项第5目规定的,可以申请残疾人专用小型自动挡载客汽车准驾车型的机动车驾驶证。一只手掌缺失,另一只手拇指健全,其他手指有两指健全,上肢和手指运动功能正常,且下肢符合本项第6目规定的,可以申请残疾人专用小型自动挡载客汽车准驾车型的机动车驾驶证。《机动车驾驶证申领和使用规定》还对机动车驾驶证申领人员进行了排除性条件规定。

3. 排除性条件

排除性条件是指机动车驾驶证申领人员具有某一情形后不允许申请机动车驾驶证的规定,《机动车驾驶证申领和使用规定》规定了不得申请机动车驾驶证的情形有:

(1)有器质性心脏病、癫痫病、美尼尔氏症、眩晕症、癔症、震颤麻痹、精神病、痴呆以及影响肢体活动的神经系统疾病等妨碍安全驾驶疾病的;

(2)3年内有吸食、注射毒品行为或者解除强制隔离戒毒措施未满3年,或者长期服用依赖性精神药品成瘾尚未戒除的;

(3)造成交通事故后逃逸构成犯罪的;

(4)饮酒后或者醉酒驾驶机动车发生重大交通事故构成犯罪的;

(5)醉酒驾驶机动车或者饮酒后驾驶营运机动车依法被吊销机动车驾驶证未满5年的;

(6)醉酒驾驶营运机动车依法被吊销机动车驾驶证未满10年的;

(7)因其他情形依法被吊销机动车驾驶证未满2年的;

(8)驾驶许可依法被撤销未满3年的;

(9)法律、行政法规规定的其他情形。

未取得机动车驾驶证驾驶机动车,有排除性第五项至第七项行为之一的,在规定期限内不得申请机动车驾驶证。

(二)初次申领机动车驾驶证

由于国民经济30多年来持续稳定的高速增长,加之汽车工业的高速发展和国家汽车产业政策及相关法规的不断出台,大大刺激了汽车消费,特别是私有汽车的消费,因而使我国汽车保有量每年都以数百万计的规模在增长,申请学习机动车驾驶证的人员也以数以百万计的规模增加。据统计,在当前机动车驾驶证申领人员中,初次申领机动车驾驶证的人员占了机动车驾驶证申领人员的90% 以上。

初次申领机动车驾驶证是指未申领过机动车驾驶证者,第一次申领机动车驾驶证的请求。或虽申领过机动车驾驶证,但由于法定或个人的原因,机动车驾驶证失效或被取消,重新申领机动车驾驶证的请求。

初次申领机动车驾驶证的人员,可以申请准驾车型为城市公交车、大型货车、小型汽车、小型自动挡汽车、低速载货汽车、三轮汽车、残疾人专用小型自动挡载客汽车、普通三轮摩托车、普通二轮摩托车、轻便摩托车、轮式自行机械车、无轨电车、有轨电车的机动车驾驶证。

(三)增加准驾车型的机动车驾驶证申领

部分已经持有机动车驾驶证的驾驶人,在经过一段时间的车辆驾驶后,由于工作或生活需要,会产生要求增加准驾车型的意愿,以满足工作或生活中的各种需要。

所谓申请增加准驾车型是指已持有机动车驾驶证的驾驶人,根据自己的意愿,提出增加机动车准驾车型的申请,公安机关交管部门根据相关法规的规定进行条件审核,做出受理与否决定的程序。

已持有机动车驾驶证,申请增加准驾车型的,可以申请增加的准驾车型为大型客车、牵引车、城市公交车、中型客车、大型货车、小型汽车、小型自动挡汽车、低速载货汽车、三轮汽车、普通三轮摩托车、普通二轮摩托车、轻便摩托车、轮式自行机械车、无轨电车、有轨电车。

已持有机动车驾驶证,申请增加准驾车型的,应当在申请前最近一个记分周期内没有满分记录。申请增加中型客车、牵引车、大型客车准驾车型的,还应当符合下列规定:①申请增加中型客车准驾车型的,已取得驾驶城市公交车、大型货车、小型汽车、小型自动挡汽车、低速载货汽车或者三轮汽车准驾车型资格 3 年以上,并在申请前最近连续三个记分周期内没有满分记录;②申请增加牵引车准驾车型的,已取得驾驶中型客车或者大型货车准驾车型资格 3 年以上,或者取得驾驶大型客车准驾车型资格 1 年以上,并在申请前最近三个记分周期内没有满分记录;③已取得驾驶城市公交车、中型客车或者大型货车准驾车型资格五年以上,或者取得驾驶牵引车准驾车型资格二年以上,并在申请前最近连续五个记分周期内没有记满 12 分记录。

正在接受全日制驾驶职业教育的学生,已在校取得驾驶小型汽车准驾车型资格,并在本记分周期和申请前最近一个记分周期内没有记满 12 分记录的,可申请增加大型客车、牵引车准驾车型。

《机动车驾驶证申领和使用规定》还对申请增加大型客车、牵引车、城市公交车、中型客车准驾车型进行了相关限制规定,即申请大型客车、牵引车、中型客车、大型货车准驾车型的,不得存在下列三种情形之一的:①发生交通事故造成人员死亡,承担同等以上责任的;②醉酒后驾驶机动车的;③被吊销或者撤销机动车驾驶证未满十年的。

(四)申请机动车驾驶证程序

(1)申领机动车驾驶证的人,按照下列规定向车辆管理所提出申请:①在户籍地居住的,应当在户籍地提出申请;②在户籍所在地以外居住的,可以在居住地提出申请;③现役军人(含武警),应当在居住地提出申请;④境外人员,应当在居留地提出申请;⑤申请增加准驾车型的,应当在所持机动车驾驶证核发地提出申请;⑥接受全日制驾驶职业教育,申请增加大型客车、牵引车准驾车型的,应当在接受教育地提出申请。

(2)初次申请机动车驾驶证,应当填写《机动车驾驶证申请表》,见附件 2,并提交以下证明:①申请人的身份证明;②县级或者部队团级以上医疗机构出具的有关身体条件的证明。

(3)申请增加准驾车型的,应当填写《机动车驾驶证申请表》,并提交以下证明:①申请人的身份证明;②县级或者部队团级以上医疗机构出具的有关身体条件的证明;③所持机动车驾驶证。

属于接受全日制驾驶职业教育,申请增加大型客车、牵引车准驾车型的,还应当提交学校出具的学籍证明。

(4)持军队、武装警察部队机动车驾驶证的人申请机动车驾驶证,应当填写《机动车驾驾驶证申请表》,并提交以下证明、凭证:①申请人的身份证明,属于复员、转业、退伍的人,还应当提交军队、武装警察部队核发的复员、转业、退伍证明;②县级或者部队团级以上医疗机构出具的有关身体条件的证明;③军队、武装警察部队机动车驾驶证。

(5)持境外机动车驾驶证的人申请机动车驾驶证,应当填写《机动车驾驶证申请表》,并提交以下证明、凭证:①申请人的身份证明;②县级以上医疗机构出具的有关身体条件的证明;③所持机动车驾驶证。属于非中文表述的,还应当出具中文翻译文本。

(6)持境外机动车驾驶证的外国驻华使馆、领馆人员及国际组织驻华代表机构人员申请机动车驾驶证,应当填写《机动车驾驶证申请表》,并提交以下证明、凭证:①申请人的身份证明;②所持机动车驾驶证。属于非中文表述的,还应当出具中文翻译文本。申请人属于内地居民的,还应当提交申请人的护照或者《内地居民往来港澳通行证》或《大陆居民往来台湾通行证》。

三、驾驶证实习期

(一)驾驶证实习期

中华人民共和国公安部令第139号《公安部关于修改 <机动车驾驶证申领和使用规定> 的决定》第七十四条规定:机动车驾驶人初次申请机动车驾驶证和增加准驾车型后的12个月为实习期。在实习期内驾驶机动车的,应当在车身后部粘贴或者悬挂统一式样的实习标志。汽车实习标志样式,如图3-1-3所示。

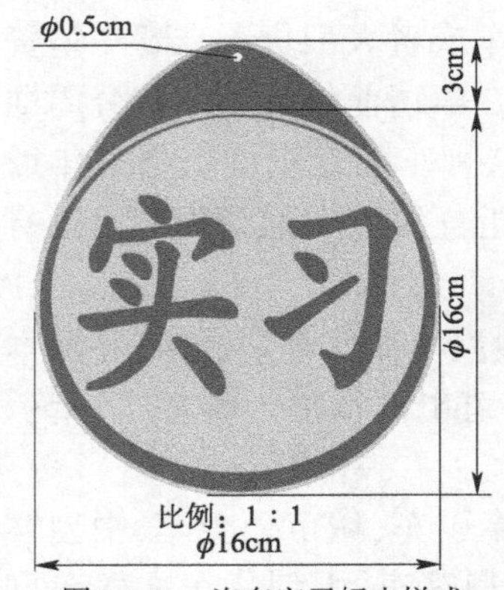

图3-1-3 汽车实习标志样式

(二)驾驶实习期间规定

(1)实习期驾驶未按规定粘贴或悬挂实习标志的机动车辆,驾驶人将被处以200元罚款。

(2)驾驶人在实习期内驾驶机动车上高速公路行驶,应当由持相应或者更高准驾车型驾驶证三年以上的驾驶人陪同,具体要求见表3-1-1所示。驾驶残疾人专用小型自动挡载客汽车的,可由持有小型自动挡载客汽车以上准驾车型驾驶证的驾驶人陪同。在增加准驾车型后的实习期内,驾驶原准驾车型的机动车时不受上述限制。

实习驾驶人驾驶证对应陪同人员驾驶证一览表 表3-1-1

实习驾驶人驾驶证	陪同人员驾驶证
A1(大型客车)	A1
A2(牵引车)	A2
A3(城市公交车)	A1、A3
B1(中型客车)	A1、A2、B1
B2(大型客车)	A1、A2、B2
C1(小型汽车)	A1、A2、A3、B1、B2、C1
C2(小型自动挡汽车)	A1、A2、A3、B1、B2、C1、C2

(3)实行满分注销降级制度。机动车驾驶人在实习期内有记满12分记录的,注销其实习的准驾车型驾驶资格。被注销的驾驶资格不属于最高准驾车型的,还应当注销其最高准驾车型驾驶资格,比如一驾驶人新考取了小型汽车(C1)驾驶证,在实习期内记满12分,则小型汽车(C1)驾驶证会被注销,并且不能通过满分学习考试科目一恢复驾驶证,只能重新申领。实习期关联降级,比如某驾驶人原有牵引车(A2)驾驶证,增驾新取得了普通三轮摩托车(D)驾驶证,在实习期内记满12分后,不仅普通三轮摩托车(D)驾驶证会被注销,而且原有的牵引车(A2)驾驶证也要注销,并降级为中型客车(B1)、大型货车(B2)驾驶证。

(4)延长实习期。持有大型客车、牵引车、城市公交车、中型客车、大型货车驾驶证的驾驶人在一年实习期内记6分以上但未达到12分的,实习期限延长一年。在延长的实习期内再次记6分以上但未达到12分的,注销其实习的准驾车型驾驶资格。

(5)实习期内驾驶限制。机动车驾驶人在实习期内不得驾驶公共汽车、营运客车或者执行任务的警车、消防车、救护车、工程救险车以及载有爆炸物品、易燃易爆化学物品、剧毒或者放射性等危险物品的机动车;驾驶的机动车不得牵引挂车。

(6)新取得大型客车、牵引车、城市公交车、中型客车、大型货车驾驶证的,实习期结束后30日内应当参加道路交通安全法律法规、交通安全文明驾驶、应急处置等知识考试,并接受不少于半小时的交通事故案例警示教育。

四、驾驶证变更换证

(一)机动车驾驶证年审

对机动车驾驶证进行定期审验是对驾驶人进行管理的一项重要措施,是公安机关对于正式驾驶人定期进行的能否继续保持驾驶资格的审查。

1. 驾驶证定期审验

驾驶证定期审验的意义在于使公安机关交管部门全面了解驾驶人身体条件状况,驾驶人是否已经超过法定的不得驾驶某种类型车辆的年龄,审核违章、事故是否处理结束等;通过审验,可以控制驾驶人素质、纯洁驾驶人队伍、定期对驾驶人继续进行遵章守法和安全驾驶的教育、促使驾驶人进行自我教育。

对机动车驾驶证实施审验,是公安机关交管部门多年的做法,《道路交通安全法》肯定了这一做法。依照法律、行政法规的规定,对机动车驾驶证的审验将要依照法律、行政法规制定的规则办理,不再依照公安部门制定的规则,从而解决了多年来自己制定规则、自己执行的问题。

2. 审验期限

"年龄在60周岁以上的机动车驾驶人,应当每年进行一次身体检查,在记分周期结束后15日内,提交县级或者部队团级以上医疗机构出具的有关身体条件的证明。

持有准驾车型为大型客车、牵引车、城市公交车、中型客车、大型货车、无轨电车、有轨电车的机动车驾驶人,应当每两年进行一次身体检查,在记分周期结束后15日内,提交县级或者部队团级以上医疗机构出具的有关身体条件的证明。

持有准驾车型为残疾人专用小型自动挡载客汽车的机动车驾驶人,应当每3年进行一次身体检查,在记分周期结束后15日内,提交经省级卫生主管部门指定的专门医疗机构出具的有关身体条件的证明"。

根据公安部123号令《机动车驾驶证申领和使用规定》:准驾车型为A1、A2、A3、B1、B2的机动车驾驶员,除了每两年提供的身体条件证明外,还需要每年进行一次驾驶证审验,但在一个记分周期内没有记分记录的,免予本记分周期的驾驶证审验。准驾车型为C1、C2、C3、C4、D、E、F的,在6年有效期内不用年审。

3. 审验内容

(1)驾驶人身体检查;

(2)交通违法行为、事故是否处理结束;

(3)驾驶记录内容有无涂改、伪造或与档案记录不符之处。

车辆管理所对在外地因故不能返回接受审验的,可委托外地车辆管理所代审。对审验合格的,在驾驶证上按规定格式签章或记载。持未记载审验合格的驾驶证不具备驾驶资格。

(二)机动车驾驶证换证

机动车驾驶证的换证是指机动车驾驶证在有效期已满或在其他法定或特定条件下进行更换机动车驾驶证的行为,主要情形有以下几种:

1. 机动车驾驶人驾驶证有效期满

证件期满前90日内、应当向机动车驾驶证核发地车辆管理所申请换证,申请时应当填写《机动车驾驶证申请表》,并提交以下证明、凭证:机动车驾驶人的身份证明;机动车驾驶证;县级或者部队团级以上医疗机构出具的有关身体条件的证明。

2. 机动车驾驶人户籍迁出原车辆管理所管辖区

户籍迁出原车辆管理所管辖区的机动车驾驶人应当向迁入地车辆管理所申请换证;机动车驾驶人在核发地车辆管理所辖区以外居住的,可以向居住地车辆管理所申请换证。申请时应当填写《机动车驾驶证申请表》,并提交以下证明、凭证:机动车驾驶人的身份证明;机动车驾驶证;县级或者部队团级以上医疗机构出具的有关身体条件的证明。

3. 机动车驾驶人年龄规定

年龄在60周岁以上的,不得驾驶大型客车、牵引车、城市公交车、中型客车、大型货车、无轨电车和有轨电车;持有准驾车型为大型客车、牵引车、城市公交车、中型客车、大型货车的机动车驾驶人,应当到机动车驾驶证核发地车辆管理所换领准驾车型为小型汽车或者小型自动挡汽车的机动车驾驶证。

年龄在70周岁以上的,不得驾驶低速载货汽车、三轮汽车、普通三轮摩托车、普通二轮摩托车和轮式自行机械车;持有准驾车型为普通三轮摩托车、普通二轮摩托车的机动车驾驶人,应当到机动车驾驶证核发地车辆管理所换领准驾车型为轻便摩托车的机动车驾驶证。申请时应当填写申请表,并提交以下证明、凭证:机动车驾驶人的身份证明;机动车驾驶证;县级或者部队团级以上医疗机构出具的有关身体条件的证明。机动车驾驶人自愿降低准驾车型的,要填写《机动车驾驶证申请表》,并提交机动车驾驶人的身份证明和机动车驾驶证。

4. 在车辆管理所管辖区域内驾驶人信息发生变化的

机动车驾驶证记载的驾驶人信息发生变化或驾驶证损毁无法辨认的,机动车驾驶人应当在30日内到机动车驾驶证核发地车辆管理所申请换证，申请时应当填写《机动车驾驶证申请表》，并提交机动车驾驶人身份证明和机动车驾驶证。

5. 机动车驾驶人身体条件发生变化的

驾驶人身体条件发生变化，不符合所持机动车驾驶证准驾车型的条件，但符合准予驾驶的其他准驾车型条件的，应当在30日内到机动车驾驶证核发地车辆管理所申请降低准驾车型。申请时应当填写申请表，并提交机动车驾驶人身份证明、机动车驾驶证、县级或者部队团级以上医疗机构出具的有关身体条件证明。

注意：超过机动车驾驶证有效期一年以上未换证的，或年龄在60周岁以上的驾驶人，在一个记分周期结束后一年内未提交身体条件证明等情况，均会被注销驾照。此外，驾驶证逾期后，驾驶机动车上路也将会以无证驾驶处以千元罚款，并以行政拘留15天以下的处罚。

6. 换证准备材料

机动车驾驶人在换证前准备材料：一是办理一份《机动车驾驶人身体条件证明》，证明办理只需到市各区县级以上医疗机构去办理即可；二是提供身份证原件及复印件；三是提供白底免冠正面彩色近照3张；四是提供正在使用的机动车驾驶证；4份材料准备完成后，即可在工作日前往车管所办理即可。

（三）机动车驾驶证补证

机动车驾驶证遗失的，驾驶人应当向机动车驾驶证核发地车辆管理所申请补发，遗失驾驶证件期间，驾驶人不得驾驶机动车，申请补办时应提交机动车驾驶人身份证明和机动车驾驶证遗失的书面声明等证明、凭证，机动车驾驶人补领机动车驾驶证后，原机动车驾驶证作废，不得继续使用；符合补证规定的，车辆管理所应当在一日内补发机动车驾驶证；机动车驾驶证被依法扣押、扣留或者暂扣期间，机动车驾驶人不得申请补发。

（四）机动车驾驶证注销

机动车驾驶证的注销，是指由于法定或自身的原因，机动车驾驶人丧失或被取消机动车驾驶资格，并在公安机关交管部门车辆管理所办理注销机动车驾驶证手续。注销机动车驾驶证主要情形有以下几种：

（1）死亡的；

（2）提出注销申请的；

（3）丧失民事行为能力，监护人提出注销申请的；

（4）身体条件不适合驾驶机动车的；

（5）有器质性心脏病、癫痫病、美尼尔氏症、眩晕症、癔症、震颤麻痹、精神病、痴呆以及影响肢体活动的神经系统疾病等妨碍安全驾驶疾病的；

（6）被查获有吸食、注射毒品后驾驶机动车行为，正在执行社区戒毒、强制隔离戒毒、社区康复措施，或者长期服用依赖性精神药品成瘾尚未戒除的；

（7）超过机动车驾驶证有效期1年以上仍未换证的；

（8）年龄在60周岁以上，在一个记分周期结束后一年内未提交身体条件证明的；或者持有残疾人专用小型自动挡载客汽车准驾车型，在三个记分周期结束后一年内未提交身体条件证明的；

(9)年龄在60周岁以上，所持机动车驾驶证只具有无轨电车或者有轨电车准驾车型，或者年龄在70周岁以上，所持机动车驾驶证只具有低速载货汽车、三轮汽车、轮式自行机械车准驾车型的；

(10)机动车驾驶证依法被吊销或者驾驶许可依法被撤销的。

有第(4)项至第(10)项情形之一，未收回机动车驾驶证的，应公告机动车驾驶证作废。

有第(7)项、第(8)项情形之一被注销机动车驾驶证未超过2年的，机动车驾驶人参加道路交通安全法律、法规和相关知识考试合格后，可以恢复驾驶资格。

持有大型客车、牵引车、城市公交车、中型客车、大型货车驾驶证的驾驶人有下列情形之一的，车辆管理所应当注销其最高准驾车型驾驶资格，并通知机动车驾驶人在三十日内办理降级换证业务：

①发生交通事故造成人员死亡，承担同等以上责任，未构成犯罪的；

②在一个记分周期内有记满12分记录的；

③连续三个记分周期不参加审验的。

机动车驾驶人在规定时间内未办理降级换证业务的，车辆管理所应当公告注销的准驾车型驾驶资格作废。机动车驾驶人在实习期内有记满12分记录的，注销其实习的准驾车型驾驶资格。被注销的驾驶资格不属于最高准驾车型的，还应当按照第六十八条第一款规定，注销其最高准驾车型驾驶资格。

持有大型客车、牵引车、城市公交车、中型客车、大型货车驾驶证的驾驶人在一年实习期内记6分以上但未达到12分的，实习期限延长一年。在延长的实习期内再次记6分以上但未达到12分的，注销其实习的准驾车型驾驶资格。

这些规定，主要是便于公安交通管理部门及时、准确地掌握机动车驾驶人异动的相关信息，以便规范管理，同时为上级决策机关提供准确的信息资料。

第二节　驾驶人考试规定

一、驾驶人考试具体要求

中华人民共和国公安部令第139号《公安部关于修改〈机动车驾驶证申领和使用规定〉的决定》第二十七条规定：机动车驾驶人考试内容分为道路交通安全法律、法规和相关知识考试科目(以下简称"科目一")、场地驾驶技能考试科目(以下简称"科目二")、道路驾驶技能和安全文明驾驶常识考试科目(以下简称"科目三")。

车辆管理所应当按照预约的考场和时间安排考试。申请人科目一考试合格后，可以预约科目二或者科目三道路驾驶技能考试；科目二、科目三道路驾驶技能考试均合格后，申请人当日可以参加科目三安全文明驾驶常识考试，考试内容和合格标准全国统一，根据不同准驾车型规定相应的考试项目。

每个科目考试一次，考试不合格的，可以补考一次，不参加补考或者补考仍不合格的，本次考试终止，申请人应当重新预约考试。科目二、科目三考试应当在十日后预约；科目三安全文明驾驶常识考试不合格的，已通过的道路驾驶技能考试成绩有效。在学习驾驶证明有效期内，科目二和科目三道路驾驶技能考试预约考试的次数不得超过五次。第五次预约考试仍不合格的，已考试合格的其他科目成绩作废。

（一）初次申请机动车驾驶证或者申请增加准驾车型

初次申请机动车驾驶证或者申请增加准驾车型的，科目一考试合格后，车辆管理所应当在一日内核发学习驾驶证明，学习驾驶证明可以采用纸质或者电子形式，纸质学习驾驶证明和电子学习驾驶证明具有同等效力。申请人可以通过互联网交通安全综合服务管理平台打印或者下载学习驾驶证明。学习驾驶证明见本章附件3，属于自学直考的，车辆管理所还应当按规定发放学车专用标识，见本章附件4。

初次申请机动车驾驶证或者申请增加准驾车型的，申请人预约考试科目二，应当符合下列规定：①报考小型汽车、小型自动挡汽车、低速载货汽车、三轮汽车、残疾人专用小型自动挡载客汽车、轮式自行机械车、无轨电车、有轨电车准驾车型的，在取得学习驾驶证明满10日后预约考试；②报考大型客车、牵引车、城市公交车、中型客车、大型货车准驾车型的，在取得学习驾驶证明满20日后预约考试。

初次申请机动车驾驶证或者申请增加准驾车型的，申请人预约考试科目三，应当符合下列规定：①报考低速载货汽车、三轮汽车、轮式自行机械车、无轨电车、有轨电车准驾车型的，在取得学习驾驶证明满20日后预约考试；②报考小型汽车、小型自动挡汽车、残疾人专用小型自动挡载客汽车准驾车型的，在取得学习驾驶证明满30日后预约考试；③报考大型客车、牵引车、城市公交车、中型客车、大型货车准驾车型的，在取得学习驾驶证明满40日后预约考试。

（二）申请人相关管理

申请人在场地和道路上学习驾驶，应当按规定取得学习驾驶证明，有效期为三年，申请人应当在有效期内完成科目二和科目三考试；未在有效期内完成考试的，已考试合格的科目成绩作废。

申请人在道路上学习驾驶，应随身携带学习驾驶证明，使用教练车或者学车专用标识签注的自学用车，在教练员或者学车专用标识签注的指导人员随车指导下，按公安机关交管部门指定的路线、时间进行。申请人为自学直考人员的，在道路上学习驾驶时，应当在自学用车上按规定放置、粘贴学车专用标识，自学用车不得搭载随车指导人员以外的其他人员。

申请人因故不能按照预约时间参加考试的，应当提前1日申请取消预约；对申请人未按照预约考试时间参加考试的，判定该次考试不合格；申请人预约科目二、科目三道路驾驶技能考试，车辆管理所在60日内不能安排考试的，可以选择省（自治区、直辖市）内其他考场预约考试，车辆管理所应当使用全国统一的考试预约系统，采用互联网、电话、服务窗口等方式供申请人预约考试。

二、科目一考试内容与合格标准

2014年1月1日起，根据《机动车驾驶证申领和使用规定》（公安部令第123号），全国各地车辆管理所执行2014年驾考新规：原机动车驾驶人科目三考试分成两部分，第一部分仍为科目三考试，第二部分为安全文明驾驶常识考试，在科目三路考通过后进行。

科目一考试题库的结构和基本题型由公安部制定，省级公安机关交通管理部门结合本地实际情况建立本省（自治区、直辖市）的考试题库。《机动车驾驶证工作规范》已对考试题库的结构和题型作了统一规定，其中将考试题分为通用题和专用题两部分，以增加不同准驾车型考试的针对性。

客车专用试题库涵盖了客车类的必考知识，供A1、A3、B1准驾车型申请人考试使用；货车专用试题库涵盖了货车类的必考知识，供A2、B2准驾车型申请人考试使用；轮式自行机械车专用试题涵盖了轮式机械类的必考知识，供各种轮式自行机械申请人考试使用。

（一）科目一考试内容

（1）道路交通安全法律、法规和规章；

（2）交通信号及其含义；

（3）高速公路、山区道路、桥梁、隧道、夜间、恶劣气象和复杂道路条件下的安全驾驶知识；

（4）出现爆胎、转向失控、制动失灵等紧急情况时的临危处置知识；

（5）机动车总体构造、主要安全装置常识、车辆日常检查和维护基本知识；常见故障的判断和排除方法等机动车构造维护知识；

（6）发生交通事故后的自救、急救等基本知识，以及常见危险物品运输知识及其紧急情况的处理知识；

（7）文明驾驶和职业道德等安全驾驶相关知识。

（二）科目一考试合格标准

2014年科目一小车题库（C1、C2、C3、C4、C5驾驶证）仍为973题，货车题库（A2、B2驾驶证）为1041题，在小车题库基础上增加了68道货车专用试题；客车题库（A1、B1、A2驾驶证）1030题，在小车题库基础上增加了57道客车专用试题。考试从题库中按比例随机抽取100题组成试卷进行考试，每题1分，考试时间45分钟。

科目一考试现场，如图3-2-1所示，科目一考试满分为100分，90分以上（包括90分）为合格，考试不合格可当场再考1次，不收补考费用；如再不合格，则由驾校预约下次补考时间，需要缴纳补考费用，一共有5次考试机会。

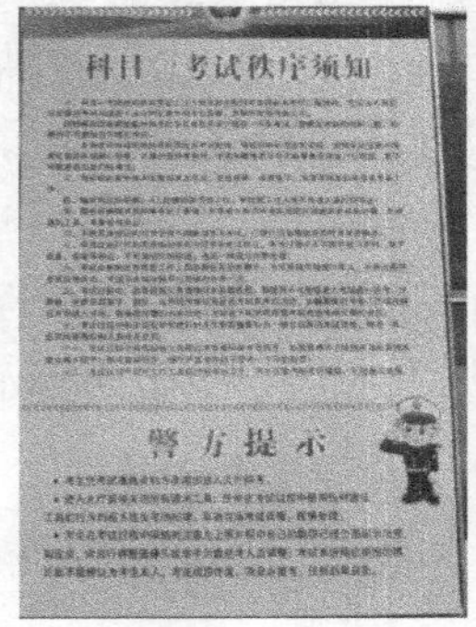

图3-2-1　科目一考试现场

三、科目二考试内容与合格标准

（一）科目二考试内容

（1）在规定场地内，按照规定的行驶线路和操作要求完成驾驶机动车考试项目；
（2）对车辆前、后、左、右空间位置的判断能力；
（3）对机动车基本驾驶技能的掌握情况。

（二）考试项目及通过要求

1. 大型客车、牵引车、城市公交车、中型客车、大型货车考试

桩考、坡道定点停车和起步、侧方停车、通过单边桥、曲线行驶、直角转弯、通过限宽门、通过连续障碍、起伏路行驶、窄路掉头，以及模拟高速公路、连续急弯山区路、隧道、雨（雾）天、湿滑路、紧急情况处置。

1）桩考驾驶

培养驾驶人正确判断车身空间位置和转向时机、转向速度与车速匹配的能力，如图3-2-2所示。

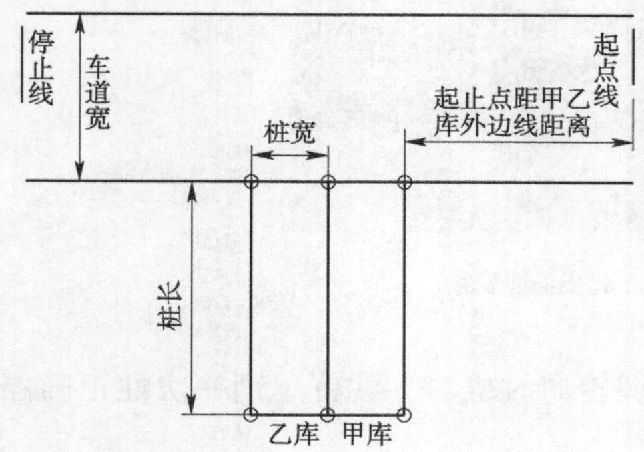

图 3-2-2　大型客车桩考项目场地设置

桩考的操作要求：驾驶车辆从起点线倒入乙库停正，再经过二进二退移位到甲库停正，前行穿过乙库至路上，倒入甲库停正，前行返回起点线。

考试评定标准：①不按规定路线、顺序行驶的，不合格；②碰擦桩杆的，不合格；③车身出线的，不合格；④倒库或移库不入位的，不合格；⑤中途停车或运行时间超过规定时间的，不合格。

2）坡道定点停车和起步驾驶

培养驾驶人掌握上坡路定点停车和坡道起步的方法，准确判断车辆的停车位置，正确配合使用驻车制动、挡位、离合器和加速踏板，以适应在上坡路段固定地点停车和等候放行时的操作需要，如图 3-2-3 所示。

坡道定点停车和起步的操作要求：通过视觉和感觉及时判断坡道的坡度大小、长短及路宽等道路情况，采取正确的操作方法，控制车辆准确停车和平稳起步。做到转向正确，换挡迅速，操纵加速踏板、驻车制动器和离合器踏板的动作准确协调。

坡道定点停车和起步的考核标准:①车辆停止后,前保险杠未处于定点桩杆线前后50cm距离内的,不合格;②起步时间超过规定时间(30秒)的,不合格;③汽车起步后溜车距离超过30cm的,不合格;④车辆停止后,前保险杠未处于定点桩杆线上,且前后距离不超出50cm的,扣10分;⑤车辆停止后,右侧车身距离路边缘线30cm以上的,扣10分;⑥汽车起步后溜车距离不超过30cm,扣10分。

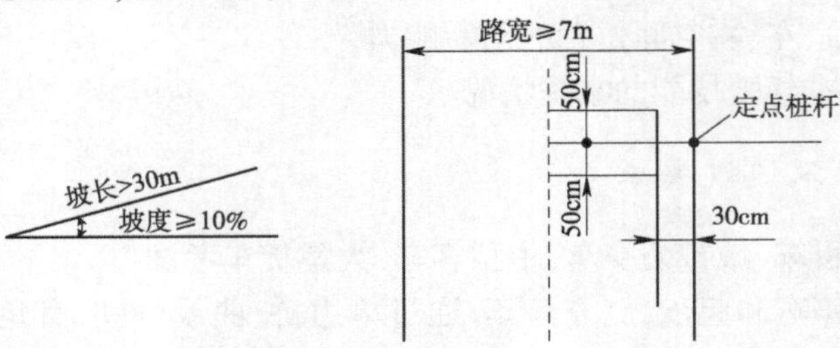

图3-2-3　坡道定点停车和起步场地设置

3)侧方停车驾驶

培养驾驶人准确判断车身空间位置,正确掌握转向时机、角度,将车辆一次性正确停入道路右侧车位(库)中的能力,如图3-2-4所示。

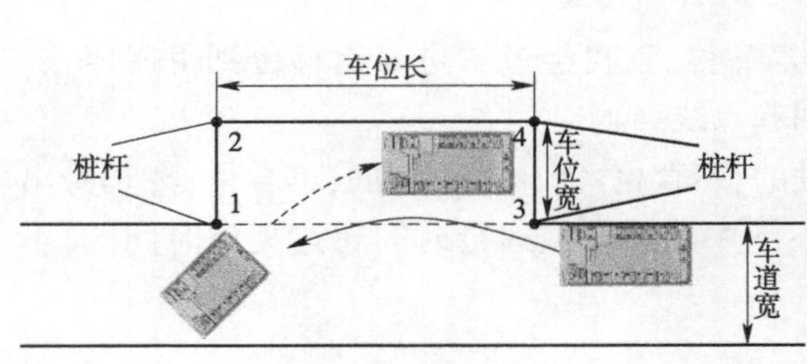

图3-2-4　侧方停车场地设置

侧方停车的操作要求:驾驶车辆在不碰擦库位桩杆、车轮不轧碰车道线、库位边线的情况下、通过一进一退的方式,将车辆停入右侧车位中。

侧方停车的考核标准:①车辆入库停止后,车身出线的,不合格;②中途停车的,不合格;

③行驶中轮胎触轧车道边线的，扣10分。

4）通过单边桥驾驶

培养驾驶人准确判断车身空间位置和转向时机、角度及各车轮直线行驶轨迹的能力，并能掌握车辆不平衡的运行技术，如图3-2-5所示。

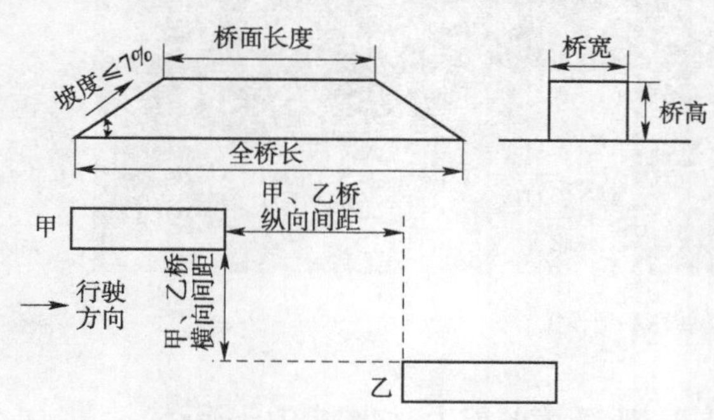

图3-2-5 单边桥场地设置

通过单边桥的考试操作要求：驾驶车辆按规定的行驶方向正确操纵转向，将车辆的左、右侧前后车轮依次平稳、顺畅地驶过左、右侧两单边桥；

通过单边桥考核标准：①中途停车的，不合格；②其中有一车轮未上桥的，每次扣10分；③已骑上桥面，在行驶中出现一个车轮掉下桥面的，每次扣10分。

5）曲线行驶驾驶

培养驾驶人正确操纵转向，准确判断车辆内、外轮差，控制车辆曲线行驶的能力，如图3-2-6所示。

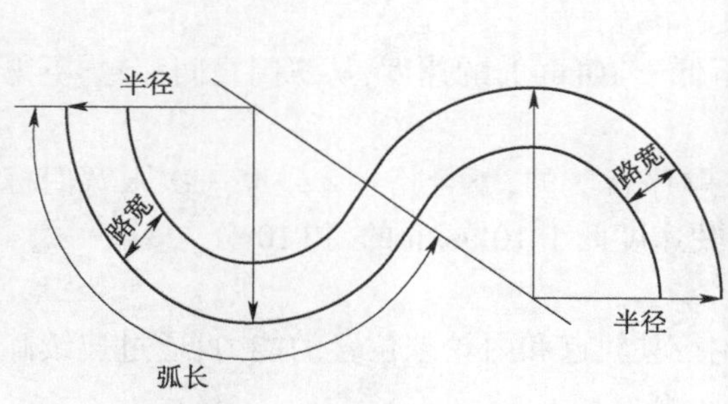

图3-2-6 曲线行驶场地设置

曲线行驶的操作要求：驾驶车辆以低挡低速从弯道的一端前进驶入，从另一端驶出，行驶中车轮不得压轧弯道边缘线、转向自如。

曲线行驶的考核标准：①中途停车的，不合格；②车轮轧路边缘线的，不合格。

6）直角转弯驾驶

培养驾驶人驾驶车辆在直角弯路段正确操纵转向，准确判断车辆内、外轮差的能力，如图3-2-7所示。

直角转弯驾驶操作要求：驾驶车辆按规定的线路低速由左向右或者由右向左直角转弯，一次通过，中途不得停车。

直角转弯考核标准:①中途停车的,不合格;②车轮轧道路边缘线的,不合格。

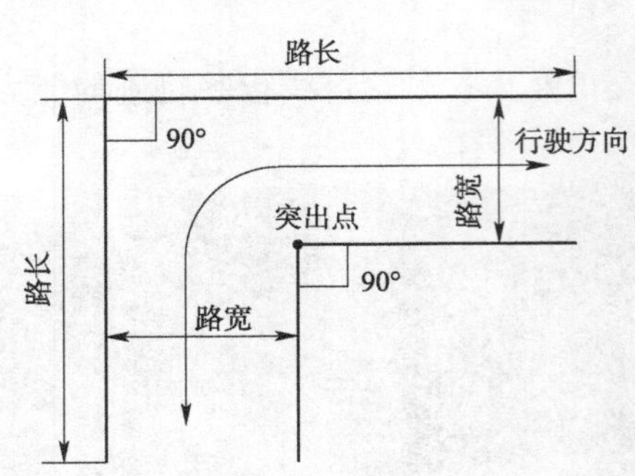

图 3-2-7　直角转弯场地设置

7)通过限宽门驾驶

培养驾驶人正确判断车身空间位置和转向时机、角度的能力,如图 3-2-8 所示。

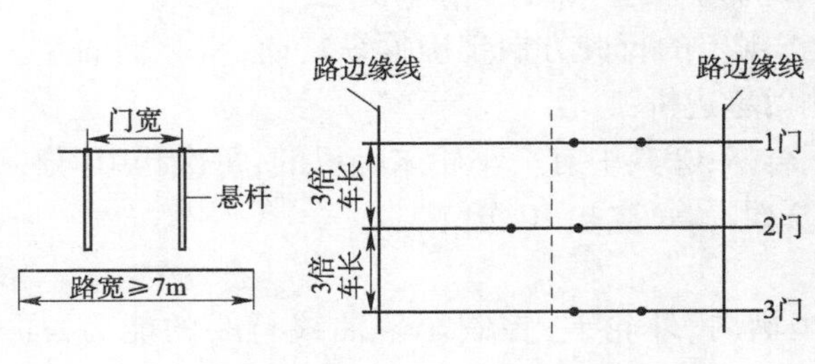

图 3-2-8　通过限宽门场地设置

通过限宽门的驾驶操作要求:驾驶车辆以不低于 10km/h 的速度,从三门之间穿越,不得碰擦悬杆。

通过限宽门的考核标准:①不按规定路线、顺序行驶的,不合格; ②碰擦一次限宽门标杆的,不合格;③中途停车的,不合格;④车辆行驶速度低于 10km/h 的,扣 10 分。

8)通过连续障碍驾驶

培养驾驶人正确操纵转向,准确判断各车轮行驶轨迹和内轮差位置的能力,通过连续障碍场地如图 3-2-9 所示。

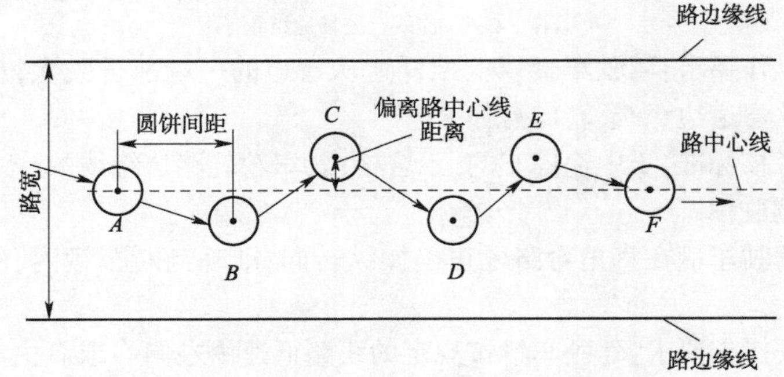

图　3-2-9

图 3-2-9　通过连续障碍场地设置

通过连续障碍的操作要求：驾驶车辆用二挡（含）以上挡位，将车轮骑于圆饼之上通过，车轮不得碰、擦、轧圆饼，并且不得超过、轨压两侧路边缘线。

通过连续障碍的驾驶考核标准：①不按规定路线、顺序行驶的，不合格；②中途停车的，不合格；③ 车轮轧道路边缘线的，不合格；④轧、碰、擦一个圆饼的，扣 10 分。

9）起伏路行驶驾驶

掌握起伏路的驾驶要领和对路面进行正确判断的能力，并操作制动器、离合器、挡位“三者配合”适当，起伏路行驶项目场地设置如图 3-2-10 所示。

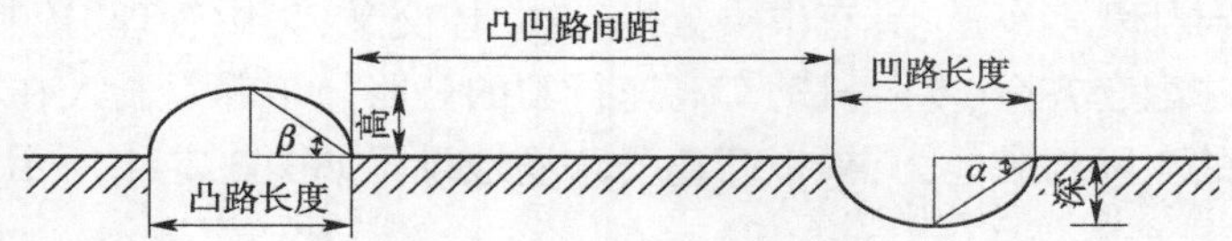

图 3-2-10　起伏路行驶项目场地设置

起伏路行驶的操作要求：驾驶车辆行驶至起伏路前 20 m 内制动减速，使用低速挡或半联动平稳安全地通过起伏路段。

通过凹凸路时，将挡位减至低速挡或使用离合器半联动控制车速，平稳地一次性通过起伏路。

起伏路行驶的考核标准：①通过起伏路面时，车速控制不当，车辆严重跳跃的，不合格；②中途停车的，不合格；③通过起伏路前不减速的，扣 10 分。

10）窄路掉头驾驶

培养驾驶人在规定的场地按规定的动作完成车辆掉头的能力,以便在实际驾车过程中遇到不能一次顺车掉头的地段或在狭窄的公路上能够完成车辆的掉头,窄路掉头场地设置如图3-2-11所示。

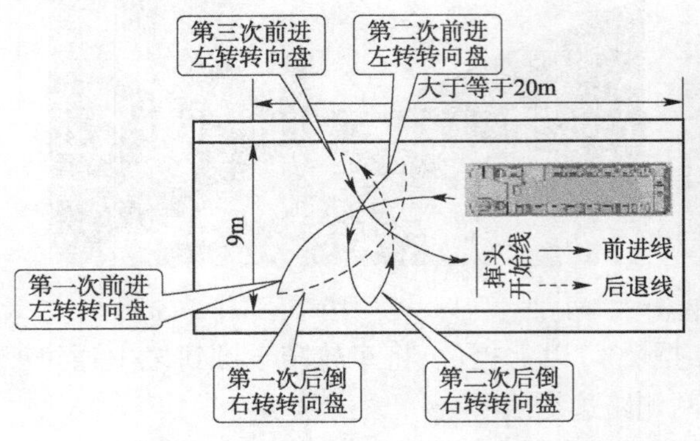

图3-2-11　窄路掉头场地设置

窄路掉头操作要求:驾驶车辆通过“三进两退”在窄路上完成掉头。车辆中途不能熄火。

窄路掉头考核标准:①三进二退未完成掉头的,不合格;②车轮轧路边缘线的,不合格;③中途停车或运行时间超过规定时间的,不合格。

11)模拟高速公路驾驶

高速公路是全封闭、多车道、具有中央分隔带、立体交叉、集中管理、控制出入、限制上路车种、安全服务设施配套齐全、专供机动车高速行驶的公路。培养驾驶人在高速公路正确操纵车辆、安全通行的实际驾驶能力,模拟高速公路场地设置如图3-2-12所示。

图3-2-12　模拟高速公路场地设置

模拟高速公路驾驶操作要求:驾驶车辆按照模拟要求,在高速公路出入口安全驶入、驶出高速公路、合理选择行驶车道、遵守标志标线规定以及应急停车、驶离。

车辆行驶至入口匝道后,开启左转向灯,向左侧回头观察来车情况,确认安全后,加速驶入行车道至高速公路最低限速后正常行驶,关闭转向灯。需要变更车道时,应当开启准备驶入车道一侧的转向灯,观察后方来车情况,确认安全后变更车道。驶出高速公路时,按照出口预告标志提前调整车速和车道。

模拟高速公路驾驶的考核标准:①行驶中占用两条车道、应急车道或大型车辆前后100m均无其他车辆仍不靠右侧车道行驶的,不合格;②变道未开启转向灯或未观察后面来车情况的,不合格;③ 驶入高速公路时,未提速至规定车速的,不合格;④驶出高速公路时,未按照出口预告标志提前调整车速和车道的,不合格。

12)连续急弯山区路驾驶

培养驾驶人在通过连续急弯山区路视线不良时,驾驶车辆通过连续弯道的实际驾驶能力,如图 3-2-13 所示。

图 3-2-13 模拟连续急弯山区路

模拟连续急弯山区路至少由两个以上不同方向的弯道组成,根据实际情况,可选择 S 形、U 形等不同类型弯道组合设计,纵坡 3% ~5% 、弯道超高和加宽,规范设置限速标志和警告标志,道路直线段设置中心黄色单虚线,弯道段设置中心黄色单实线。

连续急弯山区路操作要求:驾驶车辆在模拟连续急弯山区路段,按照模拟要求,安全通过连续左右急弯道。通过弯道时要尽量靠右行驶,不要占对方道路。上坡时要提前减挡。下坡时要合理利用发动机制动。合理使用喇叭。

连续急弯山区路驾驶考核标准:①进入弯道前未减速至通过弯道所需的速度的,不合格;②弯道内占用对方车道的,不合格;③转弯过程中方向控制不稳,车轮轧弯道中心线或道路边缘线的,不合格;④进入弯道前未鸣喇叭的,扣 10 分。

13)隧道驾驶

培养驾驶人驾驶车辆通过隧道时,适应环境光线急剧变化的实际驾驶能力,模拟隧道驾驶如图 3-2-14 所示。

图 3-2-14 模拟隧道驾驶

模拟隧道驾驶操作要求:驾驶车辆行驶至隧道前观察隧道处道路交通标志,按标志要求操作。驶抵隧道时先减速,开启车辆前照灯,鸣喇叭;驶抵隧道出口时,鸣喇叭,关闭车辆前照灯。禁止鸣喇叭的区域不得鸣喇叭。

模拟隧道驾驶考核标准:①驶抵隧道时未减速或未开启车辆前照灯的,不合格;②驶入隧道后不按规定车道行驶、变道的,不合格;③ 驶抵隧道入(出)口时未鸣喇叭的,扣 10 分;④ 驶出隧道后未关闭车辆前照灯的,扣 10 分。

14)雨(雾)天驾驶

培养驾驶人在雨(雾)天行驶时正确使用刮水器及灯光的实际驾驶能力;

模拟雨(雾)天气应能达到中雨(雾)效果,模拟雨(雾)天场地如图 3-2-15 所示。

雨(雾)天驾驶的操作要求:驾驶车辆安全平稳地通过雨(雾)路段,合理地使用雨刮器和灯光。

雨(雾)天驾驶的考核标准:①雨天未开启或正确使用雨刮器的,不合格;②雾天未开启雾灯、示廓灯、前照灯、危险报警闪光灯的,不合格 。

图 3-2-15　模拟雨(雾)场地

15)模拟湿滑路驾驶

培养驾驶人在湿滑路行驶时,为防止车辆侧滑而合理使用制动、转向的实际驾驶能力,模拟湿滑路场地设置如图 3-2-16 所示。

雨(雾)天驾驶操作要求:驾驶车辆选用适当挡位匀速一次性缓慢通过湿滑路面。

雨(雾)天驾驶考核标准:①未能使用低速挡平稳通过的,不合格;②进入湿滑路前,未减速的,不合格;③通过湿滑路时急加速、急制动的,不合格。

16)紧急情况处置

培养驾驶人在行车中对常见突发事件安全处置的实际驾驶能力,模拟紧急情况处置场地如图 3-2-17 所示。

图 3-2-16　模拟湿滑路场地设置

图 3-2-17　模拟紧急情况处置场地

紧急情况处置的驾驶操作要求:驾驶车辆遇紧急情况避险时,要沉着冷静,坚持先避人后避物的处理原则。在高速公路遇紧急情况避险时,要坚持制动减速、不急转向的原则。

紧急情况处置的驾驶考核标准:前方突然出现障碍物按下列规定评判:①未及时制动的,不合格;②停车后未开启危险报警闪光灯的,不合格。

遇高速公路车辆故障按下列规定评判:①未及时平稳靠边停车的,不合格; ②停车后未开启危险报警闪光灯的,不合格;③未及时提示乘员疏散的,不合格;④未正确摆放警告标志或未报警的,不合格;⑤本人未撤离至护栏外侧的,不合格。

2. 小型汽车、小型自动挡汽车、残疾人专用小型自动挡载客汽车和低速载货汽车考试

倒车入库、坡道定点停车和起步、侧方停车、曲线行驶、直角转弯。

1)倒车入库驾驶

倒车入库是2013年后考取小型汽车驾驶证必须进行的一个项目,主要考察驾驶人在场地操作汽车的能力。

倒车入库考试操作要求:从A点倒入B库位停正,前进至C回车区,再倒入B库位停正,前进至A终点,考试完成,如图3-2-18所示。

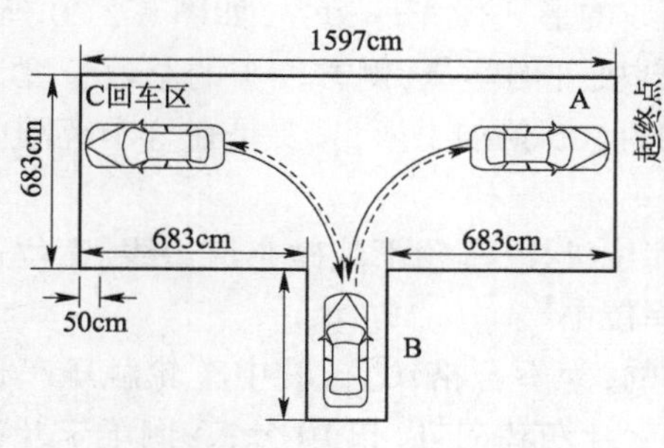

图3-2-18 倒车入库

考试评定标准:①不按规定路线、顺序行驶的,为不合格;②没有完全倒入库内的,为不合格;③车身出线的,为不合格;④中途停车的,为不合格;⑤驾驶超过四分钟的,为不合格。

2)坡道定点停车和起步驾驶

坡道定点停车和起步是驾驶人考试中的一个考核点,要求学员在坡度≥10%、坡长≥30米的坡道上的固定位置停车,主要考察驾驶人对加速踩板、驻车制动器和离合器踩板的协调配合技能的掌握。目的是为了培养机动车驾驶人准确判断车辆的位置,正确使用制动、挡位和离合器,以适应在上坡路段停车与起步需要,坡道定点停车与起步如图3-2-19所示。

坡道定点停车和起步驾驶考试操作要求是:驾驶人应通过视觉和感觉及时判断坡道的陡坦、长短及路宽等道路情况,采取恰当操作方法,控制车辆平稳停车和起步。做到转向正确,换挡迅速,加速、制动、离合器踩板三者配合准确协调。

图3-2-19 坡道定点停车与起步

考试评定标准:①车辆停止后,汽车前保险杆或者摩托车前轴未处于定点桩杆线上,且前后距离超出50厘米的,为不合格;②车辆停止后,汽车前保险杆或者摩托车前轴未处于定点桩杆线上,且前后距离不超出50厘米的,扣20分;③车辆停止后,右侧车身距离路边缘线30厘米以上的,扣20分。④车辆起动后,车身后溜30厘米且不超过50厘米的,扣20分;⑤车辆起动后,车身后溜50厘米的,考试为不合格;⑥坡道起步熄火的,扣20分;⑦车辆停止后,30秒内未起动车辆,超时为不合格。

3）侧方停车驾驶

图 3-2-20　侧方停车

侧方停车主要考察驾驶人掌握将车正确停于路边车位或车库中的技能，要求在不碰、擦库位桩杆，车轮不轧碰车道边线、库位边线的情况下，通过一进一退的方式，将整车移入右侧库位中。

侧方停车在平时开车时经常遇到，新规实施后，侧方停车不再用竹竿做车库边界，全部采用地上画线的形式做车库边界，如图 3-2-20 所示。学 C1 驾驶证的学员，侧方停车的车道长度是车辆长度的 1.5 倍加 1 米，只要是在这个范围内侧方倒车入库没过线的都算通过。

侧方停车驾驶考试操作要求：学员在不碰、擦库位桩杆，车轮不轧碰车道边线、库位边线的情况下，通过一进一退的方式，将整车移入右侧库位中。

考试评定标准：①车辆入库停止后，车身出线的，为不合格；②行驶中车轮触压车道边线，扣 10 分；③未停车于库内的，为不合格；④起步未开左转向灯，扣 10 分；⑤倒车未开右转向灯，扣 10 分（增加扣分项目，此前只要求停车起步需开左转向灯，也是最容易忽视导致扣分的项目）；⑥中途停车的，为不合格。

4）直角转弯驾驶

直角转弯驾驶要求驾驶人正确操纵转向盘、准确判断车辆内外轮差，顺利通过直角弯道。主要考察驾驶人对车辆操控能力。直角转弯驾驶的场地，看上去像一个平放在地上的“L”，如图 3-2-21 所示。新规实施后，直角转弯的驾驶场地，路长大于或等于 1.5 倍车长，路宽为小型车辆的轴距加 1 米。

直角转弯驾驶考试操作要求：驾驶人要正确操纵转向盘、准确判断车辆内外轮差，顺利通过直角弯道。

考试评定标准：①任一车轮压道路边缘线的，扣 100 分（原规定车轮挤压边线扣 20 分，过线扣 100 分。新标准挤压边线也提高到扣 100 分）；②中途停车的，扣 100 分。

图 3-2-21　直角转弯驾驶场地

5）曲线行驶驾驶

是驾驶人考试中科目二的一个考核点，曲线行驶驾驶如图 3-2-22 所示。考试要求是车辆在规定宽度的 S 型路面上行驶，车轮不得压路边缘线，转向盘运用自如，目的是培养机动车驾驶人转向盘的运用及对车轮轨迹运行的掌握技能。

曲线行驶驾驶操作要求：车辆从弯道的一端前进驶入，减速换挡，以低速挡低速从另一端驶出，行驶中车轮不得压路边缘线，转向盘运用自如。

考试评定标准：①车辆驶出边缘线的，为不合格；②车轮压路边缘线的，每次扣 20 分。

图 3-2-22 曲线行驶

3. 三轮汽车、普通三轮摩托车、普通二轮摩托车和轻便摩托车考试

桩考、坡道定点停车和起步、通过单边桥。

4. 轮式自行机械车、无轨电车、有轨电车的考试

其考试内容由省级公安机关交通管理部门确定。

（三）合格标准

科目二考试满分为100分，考试大型客车、牵引车、城市公交车、中型客车、大型货车准驾车型的，成绩达到90分的为合格，其他准驾车型的考试成绩达到80分的为合格。

四、科目三考试内容与合格标准

（一）考试内容

1. 大型客车、牵引车、城市公交车、中型客车、大型货车、小型汽车、小型自动挡汽车、低速载货汽车和残疾人专用小型自动挡载客汽车考试

上车准备、起步、直线行驶、加减挡位操作、变更车道、靠边停车、直行通过路口、路口左转弯、路口右转弯、通过人行横道线、通过学校区域、通过公共汽车站、会车、超车、掉头、夜间行驶；

2. 其他准驾车型的考试

其考试内容由省级公安机关交管部门确定。

大型客车、中型客车考试：其驾驶考试里程不少于20公里，其中白天考试里程不少于10公里，夜间考试里程不少于5公里。

牵引车、城市公交车、大型货车考试：其驾驶考试里程不少于10公里，其中白天考试里程不少于5公里，夜间考试里程不少于3公里。

小型汽车、小型自动挡汽车、低速载货汽车、残疾人专用小型自动挡载客汽车考试：其驾驶考试里程不少于3公里，在白天考试时，应当进行模拟夜间灯光考试。

对大型客车、牵引车、城市公交车、中型客车、大型货车，省级公安机关交管部门可根据实际情况，增加山区、隧道、陡坡等复杂道路驾驶考试内容。对其他汽车准驾车型，省级公安机关交管部门可根据实际增加考试内容。

(二)合格标准

科目三道路驾驶技能和安全文明驾驶常识考试满分分别为100分,成绩分别达到90分的为合格。

第三节　驾驶违法行为处罚

机动车驾驶人交通违章累积记分制度是为了维护道路交通秩序、增强机动车驾驶人遵守交通法规的意识、减少道路交通安全违法行为、预防道路交通事故而专门设计的一项兼有警示、预防、教育和处罚功能的机动车驾驶人管理和道路交通秩序维持的制度。累积记分制度是目前许多国家道路交通安全管理采用的一项行之有效的制度,近年来我国开始这项制度的试点工作,也收到了比较好的效果。《机动车驾驶证申领和使用规定》(公安部第123号令)中对道路交通安全违法行为记分分值作了详细的规定。

一、驾驶人计分制度

道路交通安全违法行为是指机动车驾驶人违反我国道路交通管理的有关法律法规与相关规定,从而造成一定后果或未造成一定后果的违法行为。

道路交通安全违法行为累积记分周期(即记分周期)为12个月,满分为12分。许多驾驶人对记分周期不清楚,有些人认为是从年头到年末,也有些人认为是驾驶证的审验周期,还有人认为是驾驶证的换证周期,都不正确。记分周期为12个月,从机动车驾驶人初次领取驾驶证之日起计算。依照中华人民共和国公安部139号令,根据道路交通安全违法行为的严重程度,一次记分的分值为:12分、6分、3分、2分、1分其五种。

(一)计分分值及相应违法行为

1.机动车驾驶人有下列违法行为之一,一次记12分

(1)驾驶与准驾车型不符的机动车的;

(2)饮酒后驾驶机动车的;

(3)驾驶营运客车(不包括公共汽车)、校车载人超过核定人数20%以上的;

(4)造成交通事故后逃逸,尚不构成犯罪的;

(5)上道路行驶的机动车未悬挂机动车号牌的,或者故意遮挡、污损、不按规定安装机动车号牌的;

(6)使用伪造、变造的机动车号牌、行驶证、驾驶证、校车标牌或者使用其他机动车号牌、行驶证的;

(7)驾驶机动车在高速公路上倒车、逆行、穿越中央分隔带掉头的;

(8)驾驶营运客车在高速公路车道内停车的;

(9)驾驶中型以上载客载货汽车、校车、危险物品运输车辆在高速公路、城市快速路上行驶超过规定时速20%以上或者在高速公路、城市快速路以外的道路上行驶超过规定时速50%以上,以及驾驶其他机动车行驶超过规定时速50%以上的;

(10)连续驾驶中型以上载客汽车、危险物品运输车辆超过4小时未停车休息或者停车休息时间少于20分钟的;

(11)未取得校车驾驶资格驾驶校车的。

2. 机动车驾驶人有下列违法行为之一,一次记6分

(1)机动车驾驶证被暂扣期间驾驶机动车的;

(2)驾驶机动车违反道路交通信号灯通行的;

(3)驾驶营运客车(不包括公共汽车)、校车载人超过核定人数未达20%的,或者驾驶其他载客汽车载人超过核定人数20%以上的;

(4)驾驶中型以上载客载货汽车、校车、危险物品运输车辆在高速公路、城市快速路上行驶超过规定时速未达20%的;

(5)驾驶中型以上载客载货汽车、校车、危险物品运输车辆在高速公路、城市快速路以外的道路上行驶或者驾驶其他机动车行驶超过规定时速20%以上未达到50%的;

(6)驾驶货车载物超过核定载质量30%以上或者违反规定载客的;

(7)驾驶营运客车以外的机动车在高速公路车道内停车的;

(8)驾驶机动车在高速公路或者城市快速路上违法占用应急车道行驶的;

(9)低能见度气象条件下,驾驶机动车在高速公路上不按规定行驶的;

(10)驾驶机动车运载超限的不可解体的物品,未按指定的时间、路线、速度行驶或者未悬挂明显标志的;

(11)驾驶机动车载运爆炸物品、易燃易爆化学物品以及剧毒、放射性等危险物品,未按指定的时间、路线、速度行驶或者未悬挂警示标志并采取必要的安全措施的;

(12)以隐瞒、欺骗手段补领机动车驾驶证的;

(13)连续驾驶中型以上载客汽车、危险物品运输车辆以外的机动车超过4小时未停车休息或者停车休息时间少于20分钟的;

(14)驾驶机动车不按照规定避让校车的。

3. 机动车驾驶人有下列违法行为之一,一次记3分

(1)驾驶营运客车(不包括公共汽车)、校车以外的载客汽车载人超过核定人数未达20%的;

(2)驾驶中型以上载客载货汽车、危险物品运输车辆在高速公路、城市快速路以外的道路上行驶或者驾驶其他机动车行驶超过规定时速未达20%的;

(3)驾驶货车载物超过核定载质量未达30%的;

(4)驾驶机动车在高速公路上行驶低于规定最低时速的;

(5)驾驶禁止驶入高速公路的机动车驶入高速公路的;

(6)驾驶机动车在高速公路或者城市快速路上不按规定车道行驶的;

(7)驾驶机动车行经人行横道,不按规定减速、停车、避让行人的;

(8)驾驶机动车违反禁令标志、禁止标线指示的;

(9)驾驶机动车不按规定超车、让行的,或者逆向行驶的;

(10)驾驶机动车违反规定牵引挂车的;

(11)在道路上车辆发生故障、事故停车后,不按规定使用灯光和设置警告标志的;

(12)上道路行驶的机动车未按规定定期进行安全技术检验的。

4. 机动车驾驶人有下列违法行为之一，一次记2分

(1)驾驶机动车行经交叉路口不按规定行车或者停车的；

(2)驾驶机动车有拨打、接听手持电话等妨碍安全驾驶的行为的；

(3)驾驶二轮摩托车，不戴安全头盔的；

(4)驾驶机动车在高速公路或者城市快速路上行驶时，驾驶人未按规定系安全带的；

(5)驾驶机动车遇前方机动车停车排队或者缓慢行驶时，借道超车或者占用对面车道、穿插等候车辆的；

(6)不按照规定为校车配备安全设备，或者不按照规定对校车进行安全维护的；

(7)驾驶校车运载学生，不按照规定放置校车标牌、开启校车标志灯，或者不按照经审核确定的线路行驶的；

(8)校车上下学生，不按照规定在校车停靠站点停靠的；

(9)校车未运载学生上道路行驶，使用校车标牌、校车标志灯和停车指示标志的；

(10)驾驶校车上道路行驶前，未对校车车况是否符合安全技术要求进行检查，或者驾驶存在安全隐患的校车上道路行驶的；

(11)在校车载有学生时给车辆加油，或者在校车发动机熄灭前离开驾驶座位的。

5. 机动车驾驶人有下列违法行为之一，一次记1分

(1)驾驶机动车不按规定使用灯光的；

(2)驾驶机动车不按规定会车的；

(3)驾驶机动车载货长度、宽度、高度超过规定的；

(4)上道路行驶的机动车未放置检验合格标志、保险标志，未随车携带行驶证、机动车驾驶证的。

(二)驾驶人违法行为记分

对道路交通违法行为记分，实际是对机动车驾驶人违法行为进行纠正、处罚或者追究其交通事故行政责任同步执行，非本地区核发的机动车驾驶证的驾驶人给予记分的，应将记分情况转至核发地公安机关交管部门。

机动车驾驶人道路交通违法行为记分周期为一年度，总分12分，从机动车驾驶人初次领取机动车驾驶证之日起计算。一个记分周期期满后，机动车驾驶人记分分值累加未达到12分，所处罚款已经缴纳的，记分予以清除；记分虽未达到12分，但尚有罚款未缴纳的，记分转入下一记分周期。

机动车驾驶人一次有两种以上违法行为的，应分别计算，并累加分值如：驾驶人由于违反交通标志、交通标线指示被记2分，同时又因不携带驾驶证、行驶证被记1分，则驾驶人本次交通违法行为被累加记3分。尽管法律规定若干种违法行为一次就记12分，但实际处罚案例显示，绝大多数驾驶人都是因为积少成多累加至12分的。

机动车驾驶人违法行为记分分值满12分的，公安机关交管部门应扣留其机动车驾驶证，机动车驾驶人应在15日内到驾驶证核发地或者违法行为发生地的公安机关交管部门，参加为期7天的道路交通安全法律、法规和相关知识学习，参加学习后，车辆管理所应当在

20日内对其进行道路交通安全法律、法规和相关知识考试,考试合格的,记分予以清除,发还机动车驾驶证;考试不合格的,继续参加学习和考试。拒不参加学习,也不接受考试的,由公安机关交管部门公告其机动车驾驶证停止使用。

机动车驾驶人在一个记分周期内有两次以上达到12分或者累积记分达到24分以上的,车辆管理所还应当在道路交通安全法律、法规和相关知识考试合格后10日内对其进行道路驾驶技能考试。接受道路驾驶技能考试的,按照本人机动车驾驶证载明的最高准驾车型考试。

公安机关交管部门发现机动车驾驶人违法行为记分分值已满12分的,滞留其机动车驾驶证正证和副证,考试合格后及时发还;被处以吊扣机动车驾驶证处罚期限未到的,应在吊扣期满后发还。

机动车驾驶人对道路交通违法行为处罚和交通事故处罚不服,可在接到通知后15日内向主管公安机关或者上一级公安交通管理机关提出申诉,主管公安机关或者上一级公安交通管理机关应当在接到申诉后5日内作出裁决;不服主管公安机关或者上一级公安交通管理机关裁决的,可在接到通知后五日内向当地人民法院提起诉讼。被处罚人不服公安交通管理机关吊扣驾驶证裁决的,可以在接到裁决书后50日内,向上一级公安交通管理机关或者主管公安机关申请复议一次,上一级公安交通管理机关和主管公安机关应当在接到申请后5日内作出复查决定。

申请行政复议或者提起行政诉讼后,经依法裁决变更或者撤销原处罚决定的,相应记分分值予以变更或者消除。

中华人民共和国公安部139号令第五十六条明确了驾驶证无满分记录的执行政策,驾驶人在驾驶证的6年有效期内,每个记分周期均未记满12分的,换发10年有效期的机动车驾驶证;在驾驶证的10年有效期内,每个记分周期均未记满12分的,换发长期有效的机动车驾驶证,以此提高驾驶人遵章守纪的自觉性。

二、扣留机动车驾驶证处罚

为了规范道路交通安全违法行为处理程序,保障公安机关交管部门正确履行职责,保护公民、法人和其他组织的合法权益,根据《中华人民共和国道路交通安全法》及其《实施条例》等法律、行政法规,制定了中华人民共和国公安部令第105号《道路交通安全违法行为处理程序规定》,2009年4月1日起施行。

公安机关交管部门及其交通警察在执法过程中,依法可以采取相应行政强制措施,内容包括:①扣留车辆;②扣留机动车驾驶证;③拖移机动车;④检验体内酒精、国家管制的精神药品、麻醉药品含量;⑤收缴物品;⑥法律、法规规定的其他行政强制措施。

现场采取行政强制措施的,可以由一名交通警察实施,并在24小时内将行政强制措施凭证报所属公安机关交管部门备案。

行政强制措施凭证应当载明当事人的基本情况、车辆牌号、车辆类型、违法事实、采取行政强制措施种类和依据、接受处理的具体地点和期限、决定机关名称及当事人依法享有的行政复议、行政诉讼权利等内容。

(一)扣留机动车驾驶证程序

采取扣留机动车驾驶证的强制措施,应按照下列程序实施:

(1)口头告知违法行为人或者机动车所有人、管理人违法行为的基本事实、拟作出行政强制措施的种类、依据及其依法享有的权利;

(2)听取当事人的陈述和申辩,当事人提出的事实、理由或者证据成立的,应当采纳;

(3)制作行政强制措施凭证,并告知当事人在15日内到指定地点接受处理;

(4)行政强制措施凭证应当由当事人签名、交通警察签名或者盖章,并加盖公安机关交管部门印章;当事人拒绝签名的,交通警察应当在行政强制措施凭证上注明;

(5)行政强制措施凭证应当当场交付当事人;当事人拒收的,由交通警察在行政强制措施凭证上注明,即为送达。

(二)扣留机动车驾驶证情形

有下列情形之一的,依法扣留机动车驾驶证:

(1)饮酒后驾驶机动车的;

(2)将机动车交由未取得机动车驾驶证或者机动车驾驶证被吊销、暂扣的人驾驶的;

(3)机动车行驶超过规定时速百分之五十的;

(4)驾驶有拼装或者达到报废标准嫌疑的机动车上道路行驶的;

(5)在一个记分周期内累积记分达到12分的。

(三)扣留机动车驾驶证相关说明

交通警察应当在扣留机动车驾驶证后24小时内,将被扣留机动车驾驶证交所属公安机关交管部门。

具有扣留车辆、扣留机动车驾驶证、拖移机动车和检验体内酒精、国家管制的精神药品、麻醉药品含量这4项所列情形之一的,扣留机动车驾驶证至作出处罚决定之日;处罚决定生效前先予扣留机动车驾驶证的,扣留1日折抵暂扣期限1日。只对违法行为人作出罚款处罚的,缴纳罚款完毕后,应当立即发还机动车驾驶证。具有收缴物品该项情形的,扣留机动车驾驶证至考试合格之日。

三、扣留机动车辆处罚

(一)扣留机动车辆程序

(1)口头告知违法行为人或者机动车所有人、管理人违法行为的基本事实、拟作出行政强制措施的种类、依据及其依法享有的权利;

(2)听取当事人的陈述和申辩,当事人提出的事实、理由或者证据成立的,应当采纳;

(3)制作行政强制措施凭证,并告知当事人在15日内到指定地点接受处理;

(4)行政强制措施凭证应当由当事人签名、交通警察签名或者盖章,并加盖公安机关交管部门印章;当事人拒绝签名的,交通警察应当在行政强制措施凭证上注明;

(5)行政强制措施凭证应当当场交付当事人;当事人拒收的,由交通警察在行政强制措施凭证上注明,即为送达。

(二)扣留机动车辆情形

有下列情形之一的,依法扣留车辆:

(1)上道路行驶的机动车未悬挂机动车号牌,未放置检验合格标志、保险标志,或者未随车携带机动车行驶证、驾驶证的;

(2)有伪造、变造或者使用伪造、变造的机动车登记证书、号牌、行驶证、检验合格标志、保险标志、驾驶证或者使用其他车辆的机动车登记证书、号牌、行驶证、检验合格标志、保险标志嫌疑的;

(3)未按照国家规定投保机动车交通事故责任强制保险的;

(4)公路客运车辆或者货运机动车超载的;

(5)机动车有被盗抢嫌疑的;

(6)机动车有拼装或者达到报废标准嫌疑的;

(7)未申领《剧毒化学品公路运输通行证》通过公路运输剧毒化学品的;

(8)非机动车驾驶人拒绝接受罚款处罚的。

对发生道路交通事故,因收集证据需要的,可以依法扣留事故车辆。

(三)扣留机动车辆后处理措施

交通警察应当在扣留车辆后24小时内,将被扣留车辆交所属公安机关交管部门。

公安机关交管部门扣留车辆的,不得扣留车辆所载货物。对车辆所载货物应当通知当事人自行处理,当事人无法自行处理或者不自行处理的,应当登记并妥善保管,对容易腐烂、损毁、灭失或者其他不具备保管条件的物品,经县级以上公安机关交管部门负责人批准,可以在拍照或者录像后变卖或者拍卖,变卖、拍卖所得按照有关规定处理。

对公路客运车辆载客超过核定乘员、货运机动车超过核定载质量的,公安机关交管部门应当按照下列规定消除违法状态:①违法行为人可以自行消除违法状态的,应当在公安机关交管部门的监督下,自行将超载的乘车人转运、将超载的货物卸载;②违法行为人无法自行消除违法状态的,对超载的乘车人,公安机关交管部门应及时通知有关部门联系转运;对超载的货物,应在指定的场地卸载,并由违法行为人与指定场地的保管方签订卸载货物的保管合同。

违法状态消除后,立即退还被扣留的机动车,但消除违法状态的费用由违法行为人承担。

对扣留的车辆,当事人接受处理或者提供、补办的相关证明或者手续经核实后,公安机关交管部门应当依法及时退还,核实的时间不得超过10日;需要延长的,经县级以上公安机关交管部门负责人批准,可以延长至15日。核实时间自车辆驾驶人或者所有人、管理人提供被扣留车辆合法来历证明,补办相应手续,或者接受处理之日起计算。

发生道路交通事故因收集证据需要扣留车辆的,扣留车辆时间依照《道路交通事故处理程序规定》有关规定执行。

第四节　民法交通安全条款

一、交通肇事罪

交通肇事罪是指违反道路交通管理法规发生重大交通事故，致人重伤、死亡或者使公私财产遭受重大损失，依法被追究刑事责任的犯罪行为；交通肇事罪是一种过失危害公共安全的犯罪，根据我国刑法理论，任何一种犯罪的成立都必须具备4个方面的构成要件即：犯罪主体和犯罪主观方面，犯罪客体、犯罪客观方面。

（一）构成要件

1. 主体：一般主体

即凡年满16周岁、具有刑事责任能力的自然人（一切直接从事交通运输业务，保证交通运输的人员及非交通运输人员）均可构成。交通运输人员具体地说，包括以下4种从事交通运输的人员：

（1）交通运输工具的驾驶人员，如火车、汽车、电车驾驶员等。

（2）交通设备的操纵人员，如扳道员、巡道员、道口看守员等。

（3）交通运输活动的直接领导、指挥人员，如船长、机长、领航员、调度员等。

（4）交通运输安全管理人员，如交通监理员、交通警察等。他们担负的职责同交通运输有直接关系，一旦不正确履行自己的职责，都可能造成重大交通事故。

非交通运输人员违反规章制度，如非驾驶员违章开车，在交通运输中发生重大事故，造成严重后果的，也构成本罪的主体。最高人民法院、最高人民检察院《关于办理盗窃案件具体应用法律的若干问题的解释》中指出，“在偷开汽车中因过失撞死、撞伤他人或者撞坏了车辆，又构成其他罪的，应按交通肇事罪与他罪并罚”这一解释说明，非交通运输人员构成交通肇事罪，并不以肇事行为发生在交通运输过程中为要件。

2. 主观方面：过失

主观要件交通肇事罪主观方面表现为过失，是指行为人对自己违章行为可能造成严重后果心理上的态度，行为人在违反规章制度上可能是明知故犯，如酒后驾车、强行超车、超速行驶等，但对自己的违章行为可能发生重大事故，造成严重后果，应当预见而因疏忽大意，没有预见，或者虽已预见，但轻信能够避免，以致造成了严重后果，包括疏忽大意的过失和过于自信的过失两种。

3. 客体：侵犯的客体是交通运输安全

交通运输是指与一定的交通工具与交通设备相联系的铁路、公路、水上及空中交通运输，交通运输的特点是与广大人民群众的生命财产安全紧相连，一旦发生事故，就会危害到不特定多数人的生命安全。造成公私财产的广泛破坏，所以，其行为本质上是危害公共安全犯罪。

4. 客观方面

在交通运输活动中违反交通运输管理法规，因而发生重大事故，致人重伤、死亡或者使公私财产遭受重大损失的行为。由以下 4 个相互不可分割的因素组成的：

(1)在交通运输中,必须有违反交通运输管理法规的行为；

(2)必须发生重大事故,致人重伤、死亡或者使公私财产遭受重大损失的严重后果,这是构成交通肇事罪的必要条件之一(行为人虽然违反了交通运输管理法规,但未造成上述法定严重后果的,不构成交通肇事罪)；

(3)严重后果必须由违章行为引起,二者之间存在因果关系(行为人有违章行为,未造成严重后果,则不构成本罪)；

(4)违反规章制度,致人重伤、死亡或者使公私财产遭受重大损失的行为,必须发生在从始发车站、码头、机场准备载人装货至终点车站、码头、机场旅客离去、货物卸完的整个交通运输活动过程中。

在公共交通管理范围内,因违反交通运输规章制度,发生重大事故,应按刑法第 113 条规定处理;违反安全生产规章制度,发生重大伤亡事故,造成严重后果的,应按刑法第 114 条规定处理;在公共交通管理范围外发生的,应当定重大责任事故罪。对于这类案件的认定,关键是要查明它是否发生在属于公共交通管理的铁路、公路上。

(二)认定

其关键要查清行为人是否有主观罪过,是否实施了违反交通运输管理法规的行为,违反交通运输管理法规的行为与重大交通事故是否具有因果关系等。倘若没有违法行为或者虽有违法行为但没有因果关系,如事故发生纯属被害人不遵守交通规则,乱穿马路造成,或由自然因素,如山崩、地裂、风暴、洪水等造成,则就不应以本罪论处。

(三)刑事条文

根据刑法第 133 条的规定,对交通肇事罪规定了 3 个不同的刑级(量刑档次)：

犯交通肇事罪的,处 3 年以下有期徒刑或者拘役。交通运输肇事后逃逸或者有其他特别恶劣情节的,处 3 年以上 7 年以下有期徒刑。因逃逸致人死亡的,处 7 年以上有期徒刑。

二、危险驾驶罪

危险驾驶罪是指在道路上驾驶机动车:追逐竞驶,情节恶劣的;醉酒驾驶机动车的;从事校车业务或者旅客运输,严重超过定额乘员载客,或者严重超过规定时速行驶的;违反危险化学品安全管理规定运输危险化学品,危害公共安全的行为。

(一)构成要件

1. 主体要件

犯罪主体为一般主体,凡已满十六周岁且具有刑事责任能力的自然人均可以成为本罪主体。实践中主要是机动车驾驶人。

2. 主观要件

危险驾驶罪的主观方面表现为故意,即明知自己在道路上醉酒驾驶机动车或在道路上驾驶机动车追逐竞驶的行为危害到公共安全而希望或放任这种状态的发生。

3. 客体要件

《刑法》修正案八将危险驾驶罪规定在“危害公共安全罪”一章,此罪侵犯的客体为公共安全,即危险驾驶的行为危及到了公共安全,给公共安全带来了潜在危险,即对不特定且多数人的生命、身体或者财产的危险。

4. 客观要件

此罪的客观方面表现为在道路上醉酒驾驶机动车或在道路上驾驶机动车追逐竞驶,且情节恶劣。因此构成此罪要求在客观行为方面,要同时满足4个方面的条件:

(1)行为条件:醉酒驾驶机动车或驾驶机动车追逐竞驶。法律条文采用列举的方式,仅将醉酒和驾驶机动车追逐竞驶的行为入罪。

“醉酒驾驶”的行为。醉酒分为生理性醉酒和病理性醉酒,病理性醉酒属于精神病,而生理性醉酒则不属于精神病。在病理性醉酒的情形中,要看行为人是否明知自己有病理性醉酒的生理特点。如明知而故意饮酒是自己陷于病理性醉酒的状态后驾驶机动车,根据“原因自由行为”理论,其仍要承担刑事责任;如行为不知道自己有病理性醉酒的生理特点,而饮酒后使自己陷于病理性醉酒的状态后又驾驶机动车行驶,根据“主客观一致”的原则,不应对此种行为人意志无法控制的行为加以处罚。

“驾驶机动车追逐竞驶”的行为。“追逐竞驶”是指驾驶机动车相互追逐或以追求速度为目的驾驶的行为,即通俗意义上的“飙车”行为。由于道路限速的不同,那么达到“追逐竞驶”的速度条件也是不一样的。具体要每小时多少公里还要根据各地情况的不同而加以具体界定。

(2)空间条件:醉酒驾驶机动车或者驾驶机动车追逐竞驶要在道路上进行,“道路”与交通肇事罪中的“道路”范围相一致,按照《道路交通安全法》第一百一十九条的规定,“道路”是指公路、城市道路和虽在单位管辖范围但允许社会机动车通行的地方,包括广场、公共停车场等用于公众通行的场所,即凡是允许社会机动车通行的地方都可以称之为道路。

(3)对象条件:驾驶的是机动车。按照《道路交通安全法》第一百一十九条的规定,机动车是指以动力装置驱动或者牵引,上道路行驶的供人员乘用或者用于运送物品以及进行工程专项作业的轮式车辆,包括大型汽车、小型汽车、专用汽车、特种车、有轨电车、无轨电车等机动车辆。

注意:驾驶电动自行车为非机动车,醉后驾驶电动自行车或驾驶电动自行车追逐竞驶的行为不构成危险驾驶罪。

(4)情节条件:情节恶劣。法律对于“情节恶劣”没有作具体的规定,但依照立法的本意,在闹市区、在高速公路上等醉驾或追逐竞驶,或车上载有多人等情形可以视为情节恶劣。

注意:这里“情节恶劣”不包括致人重伤或死亡的情形。因为危险驾驶罪只要有醉驾或追逐竞驶的行为即构成该罪,如造成严重后果的,按照交通肇事罪或其他罪名处罚。

(二)刑法条文

根据《刑法修正案九》第八条、《刑法》第一百三十三条之一规定:在道路上驾驶机动车,有下列情形之一的,处拘役,并处罚金。

(1)追逐竞驶,情节恶劣的;

(2)醉酒驾驶机动车的;

(3)从事校车业务或者旅客运输,严重超过额定乘员载客,或者严重超过规定时速行驶的;

(4)违反危险化学品安全管理规定运输危险化学品,危及公共安全的。

机动车所有人、管理人对前款第三项、第四项行为负有直接责任的,依照前款的规定处罚。有前两款行为,同时构成其他犯罪的,依照处罚较重的规定定罪处罚。

《刑法》对危险驾驶罪设立拘役的期限,为1个月以上6个月以下。被判处拘役的犯罪分子,由公安机关就近执行。在执行期间,被判处拘役的犯罪分子每月可回家1~2天;参加劳动的,可酌量发给报酬。拘役的刑期,从判决执行之日起计算;判决执行以前先行羁押的,羁押1日折抵刑期1日。

三、民事责任与紧急避险

(一)民事责任与紧急避险的定义

民事责任,对民事法律责任的简称,是指民事主体在民事活动中,因实施了民事违法行为,根据民法所承担的对其不利的民事法律后果或者基于法律特别规定而应承担的民事法律责任。民事责任属于法律责任的一种,是保障民事权利和民事义务实现的重要措施。是民事主体因违反民事义务所应承担的民事法律后果,它主要是一种民事救济手段,旨在使受害人,被侵犯的权益得以恢复。

紧急避险是指为了使国家公共利益、本人或者他人的人身、财产和其他权利避免遭受正在发生的危险,不得已而采取的损害另一较小的合法权益,以保护较大的合法权益的行为。

(二)紧急避险的特点与责任划分

1. 紧急避险特点

紧急避险特点在于,在两个合法权益发生冲突时,只能保存其中一个权益的紧急情况下,法律允许为了保护较大的合法权益而牺牲较小的合法权益;实施紧急避险行为,必须同时具备以下条件:

(1)是必须出于保护合法权益免受损害的正当目的。为了保护非法利益而实施的行为不能构成紧急避险。

(2)是必须是针对正在发生的危险。对于已经过去的或者尚未发生的危险,当事人不能实施紧急避险。

(3)是必须是在迫不得已的情况下,才能实行紧急避险。如果有其他办法可以阻止险情的发生或者防止危险造成损害,也不能实施紧急避险。

(4)是紧急避险所造成的损害必须小于所避免的损害,即紧急避险所造成的损害不能大于也不能等于所要保护的权益。损害权益的大小一般可按价值比较,当发生财产权益与人身权益的比较时,人身权益大于任何财产权益,不能为了保护财产权益而损害人身权益。

2. 紧急避险的责任划分

紧急避险发生后,对紧急避险所造成的损害由谁承担民事责任,《中华人民共和国民法通则》第一百二十九条和《最高人民法院关于贯彻执行〈中华人民共和国民法通则〉若干问题的意见(试行)》第一百五十六条作出了相应的规定:因紧急避险造成损害的,由引起险情发生的人承担民事责任,如果危险是由自然原因引起的,紧急避险人不承担民事责任或者承担适当的民事责任。因紧急避险采取措施不当或者超过必要的限度,造成不应有的损害的,紧急避险人应当承担适当的民事责任。

在审理紧急避险民事案件时,要首先确定行为人实施的行为是否构成紧急避险,构成紧急避险的,按照《民法通则》和贯彻《民法通则》的意见处理,不能构成紧急避险的,则应按照侵权案件处理。

(三)紧急避险造成的损害后民事责任的确定

1. 引起险情发生的人承担民事责任

引起险情发生的人的行为是造成他人损害的主要原因,法律明确规定紧急避险造成损害的由引起险情发生的人承担民事责任,因此,由引起险情发生的人赔偿受损害人的损失在司法实践中不会发生争议。

2. 避险人承担适当的民事责任

根据《民法通则》的规定,紧急避险造成损害时由避险人承担民事责任的情况有两种,一种是避险人采取避险措施不当或者超过必要的限度造成不应有的损害,由避险人承担适当的民事责任。另一种是在险情是由自然原因引起的情况下,可以由避险人承担适当的民事责任。

在避险人采取避险措施不当或者超过必要的限度的情况下,避险人有一定的过错,特别是为了保护财产权益而损害了他人人身权益时,因人身权益不能用价值衡量,为了保护财产权益而损害人身权益就是避险行为不当,避险人应对过错行为承担民事责任。

3. 受益人承担适当的民事责任

最高人民法院关于贯彻《民法通则》若干问题的意见规定,在险情是由自然原因引起的情况下,受损害人要求补偿的,受益人应当给予适当的补偿,根据最高人民法院的规定,在紧急避险的险情是由自然原因引起的情况下,受益人应当承担补偿受损害人损失的民事责任。

根据《民法通则》关于紧急避险造成损害的由引起险情发生的人承担民事责任的规定,只要险情是由非自然原因引起的,那么受损害人的损失就应由引起险情发生的人承担,在引起险情发生的人能够赔偿受损害人损失的情况下,这样处理既合法也合理,但在司法实施中可能出现的情况是多种多样的,以下几种情况,受益人承担适当的民事责任:

(1)无法确认引起险情发生的人。

(2)引起险情发生的人无能力赔偿受损害人的损失。

(3)引起险情发生的人无能力全额赔偿受损害人的损失。

紧急避险是法律明确规定的合法行为,其设立的目的是为了保护较大的合法权益而可以损害较小的合法权益,但是因较小的合法权益也是法律应当保护的权益,因此紧急避险造成的损害必须由引起险情发生的人承担民事责任,在引起险情发生的人不能适当承担民事责任的情况下,受益人作为因受损害人遭受损害而免遭损失的受益者,受益人是应当承担补偿或者垫付民事责任的。

4. 相关案例

案例一:避险人不承担民事责任

3 月 20 日夜,赵×驾驶私家车回家,正逢狂风暴雨,行至环城北路,一块广告牌被吹落,直向赵 X 的车头方向砸来,赵×猛转转向盘,躲过了广告牌,却将路边的灯杆撞歪了,路灯瞬间熄灭,路灯也有一定损坏。

[评析]

本案中,赵×为躲过砸向自己的广告牌而将路灯杆撞坏,其行为符合因自然原因引起的紧急避险特征,且造成的损失小于广告牌砸向自己的损失,故不用承担民事赔偿责任,路灯维修及修车费用分别由路灯管理处和保险公司担负。《侵权责任法》的这条内容在《民法通则》中也作了规定。

需要指出的是并非所有紧急避险造成损害都不用避险人承担,对于避险措施采取不当或超过必要的限度所造成不应有的损害的,避险人应当承担适当的责任,这个"限度"的评定是由相关的机关和部门来作出的。

案例二:引起险情发生的人承担民事责任

接近春节,张某开着一辆装满年货的小客车急匆匆地住家赶,当行驶到了一个拐弯处时,由于天下着雨,路面较滑,张某便趁着借道超车时驶入逆行道。恰在此时,迎面相对行驶来了一辆五十铃小货车,两车相会即将发生碰撞,五十铃车驾驶员李某当即向右猛转转向盘避让小客车,导致五十铃车侧翻,造成车辆受损,一名乘客重伤及驾驶员李某受轻伤的交通事故。在这次事故中,直接的经济损失共计 2 万元。

[评析]

李某为了避免两车相撞的更为严重的交通事故,冒着自己车辆有可能翻车的危险,猛打转向盘避让占道行驶的小客车,最终导致自己严重损失。《民法通则》第 129 条规定:"紧急避险造成损害的,由引起险情发生的人承担民事责任"。李某因紧急避险所造成的车翻人伤的损失是由引起险情的被保险人张某行为直接导致的,理应由张某承担责任,最后审理的结果,李某在这次交通事故中所遭受的损失 2 万元由张某承担。

案例三:避险人承担适当的民事责任

2011 年 5 月 2 日,刘某驾驶大货车顺着国道往北出城,车辆驶至城乡接合部,刘某见行人车辆渐少,遂加快行驶速度。此时,突然发现前面有一行人王某横穿公路,眼看就要撞上王某,刘某慌乱之下猛转转向盘,避开王某,但由于车辆转向过急,失去平衡,一下子便侧翻在地,车辆、货物均有受损。刘某遂要求王某赔偿,王某不肯,在多次要求赔偿未果情况下,刘某诉至法院请求法院判决王某赔偿其所受损失。

[争议]本案在审理过程中形成两种不同的观点:

(1)刘某并未超速,车祸系刘某紧急避险所造成的,损失应由危险制造人王某承担。

(2)刘某未尽到机动车驾驶人的"高度注意"义务,从而引发车祸造成损失,所以应由刘某承担本次交通事故的损失。

[评析]

本案很显然符合紧急避险的情形。王某未先确定路面安全即横穿马路,刘某为了避免撞伤王某的后果发生,猛转转向盘致车辆侧翻受损,王某当属引起险情发生的人,因此其必须承担本次事故的责任。如果刘某在驾驶机动车的过程中密切注意路面的情况,及时发现王某横穿马路的意图,并相应地采取减速、鸣笛等处置措施,此次交通事故是可以避免的。因此,刘某在险情发生前没有尽到机动车驾驶人的“高度注意”义务,对险情的发生也有一定的过错,也应承担本次事故的责任。

结合“引起险情发生的人承担民事责任”、“ 避险人承担适当的民事责任”,此次交通事故应当由机动车驾驶人刘某与行人王某按各自的过错程度承担同等责任。

案例四:受益人承担适当的民事责任

××年12月21日上午9时许,喻某驾驶小客车载4名乘客驶往汉川城区,途中,前方张某驾驶的摩托车突然遇路滑倒地,喻某紧急转向避让,撞在公路旁的树干上,造成小客车受损,车内乘客受伤,经济损失总计19938元。

[评析]

喻某为了避免撞伤张某的后果发生,撞在公路旁的树干上,造成小客车受损,车内乘客受伤,很显然符合紧急避险的情形。张某路滑倒地,险情是由自然原因引起的,张某应不负责任。

但根据最高人民法院的规定,在紧急避险的险情是由无法确认引起险情发生的情况下,受益人应当承担补偿受损害人损失的民事责任。法院认为,喻某的行为属紧急避险,张某作为受益人,应予以赔偿;但喻某车速过快,处置措施不当,遂作出判决,张某赔偿喻某15950.40元,其余损失由喻某自担。

附件 1

准驾车型及代号

准驾车型	代号	准驾的车辆	准予驾驶的其他准驾车型
大型客车	A1	大型载客汽车	A3、B1、B2、C1、C2、C3、C4、M
牵引车	A2	重型、中型全挂、半挂汽车列车	B1、B2、C1、C2、C3、C4、M
城市公交车	A3	核载 10 人以上的城市公共汽车	C1、C2、C3、C4
中型客车	B1	中型载客汽车（含核载 10 人以上、19 人以下的城市公共汽车）	C1、C2、C3、C4、M
大型货车	B2	重型、中型载货汽车；重型、中型专项作业车	
小型汽车	C1	小型、微型载客汽车以及轻型、微型载货汽车；轻型、微型专项作业车	C2、C3、C4
小型自动挡汽车	C2	小型、微型自动挡载客汽车以及轻型、微型自动挡载货汽车	
低速载货汽车	C3	低速载货汽车	C4
三轮汽车	C4	三轮汽车	
残疾人专用小型自动挡载客汽车	C5	残疾人专用小型、微型自动挡载客汽车（允许上肢、右下肢或者双下肢残疾人驾驶）	
普通三轮摩托车	D	发动机排量大于 50ml 或者最大设计车速大于 50km/h 的三轮摩托车	E、F
普通二轮摩托车	E	发动机排量大于 50ml 或者最大设计车速大于 50km/h 的二轮摩托车	F
轻便摩托车	F	发动机排量小于等于 50ml，最大设计车速小于等于 50km/h 的摩托车	
轮式自行机械车	M	轮式自行机械车	
无轨电车	N	无轨电车	
有轨电车	P	有轨电车	

附件2

机动车驾驶证申请表

					档案编号		
申请人信息	姓名		性别	出生日期		国籍	
	身份证明名称		号码				照片
			号码				
	住所地址						
	联系地址						
	联系电话		邮政编码				
申请业务种类	申领	□初次申领 □增加准驾车型 □持军警驾驶证 □持境外驾驶证	申请的准驾车型代号		现准驾车型代号		
			属于持军警驾驶证、境外驾驶证申领的，还应填写下列事项： □军队驾驶证 □武警驾驶证 □香港驾驶证 □澳门驾驶证 □台湾驾驶证 □外国驾驶证 所持驾驶证的证号________ 签注的准驾车型代号________ 初次领证日期________ 有效期截止日期________				
	换证	□有效期满	有效期截止日期		有效期限		
		□转入	转入原因	□户籍迁入 □来本地居住	原驾驶证档案编号		
		□达到规定年龄 □自愿降低准驾	现准驾车型代号		申请的准驾车型代号		
		□身份信息变化	变化事项		变化后内容		
	补证	□证件损毁 □补证 □注销	原因				
	注销	申请方式	□本人申请 □委托________		□监护人申请 代理申请	本人签字： 年 月 日	
		委托代理	代理人/监护人姓名		身份证明	号码	
			住址				
申告的义务和内容	机动车驾驶员申请人应当如实申告是否具有下列不准申请的情形 一、器质性心脏病、癫痫病、美尼尔氏症、眩晕症、癔病、震颤麻痹、精神病、痴呆系统以及影响肢体活动的神经疾病等妨碍安全驾驶疾病 二、吸食、注射毒品、长期服用依赖性精神药品成瘾尚未戒除 三、提供虚假申请材料，以欺骗等不正当手段申领机动车驾驶证 四、补吊销机动车驾驶证未满两年 五、造成交通事故后逃逸补吊销机动车驾驶证 六、驾驶许可依法被撤销未满三年 七、机动车驾驶证被暂扣 八、法律和行政法规规定的其他不准申请的情形 上述内容本人已认真阅读，本人不具有所列的不准申请的情况					申请人签字	年 月 日

附件 3

学习驾驶证明式样

（纸质）

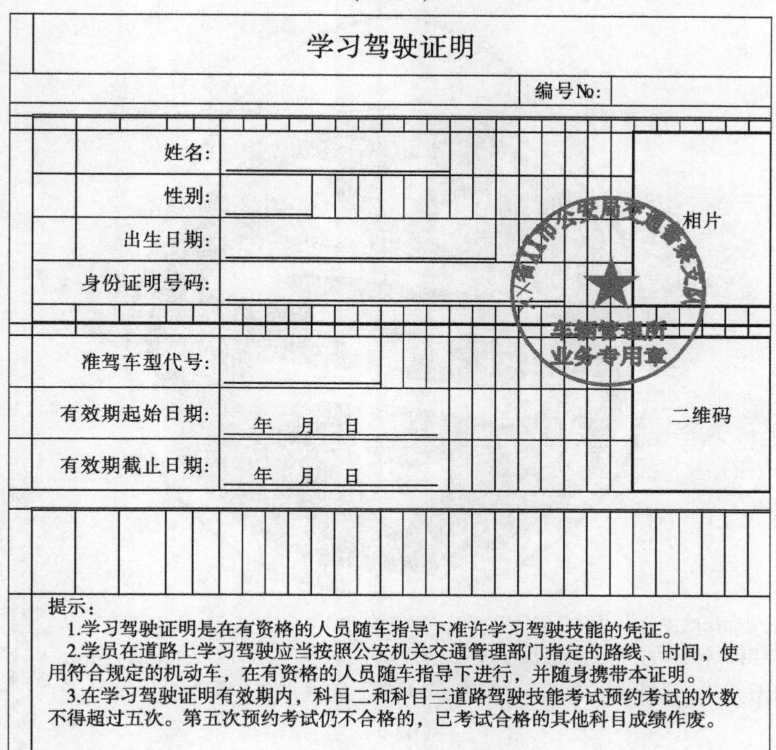

学习驾驶证明

编号№:

姓名:

性别:

出生日期:

身份证明号码:

准驾车型代号:

有效期起始日期: 年 月 日

有效期截止日期: 年 月 日

相片

二维码

车辆管理所业务专用章

提示：

1.学习驾驶证明是在有资格的人员随车指导下准许学习驾驶技能的凭证。

2.学员在道路上学习驾驶应当按照公安机关交通管理部门指定的路线、时间，使用符合规定的机动车，在有资格的人员随车指导下进行，并随身携带本证明。

3.在学习驾驶证明有效期内，科目二和科目三道路驾驶技能考试预约考试的次数不得超过五次。第五次预约考试仍不合格的，已考试合格的其他科目成绩作废。

（电子版）

编号：

姓名

性别

出生日期

身份证明号码

准驾车型代号

有效期起

附件 4

学车专用标识式样

（正面）

注：1. 学车专用标识的主色为大红色 M100Y100，配色为黄色 Y100；

2. “学”字用大小为 400 磅的粗楷体，描边 12 磅；

3. 学转用标识共 2 张，分别放置在车内前挡风玻璃右下角、粘贴在车辆尾部。

（背面）

标识编号 ____________

自学人员

姓名 ____________

身份证明号码 ____________

指导人员

姓名 ____________

驾驶证号码 ____________

自学用车

号牌号码 ____________

车辆识别代号 ____________

签发机关

签发日期 ____________

有效期止日期 ____________

第四章　道路秩序通行规定

第一节　道路交通信号

道路交通信号是道路交通规则的重要载体，是道路交通的基本语言，是道路交通管理中通过一定的形式和特定的内容，向运行的车辆和行人发出的能否通行或如何通行的信息标志。随着我国对外开放程度的加深和道路交通安全管理的日趋成熟，道路交通信号国际化的趋势也更加明显，越来越多地采用国际通行的道路信号灯信号系统、交通标志和交通标线。

《道路交通安全法》第 25 条规定，全国实行统一的交通信号，道路交通信号包括：交通信号灯、交通警察的指挥、交通标志和交通标线。

一、道路交通标志

（一）道路交通标志概念

道路交通标志是用图形符号、颜色和文字向交通参与者传达特定信息，用以管理交通的安全设施，一般设在道路的上方或侧旁。

（二）道路交通标志特点

（1）醒目性。能从它所处的背景中清晰地显示出来，能在要求的认读距离以外，吸引驾驶人员和行人的注意。

（2）易读性。标志的易读性，即可理解性强。图形、形状、标记等特别切合实际，让人一看就懂，而且在瞬间即可理解其含义，并能叫出它的名称。

（3）单义性。标志的单义性强，使人一看就明白它的特定含义，不会在含义上做多种解释。

（4）跨文化性。跨文化性强，既符合本国民族文化的特点，又照顾到国际通用，容易被不同文化和不同语言的人们所理解。标志绝大部分是用图形和符号来表达，无论文化程度高低、讲汉语或其他语言的人都能看懂和理解。

（三）道路交通标志作用

道路交通标志控制，对于道路交通流体系统运行起着重要的控制作用。

1. 组织道路交通

在道路交通组织管理中，广泛采用道路交通标志控制予以有效配合，没有道路交通标志参与控制,就难以实施道路交通组织管理活动。

2. 控制道路交通

交通行为规范往往依赖道路交通标志在时间、空间和条件上的具体显现,正确地指导人们的交通行为。在交通信号控制中,往往需要相应道路交通标志控制,可以通过提供道路交通信息,提示人们注意危险,提前采取防范措施。

3. 指路导向

道路交通标志控制,往往通过道路通达的方向、地点、距离的信息传递,正确地指引车辆、行人顺利前进,减少交通延误。

4. 执法依据

道路交通标志控制,具有法律效力。根据道路交通标志所表达的特定内容与含义,进行交通违章肇事的分析、判断和处理,以使道路交通管理规范化。

(四)道路交通标志构成要素

(1)颜色:国际《安全色》规定:安全色为红、黄、蓝、绿4种颜色,分别表示禁止、警告、指令、提示等。

(2)形状:中国交通标志的基本形状有一矩形、长方形、圆形、三角形等几种。

(3)字符图案:交通标志的颜色和形状表示标志的种类,字符和图案则直接表示标志的具体内容。

(五)道路交通标志种类

道路交通标志有颜色、形状、图案三大构成要素。道路交通标志分为主标志和辅助标志两大类,共计320种。

1. 主标志

主标志是单独表示某种含义或单独使用的标志,分以下六类:警告标志、禁令标志、指示标志、指路标志、旅游区标志、道路施工安全标志。

1)警告标志

概念:警告标志是警告机动车驾驶人、行人注意危险地点减速慢行的标志。

特点:①颜色:黄色(叉形符号除外);②形状:等边三角形顶角向上;③字符图案:黑字符、黑边、黑图案;45种警告标志,如图4-1-1所示。

2)禁令标志

概念:禁令标志是禁止或限制车辆、行人交通行为的标志;具有严格的强制性,属于禁止性规范。

特点:①颜色:红色、黑色。②形状:圆形、正八边形、等边三角形顶角向下。③颜色:黑字符、白底或蓝底、黑图案、图案压杠;42种禁令标志,如图4-1-2所示。

3)指示标志

概念:指示标志是指示车辆、行人通行的标志,为车辆和行人提供信息、指明方向,属于准许性规范。

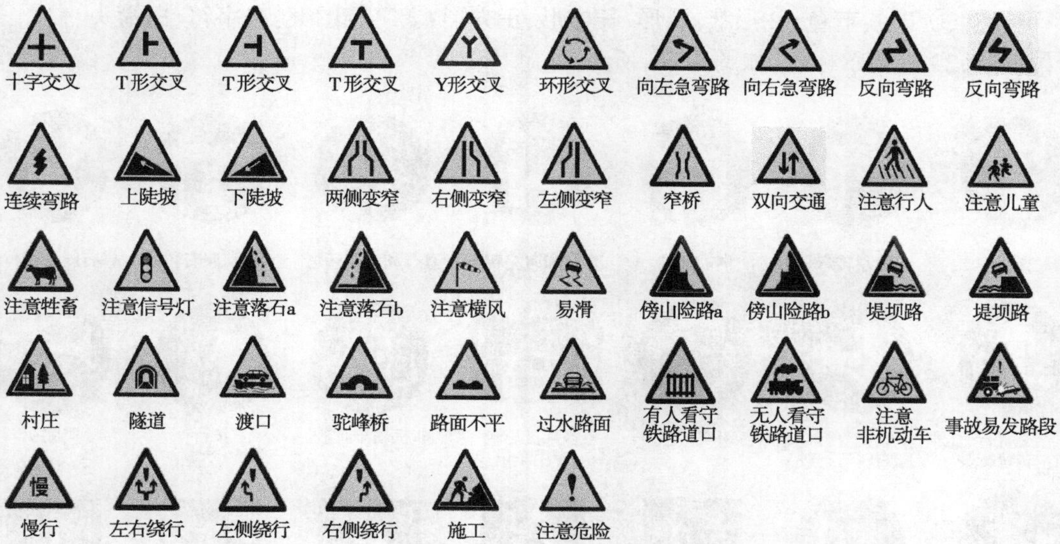

十字交叉
T形交叉
T形交叉
T形交叉
Y形交叉
环形交叉
向左急弯路
向右急弯路
反向弯路
反向弯路
连续弯路
上陡坡
下陡坡
两侧变窄
右侧变窄
左侧变窄
窄桥
双向交通
注意行人
注意儿童
注意牲畜
注意信号灯
注意落石a
注意落石b
注意横风
易滑
傍山险路a
傍山险路b
堤坝路
堤坝路
村庄
隧道
渡口
驼峰桥
路面不平
过水路面
有人看守铁路道口
无人看守铁路道口
注意非机动车
事故易发路段
慢
慢行
左右绕行
左侧绕行
右侧绕行
施工
注意危险

图 4-1-1 警告标志

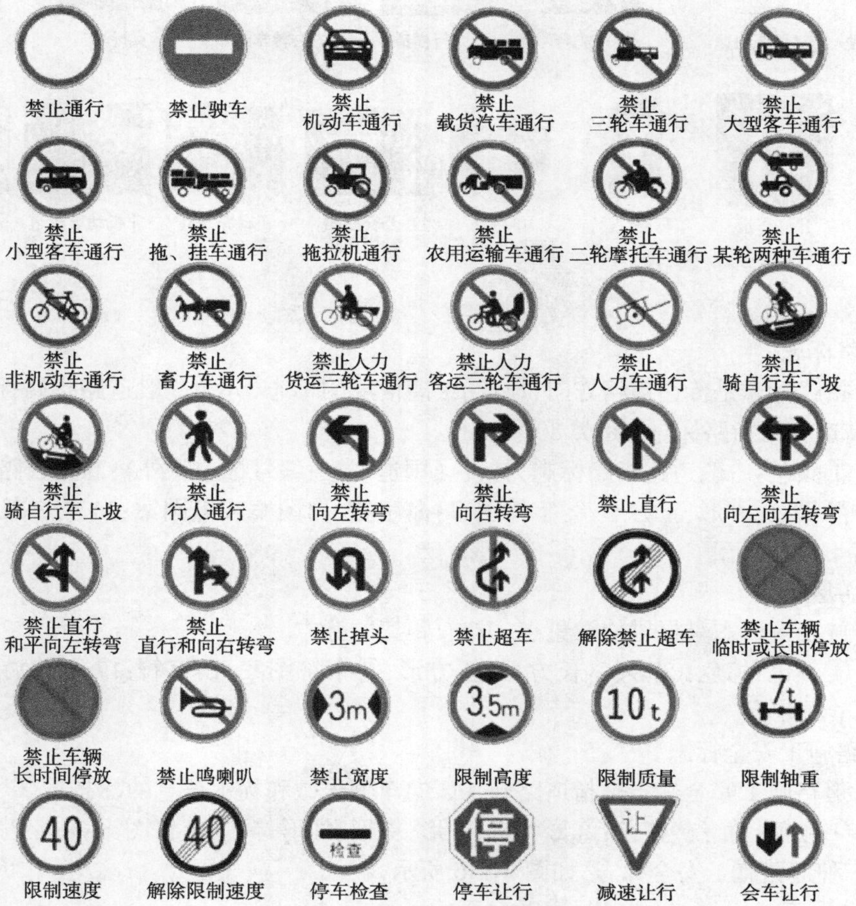

禁止通行
禁止驶车
禁止机动车通行
禁止载货汽车通行
禁止三轮车通行
禁止大型客车通行
禁止小型客车通行
禁止拖、挂车通行
禁止拖拉机通行
禁止农用运输车通行
禁止二轮摩托车通行
禁止某轮两种车通行
禁止非机动车通行
禁止畜力车通行
禁止人力货运三轮车通行
禁止人力客运三轮车通行
禁止人力车通行
禁止骑自行车下坡
禁止骑自行车上坡
禁止行人通行
禁止向左转弯
禁止向右转弯
禁止直行
禁止向左向右转弯
禁止直行和平向左转弯
禁止直行和向右转弯
禁止掉头
禁止超车
解除禁止超车
禁止车辆临时或长时停放
禁止车辆长时间停放
禁止鸣喇叭
3m
禁止宽度
3.5m
限制高度
10t
限制质量
7t
限制轴重
40
限制速度
40
解除限制速度
检查
停车检查
停
停车让行
让
减速让行
会车让行

图 4-1-2 禁令标志

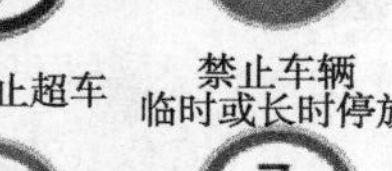

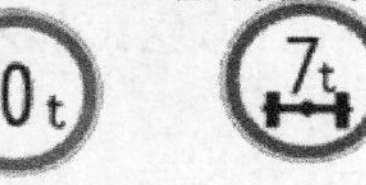

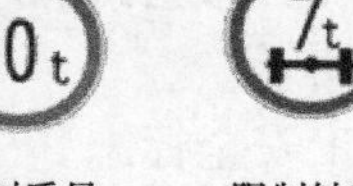

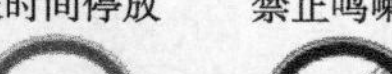

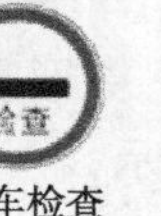

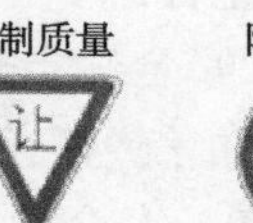

特点:①颜色:蓝色;②形状:圆形、长方形、正方形;③字符图案:白字符、白箭头、白图案或黑图案;29 种指示标志,如图 4-1-3 所示。

图 4-1-3　指示标志

4)指路标志

概念:指路标志是传递道路方向、地点、跟离信息的标志、分为一般道路指路标志(24 类 66 种)和高速公路指路标志(38 类 80 种)。

特点:①颜色:一般道路指路标志为蓝色(国道、省道编号标志除外);高速公路指路标志为绿色;②形状:长方形、正方形;③字符图案:白字符、白图案或黑图案;24 类一般道路指路标志,如图 4-1-4 所示。

5)旅游区标志

概念:旅游区标志是提供旅游景点、方向、距离的标志。

特点:①颜色:棕色;②形状:长方形、正方形;③字符图案:白字符;17 种旅游区指示标志,如图 4-1-5 所示。

6)道路施工安全标志

概念:道路施工安全标志是指道路施工区向车辆告诫和提示信息的标志。

特点:①颜色:黄、红、蓝色;②形状:长方形、锥形、柱形等;③字符图案:白字符、白边框、黄图案;26 种道路施工安全标志,如图 4-1-6 所示。

2. 辅助标志

辅助标志是对主标志起补充、限制、说明问题的标志,只能与主标志配合使用。

图 4-1-4 指示标志

图 4-1-5 旅游区标志

(1)分以下五类：表示时间、表示车辆种类、表示区域或距离、表示警告或禁令理由、组合辅助标志。

(2)特点：①颜色：黑色；②形状：长方形、正方形；③字符图案：黑字符、黑边框、黑图案；16 种辅助标志，如图 4-1-7 所示。

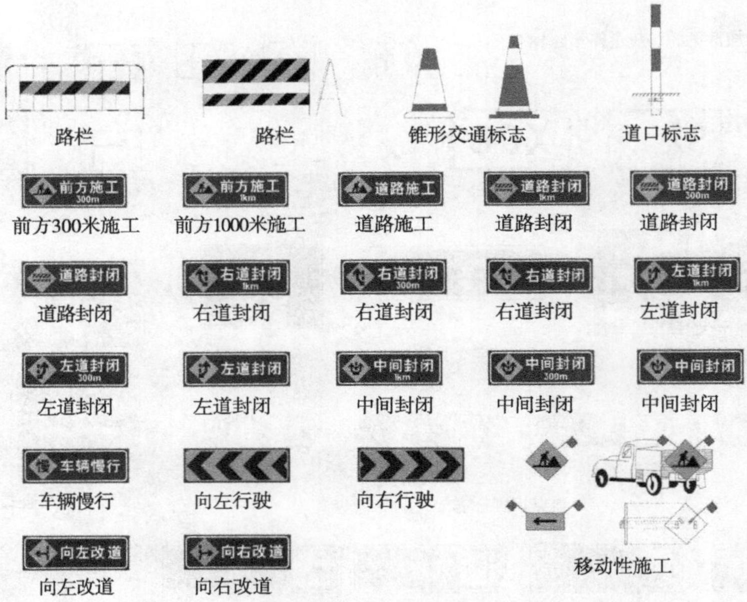
路栏
路栏
锥形交通标志
道口标志
前方施工 300m
前方300米施工
前方施工 1km
前方1000米施工
道路施工
道路施工
道路封闭 1km
道路封闭
道路封闭 300m
道路封闭
道路封闭
道路封闭
右道封闭 1km
右道封闭
右道封闭 300m
右道封闭
右道封闭
右道封闭
左道封闭 1km
左道封闭
左道封闭 300m
左道封闭
左道封闭
左道封闭
中间封闭 1km
中间封闭
中间封闭 300m
中间封闭
中间封闭
中间封闭
车辆慢行
车辆慢行
向左行驶
向右行驶
向左改道
向左改道
向右改道
向右改道
移动性施工

图 4-1-6　道路施工安全标志

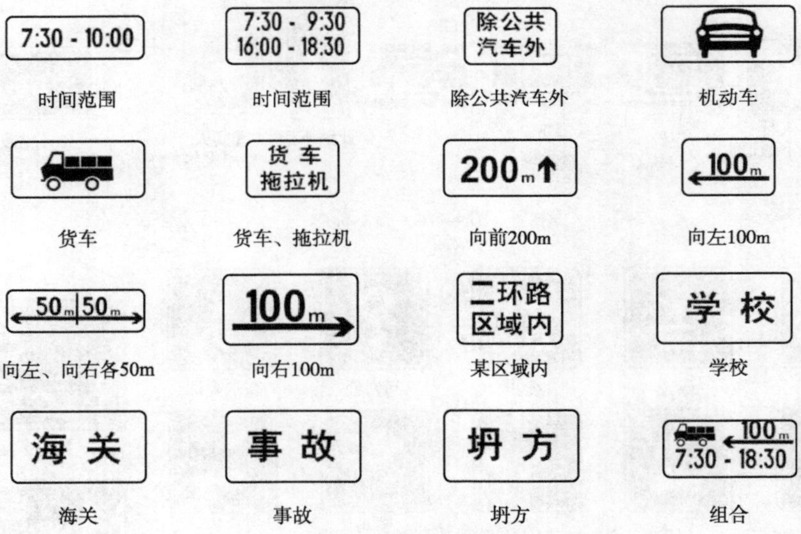
7:30 - 10:00
时间范围
7:30 - 9:30
16:00 - 18:30
时间范围
除公共
汽车外
除公共汽车外
机动车
货车
货 车
拖拉机
货车、拖拉机
200m
向前200m
100m
向左100m
50m 50m
向左、向右各50m
100m
向右100m
二环路
区域内
某区域内
学 校
学校
海 关
海关
事 故
事故
坍 方
坍方
100m
7:30 - 18:30
组合

图 4-1-7　辅助标志

二、道路交通标线

(一)道路交通标线概念

道路交通标线是由各种路面标线、箭头、文字、立面标记,凸起路标和道路边线轮廓标等所构成的交通安全设施,它可以与道路交通标志配合使用、也可单独使用。

(二)道路交通标线作用

道路交通标线是交通行为规范的具体化、形象化,它既方便了人们的道路交通活动,又可以为纠正交通违章与处理交通事故而提供明确的法律依据。

1. 实行分道行驶

采用道路交通标线,可实行交通分离。即实行人、车分离,机动车、非机动车分离,快车、慢车分离等,使之各行其道,分道行驶,从而可提高道路通行能力,减少交通冲突点,防止交通事故发生。

2. 渠化平交路口交通

采用道路交通标线,可以在平面交叉路口组织渠化交通,引导车辆及行人按照标线所示的含义,有秩序、迅速地通过平交路口,以保障交通安全与畅通。

3. 告示交通控制指令

采用道路交通标线,传递道路交通的通行、禁止、限制等交通控制指令,告示车辆驾驶员及行人务必遵照交通控制指令来进行道路交通活动,以保障交通安全与畅通。

4. 预告道路状况

通过道路交通标线,可将前方道路状况和特点明显、突出地反映出来,提示车辆驾驶员及行人提高警觉,准备防范应变措施,以保障交通安全与畅通。

(三)道路交通标线设置基本要求

1. 道路交通标线颜色

道路交通标线采用白色和黄色两种。白色比较醒目,尤其是在沥青道路的色度对比下,视认效果最好;黄色标线对光的反射性比白色标线低 53 %,但它解决了原来标线的单调。采用白色和黄色主要是为了达到颜色鲜明、对比强烈,能满足视觉的基本特性要求。在暗色路面上,用白色和黄色标线,对比度大,视认效果好,同时黄色还起警诫、警告的作用。

2. 道路交通标线宽度

道路纵向标线宽度和横向标线宽度对驾驶员视觉产生不同程度的差异,其尺寸亦不相同。

3. 虚线间隔长度

虚线是道路交通标线中不可缺少的组成要素之一。虚线中的实线段和间隔段的比例与车辆的行驶速度有直接关系。

4. 导向箭头

车辆在行驶过程中,驾驶员因受视线高度的限制和自身运动状态的影响,所看到的导向箭头的形状有很大的不同,有时会增加行车的危险性。因此,正确设置导向箭头,提高驾驶员的认读速度和认读正确率具有非常重要的意义。

(四)道路交通标线种类及法律含义

《道路交通标志和标线》国家标准(GB 5768—2004)的规定:

(1)道路交通标线按功能分为三类:指示标线、禁止标线和警告标线;

(2)道路交通标线按形态可分为四类:线条、标划于路面、缘石或立面上的实线或虚线。

字符标记:标划于路面上的文字、数字及各种图形符号;凸起路标:安装于路面上用于标示车道分界、边缘、分合流、弯道、危险路段、路宽变化、路面障碍物位置的反光或不反光体;

路边线轮廓标：安装于道路两侧，用以指示道路车行道边界轮廓的反光柱（或片）。

（3）道路交通标线按设置方式可分为三类：纵向标线：沿道路行车方向设置的标线。横向标线：与道路行车方向成角度设置的标线。其他标线：字符标记或其他形式标线。道路交通标线按标划区分八类：白色虚线；白色实线；黄色虚线；黄色实线；双白虚线；双黄实线；黄色虚实线；双白实线。三类道路交通标线，如图 4-1-8 所示。

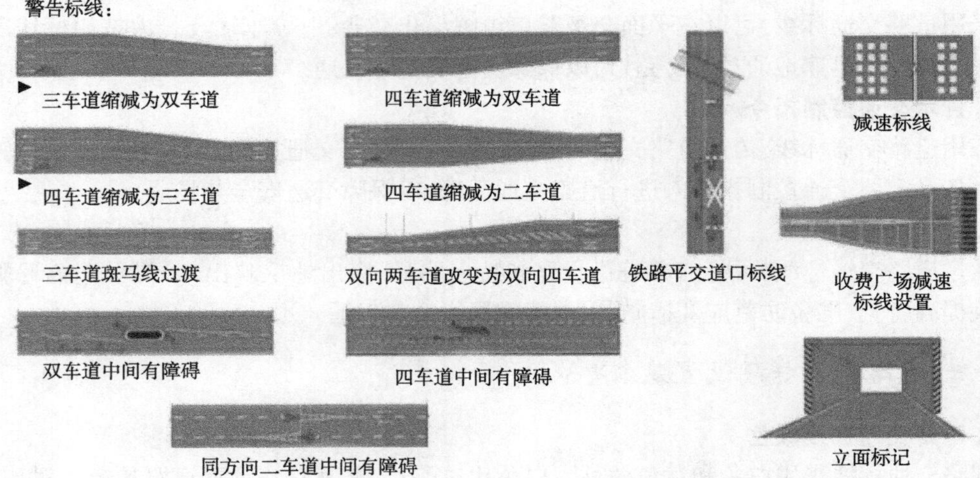

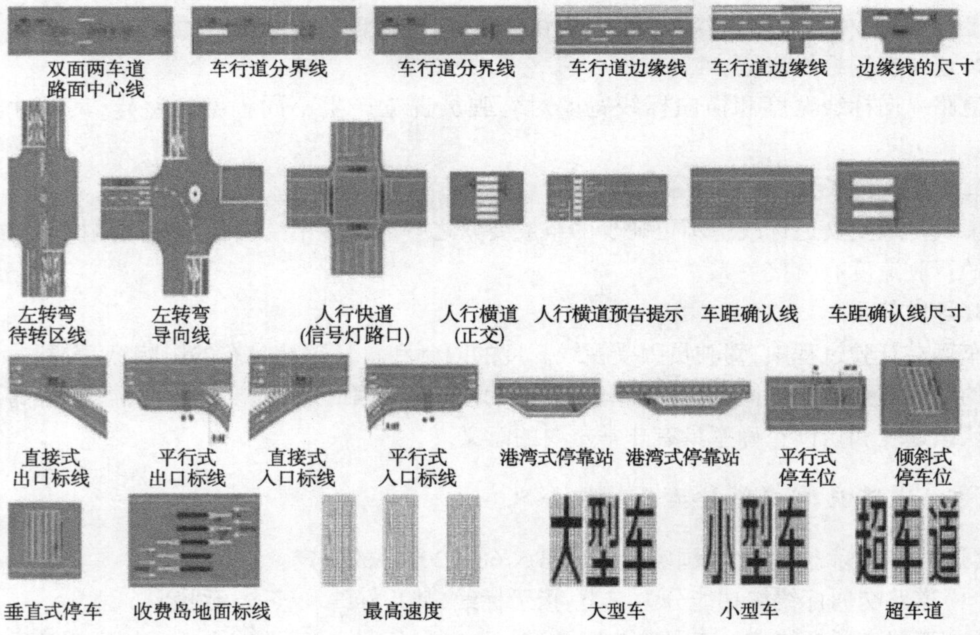

图　4-1-8

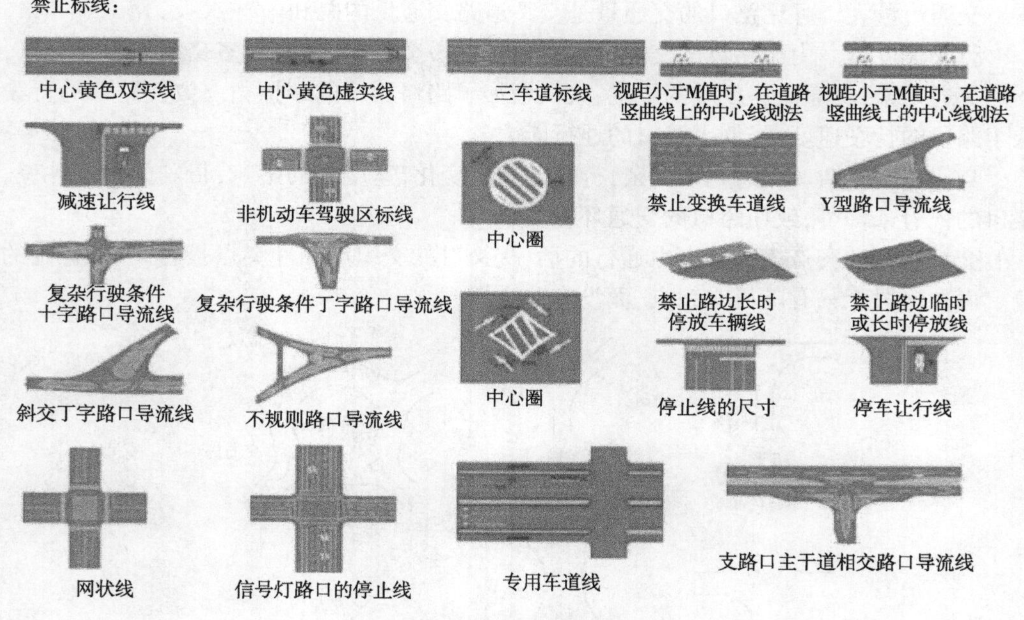

图 4-1-8 道路交通标线

三、道路交通信号灯

（一）道路交通信号灯概念

（1）道路交通信号灯是指在平面交叉路口或道路上，向车辆和行人示意行或停以及怎样行和怎样停的各种交通指挥灯光信息。道路交通信号灯多用于平面交叉路口。

（2）平面交叉路口是车辆、行人汇聚和分散的特殊路段，是交通的咽喉和枢纽，是道路交通矛盾的汇合处。因为在这里行人要横过车行道，车辆除直行外，还有左转弯和右转弯。为使车辆、行人顺利通过交叉路口，因而利用道路交通信号来分配不同方向的通行权，从时间和空间上防止各方向交通流的运动干涉，以保障交叉路口内的交通安全。常见的平面交叉口有十字形、X 形、T 形、Y 形、错位交叉和多路交叉形等，如图 4-1-9 所示。

（3）平面交叉路口的交通特点，在平面交叉路口中，交通流体系统运行方向变化颇大，相互矛盾较多；机动车在平面交叉口的交叉点一般分为冲突点、合流点、分流点和交织点，如图 4-1-10所示。

①冲突点是指机动车从两个不同的方向进入平面交叉口，并以较大的角度相互交叉，可能产生碰撞的地点。

②合流点是指来自不同方向的机动车以较小的角度（10°～30°）与另一方向行驶的机动车汇合成同一方向行驶，可能产生挤撞的地点。

③分流点是指同一方向行驶的机动车以较小的角度（10°～30°）向不同方向分开行驶的地点。

④交织点是指机动车在短距离内进行合流、分流的地点。交织点的形式不同，对交通的影响也不同，其中以冲突点对交通的影响最大。平面交叉路口的交通特点主要有：

a. 交通流量大。可见路口的交通量是交叉道路交通量的总和。

b. 行驶速度低。由于路口的交通量远远超过路段交通量，还有许多交织点和冲突点，以及不同交通元素、交通流速度差的干扰，大大增加了路口通行的摩擦力。致使路口的行驶速度低于路段的行驶速度，降低了路口的通行能力。

c. 交通环境复杂。交通元素复杂，行驶方向的变化，速度差的影响，行驶的稳定性差，以及路口的视野条件等，致使路口的交通环境复杂。

d. 交织点和冲突点多。若自由通行的话，交叉口的交织点和冲突点是客观的、稳定的存在着。而在路段上只有随机交织点，而没有冲突点。

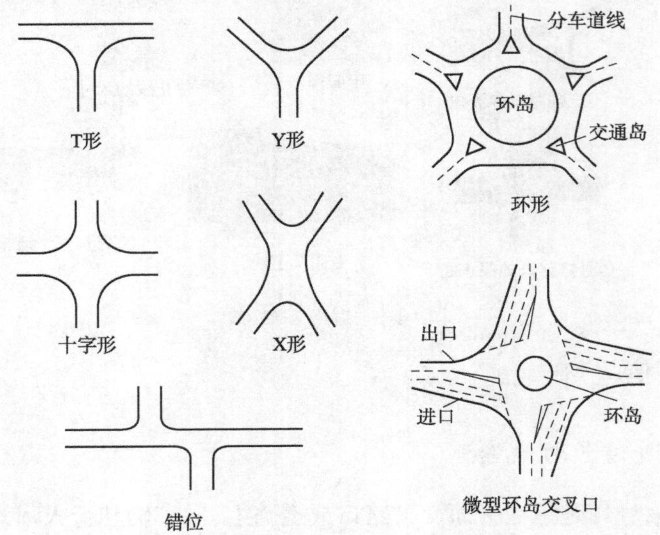

图 4-1-9　常见的平面交叉口

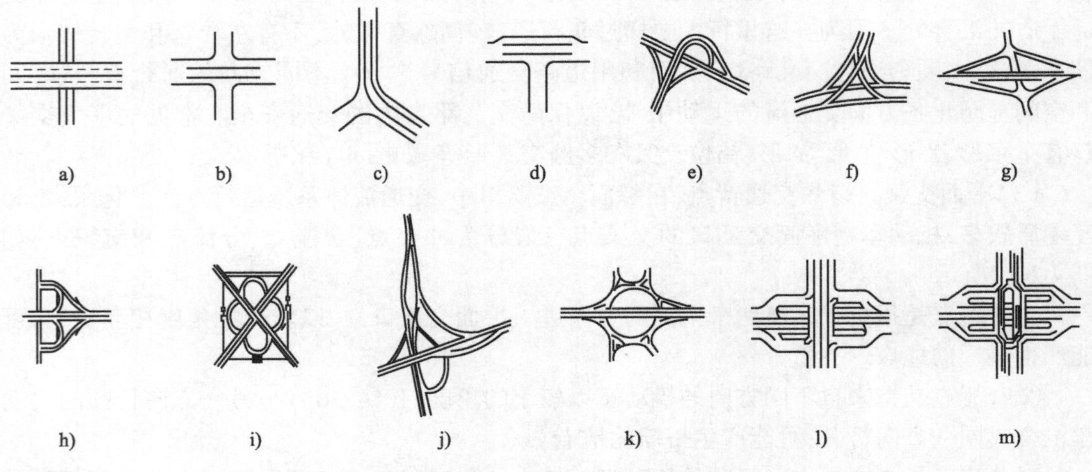

图 4-1-10　平面交叉口的交叉点

（二）道路交通信号灯装置次序

各式信号灯的装置次序有统一的规定，以便于驾驶员分辨。信号灯的次序安排分竖式和横式两种。

1. 竖式

普通信号灯的次序,国际规定自上而下为红、黄、绿灯,如图 4-1-11 所示。

带有箭头灯时,安排次序如下:单排式:自上而下,一般为红、黄、绿、直行箭头、左转箭头、右转箭头,中间可省掉不必有箭头灯。当同时装有直、左、右三个箭头灯时,可省掉普通绿灯。双排式一般在普通信号灯的里侧加装左转箭头灯,或左转和右转箭头灯,或左直右三个箭头灯。

2. 横式

普通信号灯的次序,国际规定自外向里为红、黄、绿灯,如图 4-1-12 所示。

图 4-1-11 竖式带箭头交通信号灯

图 4-1-12 横式带箭头交通信号灯

带有箭头灯时,安排次序如下:单排式:自外向里,一般为红、黄、左箭头、直箭头、右箭头灯;或红、黄、左箭头、绿灯;或红、黄、绿、右箭头灯。双排式一般在普通灯下,自外向里,为左箭头灯、直箭头灯和右箭头灯中间可省掉不必有箭头灯。横排时,左、右箭头灯所处位置,原则上同左、右车道位置一致。

(三)交通信号灯的作用

道路交通信号灯的总体作用,在于减少和消除平面交叉路口内的交通流系统运行所产生的冲突点和交织点的数量,道路交通信号控制的作用主要有以下四方面。

1. 有利于指挥、疏导交通

道路交通信号控制可以使道路上的车流、人流合理通行,尽可能减少互相干扰和互相妨碍,减少交通阻塞,充分发挥道路网上的功能,提高道路的通行能力。

2. 有利于保障交通安全

道路交通信号控制可以使处在相互矛盾交通环境中的车辆和行人,得到合理的通行权。保障车流和人流系统按控制目标有规则运行,减少消除交通危险点,防止交通事故的发生。

3. 有利于提高道路通行能力

道路交通信号控制使道路上的车流和人流得到有秩序的疏导,尽可能避免相互干扰,减少交通拥堵、阻塞,提高道路的通行能力。

4. 有利于实行特殊情况下的交通管制

道路交通信号控制可以使交通管理人员得到法律依据,正确处理交通违章肇事;遇有交通安全保卫和各种特殊交通情况,需要临时实施交通管制,交通管理人员可以及时地发出相关交通控制信号，指示车辆、行人作改道行驶或者停止；道路交通管理人员可以利用控制信号示意运行中的车辆停止，进行安全检查。

（四）道路交通信号灯信号种类及法律含义

《实施条例》第29条规定，现行道路交通信号灯可分为：机动车信号灯、行驶方向指示信号灯、闪光警告信号灯、车道信号灯、道口信号灯、人行横道信号灯、非机动车信号灯、道路与铁路平面交叉道口信号灯。

1. 机动车、非机动车信号灯

机动车信号灯是指采用指挥信号灯，控制交叉路口内的交通流系统有规则的运行；机动车信号灯控制程序如下：

（1）绿灯信号：绿灯是通行信号。绿灯亮时，准许车辆通行，但转弯的车辆不得妨碍被放行的直行车辆和行人通行。

（2）黄灯信号：黄灯是预备停止信号。黄灯是绿灯将要变红灯的过度信号，它具有禁止通行和准许通行的双重含义。黄灯亮时，不准车辆通行，但已越过停车线的车辆可以继续通行。

（3）红灯信号：红灯是禁止通行信号。红灯亮时，禁止车辆通行。对于各方向右转弯的车辆在不妨碍被放行的车辆和行人通行的情况下，可以通行。此外，绿灯信号和黄灯信号也适用于列队行走和赶骑牲畜的人员。在未设置非机动车信号灯和人行横道信号灯的路口，非机动车和行人应当按照机动车信号灯的表示通行。

2. 方向指示信号灯

方向指示信号灯是指绿灯中带有左转弯、直行、右转弯导向箭头的单向交通指挥灯信号，一般安装在交通繁忙、需要引导交通流的交叉路口，与红灯、黄灯配合使用；绿色箭头灯亮时，准许车辆、行人按箭头所示方向通行，可不受红色信号灯的限制，如：直行、左转、右转等。

3. 闪光警告信号灯

闪光警告信号灯是一种注意信号，为持续闪烁的黄灯，提示车辆、行人通行时注意瞭望，确认安全后通过。一般设在有危险的路段或路口，主要用于夜间提示车辆、行人注意前方的交叉路口；黄灯闪烁时，车辆、行人须在确保安全的原则下通行。

4. 车道信号灯

车道信号灯一般设置在需要单独指挥的车道上方，只对在该车道行驶的车辆起控制和指挥作用，其他车道的车辆和行人仍按规定信号通行；车道信号灯有绿色箭头灯信号和红色叉形灯信号两种。车道信号灯控制程序有两个：绿色箭头灯亮时，准许本车道车辆按指示方向通行；红色叉形灯或者箭头灯亮时，禁止本车道车辆通行。

5. 人行横道信号灯

人行横道信号灯设置在人行横道两端上，专门控制行人通过人行横道；人行横道信号灯控制程序有三个：绿灯亮时，准许行人通过人行横道；红灯亮时，禁止行人进入人行横道；但已经进入人行横道的，可以继续通过或者在道路中心线处停留等候。

6. 道路与铁路平面交叉道口信号灯

道路与铁路平面交叉道口有两个红灯交替闪烁或者一个红灯亮时，表示禁止车辆、行人通行;红灯熄灭时,表示允许车辆、行人通行。

四、交通警察指挥

《实施条例》第31条规定,交通警察指挥分使用器具交通指挥信号和手势信号两种。这两种信号是交通民警动作化、形象化的指挥语言,特别是手势信号是应用最广泛的一种指挥方式。它不仅适用于平面交叉路口,也适用于各种路段以及比较复杂的活动现场的交通指挥。

(一)交通警察指挥特点

1.强制性

车辆和行人遇有灯光信号、交通标志或交通标线与交通警察的指挥不一致时,服从交通警察指挥,手势信号比信号灯、交通标志更具有强制性。

2.视认性

指挥过程中,交通民警着反光背心、戴白手套,动作简单明了,手势动作放得开、幅度大,指挥清晰明确,驾驶员一目了然。

3.灵活性

交通手势信号适用于各种不同类型的平面交叉路口,也适用于路段及事故现场、集会,适用于复杂突发的交通情况,指挥对象不仅指挥机动车驾驶员,也指挥非机动车驾车人和行人;指挥方式可以交通信号灯控制辅之以交通手势信号指挥,也可以手势信号单独指挥。

(二)使用器具的交通指挥信号

使用器具的交通指挥信号是交通警察在岗台上用交通指挥棒指挥交通的一种控制信号,主要适用于机动车控制,仅在个别地区继续使用。

1.直行信号

右手持棒举臂向右平伸,然后向左曲臂放下,准许左右两方直行车辆通行;各方右转弯的车辆在不妨碍被放行的车辆通行的情况下,可以通行。

2.左转弯信号

右手持棒举臂向前平伸,准许左方的左转弯和直行的车辆通行;各方右转弯的车辆在不妨碍被放行的车辆通过的情况下,可以通行。

3.停止信号

右手持棒举臂向上直伸,不准各方向车辆通行,均应停在停止线的后面,已越过停止线的车辆,可继续通行。

(三)手势信号

手势信号是交通警察用规定的手势,是指挥交通的一种交通信号。

(1)停止信号:左臂向前上方直伸,掌心向前,不准前方车辆通行,如图4-1-13所示。

(2)直行信号:左臂向左平伸,掌心向前;右臂向右平伸,掌心向前向左摆动,准许右方直行的车辆通行,如图4-1-14所示。

图 4-1-13　停止信号手势　　　　图 4-1-14　直行信号手势

(3)左转弯信号:右臂向前平伸,掌心向前;左臂与手掌平直向右前方摆动,掌心向右,准许车辆左转弯,在不妨碍被放行车辆通行的情况下可以掉头,如图 4-1-15 所示。

(4)左转弯待转信号:左臂向左下方平伸,掌心向下;右臂与手掌平直向下方摆动,准许左方左转弯的车辆进入路口,沿左转弯行驶方向靠近路口中心,等候左转弯信号,如图 4-1-16所示。

图 4-1-15　左转弯信号手势　　　　图 4-1-16　左转弯待转信号手势

(5)右转弯信号:左臂向前平伸,掌心向前;右臂与手掌平直向左前方摆动,手掌向左,准许右方的车辆右转弯,如图 4-1-17 所示。

(6)变道信号:右臂向前平伸,掌心向左;左臂向左水平摆动,车辆应当腾空指定的车道,减速慢行,如图 4-1-18 所示。

图 4-1-17　右转弯信号手势　　　　图 4-1-18　变道信号手势

(7)减速慢行信号:右臂向右前方平伸,掌心向下;左臂与手掌平直向下方摆动,车辆应当减速慢行,如图 4-1-19 所示。

(8)示意车辆靠边停车信号。左臂向前上方平伸,掌心向前;右臂向前下方平伸,掌心向左;右臂向左水平摆动,车辆应当靠边停车,如图 4-1-20 所示。

图 4-1-19 减速慢行信号

图 4-1-20 示意车辆靠边停车信号

第二节 道路通行规则

一、道路通行原则

道路通行规则是车辆、行人的基本通行准则，是保障有序，安全通行的基础，《中华人民共和国道路交通安全法》及《实施条例》都设专章加以规范，不仅确立了“右侧通行”“车辆、行人各行其道”和“确保安全”等通行原则，对各种道路通行行为作出明确规定，道路通行规则目的就是要提倡道德文明的交通习惯，形成良好的交通秩序，保障道路安全畅通，构建和谐、有序、安全的道路交通环境。

（一）道路通行一般规定

1. 车辆行驶原则规定

1）右侧通行规定

《道路交通安全法》第 35 条规定：“机动车、非机动车实行右侧通行”。

车辆行驶方位是根据各国的习惯和传统所决定，世界上大多数国家都规定车辆靠右行驶，如美国、俄罗斯等许多国家都实行右行制，少数岛国如英国、日本等实行左行制。靠左或靠右行驶的规定，与汽车驾驶座位有密切关系，靠右行驶须将转向盘装置在左边，靠左行驶须将转向盘装置在右边，主要考虑方便驾驶，有利于驾驶员视线开阔，准确掌握交会车的横向间距。

右侧通行是指机动车、非机动车在道路上行驶时，如道路上设划有中心线的，以中心线为界，没有中心线的，以几何中心为界，以面对方向定左右，除有特殊规定的车辆外，一律靠右侧行驶。

2）分道行驶（划分行路权）规定

《道路交通安全法》第 36 条规定：“根据道路条件和通行需要，道路划分为机动车道、非机动车道和人行道的，机动车、非机动车、行人实行分道通行；没有划分机动车道、非机动车道和人行道的，机动车在道路中间通行，非机动车和行人在道路两侧通行”。

机动车道是指公路、城市道路车行道上自右侧第一条车道分道线至中心线之间的车道，除特殊情况外，专供机动车行驶。

非机动车道是指公路、城市道路上车行道上自右侧人行道至第一条车辆分道线之间或者在人行道上划出的车道，除特殊情况外，专供非机动车通行。

人行道是指从标出车行道界限的路缘石起至房基线高出车行道的部分，专供行人通行。

3）专用车道通行规定

《道路交通安全法》第37条规定："道路划设专用车道的，在专用车道内，只准许规定的车辆通行，其他车辆不得进入专用车道内行驶"。

专用车道是指在道路上以专用车道标志、标线表明专供某类型车辆行驶，其他类型车辆和行人不得进入的车道；主要有公交专用车道、自行车专用车道、小型客车专用车道、车站或港口的货车专用车道等，专用车道对于交通分流、均衡道路交通流量、消减道路交通总量、提高现有道路资源利用率发挥了重要作用。

2. 遵守交通信号规定

《道路交通安全法》第38条规定："车辆、行人应当按照交通信号通行；遇有交通警察现场指挥时，应当按照交通警察的指挥通行；在没有交通信号的道路上，应当在确保安全、畅通的原则下通行"。

本规定中所指的交通信号包括交通信号灯、交通标线、交通标志和交通警察的指挥4种。这4种交通信号之间的关系是：车辆、行人应当遵守交通信号灯、交通标志、交通标线的指示和交通警察的指挥；在交通信号灯、交通标志、交通标线的指示与交通警察的指挥不一致时，应当服从交通警察的指挥；在没有交通信号指示的情况下，通行应遵循确保安全、畅通的原则。

3. 交通管制规定

1）一般情况交通管制规定

《道路交通安全法》第39条规定："公安机关交管部门根据道路和交通流量具体情况，可以对机动车、非机动车、行人采取疏导、限制通行、禁止通行等措施。遇有大型群众性活动、大范围施工等情况，需要采取限制交通的措施，或者作出与公众的道路交通活动直接有关的决定，应当提前向社会公告"。

"交通管制"是指根据现实情况需要，防止道路交通状况进一步恶化和造成交通事故损害的扩大，由主管部门采取禁止相关机动车通行的措施。

2）特殊情况交通管制规定

《道路交通安全法》第40条规定："遇有自然灾害、恶劣气象条件或者重大交通事故等严重影响交通安全的情形，采取其他措施难以保证交通安全时，公安机关交管部门可以实行交通管制"。

《实施条例》第36条规定："道路或者交通设施养护部门、管理部门应当在急弯、陡坡、临崖、临水等危险路段，按照国家标准设置警告标志和安全防护设施"。

（二）道路通行条件

道路交通三要素：人、车、路，其中人和车是道路交通中活动的因素，路是道路交通中比较固定的因素和条件；道路通行条件是对作为道路交通基础设施的道路基本通行条件的规定。

1. 人行横道及盲道

城市主要道路人行道，应按照规划设置盲道，盲道设置应符合国家标准；学校、幼儿园、医院、养老院门前的道路没有行人过街设施的，应当施画人行横道线，设置提示标志。

2. 停车泊位规定

在城市道路范围内，在不影响行人、车辆通行的情况下，政府有关部门可以施划停车泊位，停车泊位不足的，应当及时改建或扩建；新建、改建、扩建的公共建筑、商业街区、居住区、大(中)型建筑等，应当配建、增建停车场。

3. 法律对施工的规定

因工程建设需要占用、挖掘道路，或者跨越、穿越道路架设、增设管线设施，应当事先征得道路主管部门的同意；影响交通安全的，还应当征得公安机关交通管理部门的同意。

对未中断交通的施工作业道路，公安机关交通管理部门应当加强交通安全监督检查，维护道路交通秩序。

施工作业单位应当在经批准的路段和时间内施工作业，并在距离施工作业地点来车方向安全距离处设置明显的安全警示标志，采取防护措施；施工作业完毕，应当迅速清除道路上的障碍物，消除安全隐患，经道路主管部门和公安机关交通管理部门验收合格，符合通行要求后，方可恢复通行。

4. 不得非法占道规定

未经许可，任何单位和个人不得占用道路从事非交通活动。

5. 修复补救措施的规定

公安机关交管部门发现危及交通安全，尚未设置警示标志的，应当及时采取安全措施，疏导交通，并通知道路、交通设施的养护部门或者管理部门。

道路出现坍塌、坑槽、水毁、隆起等损毁或者交通信号灯、交通标志、交通标线等交通设施损毁、灭失的，道路、交通设施的养护部门或者管理部门应当设置警示标志并及时修复。

6. 安全防范的规定

公安机关交管部门发现已经投入使用的道路存在交通事故频发路段，或者停车场、道路配套设施存在交通安全严重隐患的，应当及时向当地人民政府报告，并提出防范交通事故、消除隐患的建议，当地人民政府应当及时作出处理决定。

道路、停车场和道路配套设施的规划、设计、建设，应当符合道路交通安全、畅通的要求，并根据交通需求及时调整。

7. 交通设施的保护规定

道路两侧及隔离带上种植的树木或者其他植物，设置的广告牌、管线等，应当与交通设施保持必要的距离，不得遮挡路灯、交通信号灯、交通标志，不得妨碍安全视距，不得影响通行。

任何单位和个人不得擅自设置、移动、占用、损毁交通信号灯、交通标志、交通标线。

8. 铁路警示标志

铁路与道路平面交叉的道口，应当设置警示灯、警示标志或者安全防护设施。无人看守的铁路道口，应当在距道口一定距离处设置警示标志。

9. 交通信号灯规定

交通信号灯由红灯、绿灯、黄灯组成。红灯表示禁止通行，绿灯表示准许通行，黄灯表示警示。

(三)道路使用管理法规

道路是交通的基础,为交通而设、为交通所用,保障交通畅通,就必须合理、科学地利用道路,充分地发挥道路功能。对道路的使用管理规定如下:

1. 禁止占用道路从事非交通活动

《道路交通安全法》第31条规定:"未经许可,任何单位和个人不得占用道路从事非交通活动"。

占用道路从事非交通活动,不但使道路失去其应有的功能,还会影响道路通行效率,甚至可能成为道路交通安全隐患,引发道路交通事故。因此,违法占用道路从事非交通活动必须予以取缔。在某些特殊情况下,如因工程建设需要占用道路,或者因客观原因确实需要临时占用道路的,但必须经过许可。

2. 工程建设占用道路的规定

随着经济的发展和城市建设的加快,因工程建设需要占用、挖掘道路都是难以避免的。《道路交通安全法》第32条规定:"因工程建设需要占用、挖掘道路,或者跨越、穿越道路架设、增设管线设施,应当事先征得道路主管部门的同意,影响交通安全的,还应当征得公安机关交管部门的同意"。

施工作业单位应当在经批准的路段和时间内施工作业,并在距离施工作业地点来车方向安全距离处设置明显的安全警示标志,采取防护措施;施工作业完毕,应当迅速清除道路上的障碍物,消除安全隐患,经道路主管部门和公安机关交通管理部门验收合格,符合通行要求后,方可恢复通行。

《实施条例》第35、第36条规定:"道路养护施工单位在道路上进行养护、维修时,应当按照规定设置规范的安全警示标志和安全防护设施"。道路养护施工作业车辆、机械应当安装示警灯,喷涂明显的标志图案,作业时应当开启示警灯和危险报警闪光灯。对未中断交通的施工作业道路,公安机关交通管理部门应当加强交通安全监督检查。发生交通阻塞时,及时做好分流、疏导,维护交通秩序。

道路施工需要车辆绕行的,施工单位应当在绕行处设置标志;不能绕行的,应当修建临时通道,保证车辆和行人通行。需要封闭道路中断交通的,除紧急情况外,应当提前5日向社会公告。

道路或者交通设施养护部门、管理部门应当在急弯、陡坡、临崖、临水等危险路段,按照国家标准设置警告标志和安全防护设施。

3. 禁止在道路上作业

在农村,经常出现占用道路进行作业的活动如:在道路上打场、晒粮、放牧、堆肥和倾倒废物等。此种行为会严重干扰正常交通活动,扰乱交通管理秩序,因此,禁止在道路上进行作业。

4. 禁止违章设置检查站

除公安机关外,其他部门不准在道路上设置检查站拦截、检查车辆。有关部门确需上路进行检查时,可派人在公安机关的检查站进行工作,没有公安检查站的地区,如需设置检查站时，必须经公安机关批准。

5. 禁止违章开辟新站点路线

开辟或调整公共汽车、电车和长途汽车的行驶路线或车站，须事先征得公安交管部门同意，如妨碍交通时，须予以改变或迁移。这是为了防止因开辟或调整公共汽车、电车和长途汽车的行驶路线或车站而造成交通阻塞，以保障道路交通畅通。

6. 设置障碍物的限制

在道路上种植的行道树、绿篱、花木，设置的广告牌、横跨道路的管线等，不准遮挡路灯、灯光信号、交通标志，不准妨碍交通视距和车辆、行人通行。

二、机动车辆行驶

（一）转向灯、低能见度和危险路段灯光、喇叭使用规定

1. 转向灯的使用规定

《实施条例》第57条规定：机动车应当按照下列规定使用转向灯：

（1）向左转弯、向左变更车道、准备超车、驶离停车地点或者掉头时，应当提前开启左转向灯，如图4-2-1所示。

图4-2-1 开启左转向灯

（2）向右转弯、向右变更车道、超车完毕驶回原车道、靠路边停车时，应当提前开启右转向灯，如图4-2-2所示

图4-2-2 开启右转向灯

2. 低能见度情况下灯光使用规定

《实施条例》第58条规定："机动车在夜间没有路灯、照明不良或者遇有雾、雨、雪、沙尘、冰雹等低能见度情况下行驶时，应当开启前照灯、示廓灯和后位灯，但同方向行驶的后车与前车近距离行驶时，不得使用远光灯。机动车雾天行驶应当开启雾灯和危险报警闪光灯"，如图4-2-3、图4-2-4、图4-2-5所示。

图 4-2-3　雨天行驶灯光使用

图 4-2-4　雾天行驶灯光使用

图 4-2-5　夜间行驶灯光使用

3. 危险路段使用灯光和喇叭规定

《实施条例》第 59 条规定："机动车在夜间通过急弯、坡路、拱桥、人行横道没有交通信号控制的路口时，应当交替使用远近光灯示意。机动车驶近急弯、坡道顶端等影响安全视距的路段以及超车或者遇有紧急情况时，应当减速慢行，并鸣喇叭示意"。

（二）划分车道规定

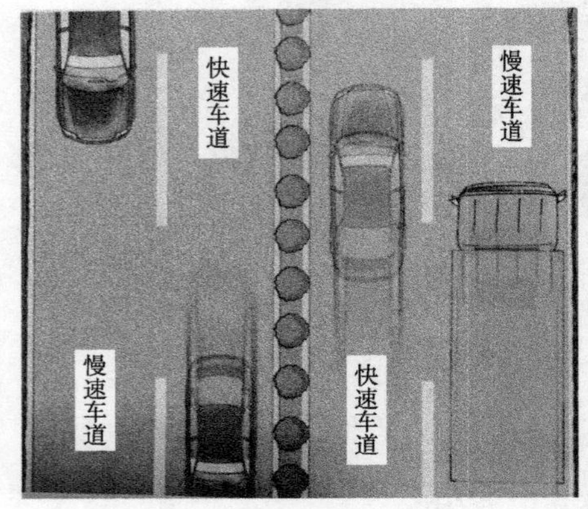

图 4-2-6　快慢速车道

《实施条例》第 44 条规定："在道路同方向划有 2 条以上机动车道的，左侧为快速车道，右侧为慢速车道。在快速车道行驶的机动车应当按照快速车道规定的速度行驶，未达到快速车道规定的行驶速度的，应当在慢速车道行驶。摩托车应当在最右侧车道行驶。有交通标志标明行驶速度的，按照标明的行驶速度行驶。慢速车道内的机动车超越前车时，可以借用快速车道行驶。在道路同方向划有 2 条以上机动车道的，变更车道的机动车不得影响相关车道内机动车的正常行驶"，如图 4-2-6 所示。

（三）通过交叉路口、铁路道口和交通拥堵路段的规定

1.通过交叉路口规定

交叉路口是指平面交叉路口，即两条或两条以上道路在同一平面相交的部位。交叉路口是道路交通的枢纽，车辆在交叉路口如果不按照规定行驶，很容易造成路口交通堵塞，甚至发生交通事故，影响车辆的通行。

机动车在通过交叉路口时应遵循下列三原则：一是严格按照道路交通信号通行，即按照交通信号灯、交通标志、交通标线或者交通警察的指挥通过；二是在没有交通信号的交叉道口，应减速慢行；三是要让行人、优先通行的车辆先行。

《道路交通安全法》第 44 条规定："机动车通过交叉路口，应当按照交通信号灯、交通标志、交通标线或者交通警察的指挥通过；通过没有交通信号灯、交通标志、交通标线或者交通警察指挥的交叉路口时，应当减速慢行，并让行人和优先通行的车辆先行"。

《实施条例》第 51 条规定："机动车通过有交通信号灯控制的交叉路口，应当按照下列规定通行：

（1）在划有导向车道的路口，按所需行进方向驶入导向车道，如图 4-2-7 所示。

图 4-2-7 划有导向车道的路口

（2）准备进入环形路口的让已在路口内的机动车先行。如图 4-2-8 所示。

图 4-2-8 准备进入环形路口

（3）向左转弯时，靠路口中心点左侧转弯。转弯时开启左转向灯，夜间行驶开启近光灯，如图 4-2-9 所示。

图 4-2-9 转弯时开启转向灯

(4)遇放行信号时,依次通过。

(5)遇停止信号时,依次停在停止线以外。没有停止线的,停在路口以外。

(6)向右转弯遇有同车道前车正在等候放行信号时,依次停车等候。

(7)在没有方向指示信号灯的交叉路口,转弯的机动车让直行的车辆、行人先行。相对方向行驶的右转弯机动车让左转弯车辆先行。”

车辆在交叉路口行驶应当减速慢行,这是因为在路口由于建筑物、房屋以及树木的遮挡,致使车辆驾驶人的视角受到限制,形成视线盲区,相互看不清或者难以发现路口另一侧的行驶车辆和行人,很容易发生交通事故。因此,车辆行驶在没有交通信号灯、交通标志、交通标线或者交通警察指挥的交叉路口时,应当减速慢行,并让行人或优先通行的车辆先行。

《实施条例》第52条规定:机动车通过没有交通信号灯控制也没有交通警察指挥的交叉路口,应当遵守下列规定。

(1)有交通标志、标线控制的,让优先通行的一方先行;

(2)没有交通标志、标线控制的,在进入路口前停车瞭望,让右侧道路的来车先行;

(3)转弯的机动车让直行的车辆先行;

(4)相对方向行驶的右转弯的机动车让左转弯的车辆先行;

2. 通过铁路道口规定

《道路交通安全法》第46条规定:“机动车通过铁路道口时,应当按照交通信号或者管理人员的指挥通行;没有交通信号或者管理人员的,应当减速或者停车,在确认安全后通过”,如图4-2-10所示。

铁路道口有交通信号灯

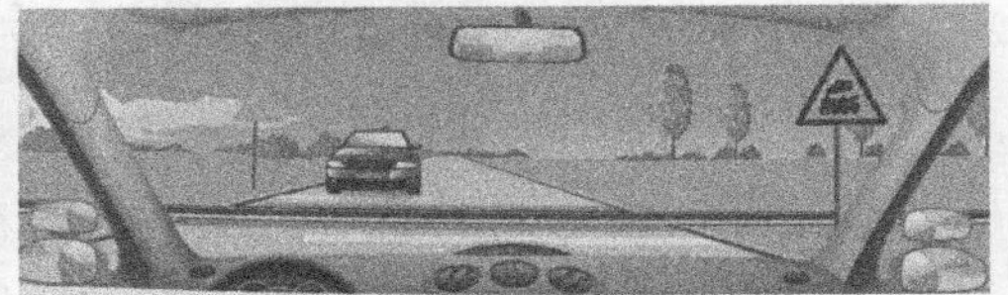
铁路道口无交通信号灯

图4-2-10 铁路道口通过情况

铁路道口是指铁路与道路在同一平面相交形成特殊路口。对有人指挥的铁路道口,必须服从指挥人员指挥并注意交通信号,这些交通信号包括铁路道口信号灯、铁路道口标志、铁路平交道口标线、栏杆或栏门。铁路道口没有交通信号或者没有管理指挥的情况下,机动车应当减速停车,在确认安全后通过,首先要切实做到一慢二看三通过,切忌抢行;其次要平稳通过,为防止在铁路道口上机动车熄火,过铁路前应当换中速挡或者低速挡,保持足够动力,匀速通过。

3. 交通拥堵路段规定

道路通行必须遵循“有序、安全、畅通”的原则。有序原则是针对车而确立的;安全原则是针对人确立的;畅通原则是针对路而确立的。

影响道路交通秩序的主要原因之一是无序行车、借道超车、占用对面车道行车、穿插等候车队中等,这些不文明行车行为的存在严重影响了道路交通安全,是形成交通事故的重要隐患。《道路交通安全法》第45条规定:“机动车遇有前方车辆停车排队等候或者缓慢行驶时,不得借道超车或者占用对面车道,不得穿插等候的车队中。在车道减少的路段、路口,或者在没有交通信号灯、交通标志、交通标线或者交通警察指挥的交叉路口遇到停车排队等候或者缓慢行驶时,机动车应当依次交替通行。”

《实施条例》第53条规定:“机动车遇有前方交叉路口交通阻塞时,应当依次停在路口以外等候,不得进入路口。机动车在遇有前方机动车停车排队等候或者缓慢行驶时,应当依次排队,不得从前方车辆两侧穿插或者超越行驶,不得在人行横道、网状线区域内停车等候。机动车在车道减少的路口、路段,遇有前方机动车停车排队等候或者缓慢行驶的,应当每车道一辆依次交替驶入车道,减少路口、路段的拥堵”。

(四)机动车限速通行

1. 安全行驶速度规定

机动车的行驶速度有3种含义:车辆技术性能说明书上标明的最高速度;车辆技术性能说明书上标明的经济速度;交通法规规定的限定速度。一般从车辆技术经济角度讲,车辆在经济速度上行驶是最佳状态,不仅节油、延长车辆使用寿命,而且减少排放污染,有利于大气环境。但由于道路通行条件的限制,每个国家都必须综合考虑本国的道路条件和车辆技术性能,在交通法规中规定车辆限定速度。

道路交通管理法规明确了机动车行驶时的安全时速,具体规定如下:

《道路交通安全法》第42条规定:“机动车上道路行驶,不得超过限速标志标明的最高时速。在没有限速标志的路段,应当保持安全车速。夜间行驶或者在容易发生危险的路段行驶,以及遇有沙尘、冰雹、雨、雪、雾、冰等气象条件时,应当降低行驶速度”。

《实施条例》第45条规定:机动车在道路上行驶不得超过限速标志、标线标明的速度。在没有限速标志、标线的道路上,机动车不得超过最高行驶速度:

(1)没有道路中心线的道路和城市道路为30km/h,如图4-2-11所示。公路为40km/h,如图4-2-12所示。

图4-2-11 城市道路限速30km/h

图4-2-12 公路限速40km/h

(2)同方向只有1条机动车道的道路,城市道路为50km/h,如图4-2-13所示。公路为70km/h,如图4-2-14所示。

图4-2-13 城市道路限速50km/h

图4-2-14 公路限速70km/h

(3)《实施条例》第46条规定:机动车行驶中遇有下列情形之一的,最高行驶速度不得超过30km/h:

①进出非机动车道,通过铁路道口、急弯路、窄路、窄桥时;

②掉头、转弯、下陡坡时;

③遇雾、雨、雪、沙尘、冰雹,能见度在50m以内时;

④在冰雪、泥泞的道路上行驶时;

⑤牵引发生故障的机动车时。

机动车降低行驶速度,是为了便于驾驶人根据交通情况及时作出判断,正确规避风险,随时灵活调整车速,以确保交通安全。

2. 安全车距和超车规定

从安全角度来看,同车道行驶的机动车,车距越大越安全;但是距离过长,影响道路通车流量,不利于提高运输效率。因此,规定后车与前车应当保持足以采取紧急制动措施的安全距离。安全距离应当综合考虑以下几个因素:行驶速度、天气和路面情况。

超车是指同一车道行驶的车辆,后车从左侧超越前车的行为,超车能否成功主要取决于超车者对道路情况、被超车的行驶动态、行驶速度、路面状况、非机动车与行人及其他车辆的动态来判断是否能超车,确认安全后方可超越。《道路交通安全法》第43条规定:同车道行驶的机动车,后车应当与前车保持足以采取紧急制动措施的安全距离。有下列情形之一的,不得超车:

(1)前车正在左转弯、掉头、超车的;

(2)与对面来车有会车可能的;

(3)前车为执行紧急任务的警车、消防车、救护车、工程救险车的;

(4)行经铁路道口、交叉路口、窄桥、弯道、陡坡、隧道、人行横道、市区交通流量大的路段等没有超车条件的。

《实施条例》第47条规定:"机动车超车时,应当提前开启左转向灯、变换使用远、近光灯或者鸣喇叭。在没有道路中心线或者同方向只有1条机动车道的道路上,前车遇后车发出超车信号时,在条件许可的情况下,应当降低速度、靠右让路。后车应当在确认有充足的安全距离后,从前车的左侧超越,在与被超车辆拉开必要的安全距离后,开启右转向灯,驶回原车道"。

(五)行经漫水路、漫水桥、渡口和人行横道规定

1. 行经漫水路、漫水路桥、渡口规定

《实施条例》第64条规定:"机动车行经漫水路或者漫水桥时,应当停车察明水情,确认安全后,低速通过",如图4-2-15所示。

《实施条例》第65条规定:"机动车行经渡口,应当服从渡口管理人员指挥,按照指定地点依次待渡。机动车上下渡船时,应当低速慢行"。

2. 行经人行横道规定

《道路交通安全法》第47条规定:"机动车行经人行横道时,应当减速行驶;遇行人正在通过人行横道,应当停车让行;机动车行经没有交通信号的道路时,遇行人横过道路,应当避让"。

图 4-2-15 行经漫水桥

在人行横道内行人享有绝对的优先通行权。本条从两个方面作了规定：

一是在有人行横道时，机动车行经人行横道，应当减速，遇行人通过应当停车。毕竟，人行横道对于行人而言，是生命线、保险线和安全线。在人行横道内行人享有绝对的优先通行权。二是在没有交通信号时，遇行人横过道路，机动车应当主动避让。特别是经过没有交通信号的中小学门口时，机动车驾驶人更要高度谨慎，防止意外事故的发生。

（六）会车、掉头、倒车规定

1. 会车规定

《实施条例》第 48 条规定："在没有中心隔离设施或者没有中心线的道路上，机动车遇相对方向来车时应当遵守下列规定：

（1）减速靠右行驶，并与其他车辆、行人保持必要的安全距离。

（2）在有障碍的路段，无障碍的一方先行；但有障碍的一方已驶入障碍路段而无障碍的一方未驶入时，有障碍的一方先行，如图 4-2-16 所示。

图 4-2-16 有障碍的路段

（3）在狭窄的坡路，上坡的一方先行；但下坡的一方已行至中途而上坡的一方未上坡时，下坡的一方先行，如图 4-2-17 所示。

图 4-2-17 狭窄的坡路

（4）在狭窄的山路，不靠山体的一方先行。

(5)夜间会车应当在距相对方向来车150m以外改用近光灯，在窄路、窄桥与非机动车会车时应当使用近光灯”。

2. 掉头规定

《实施条例》第49条规定：“机动车在有禁止掉头或者禁止左转弯标志、标线的地方以及在铁路道口、人行横道、桥梁、急弯、陡坡、隧道或者容易发生危险的路段，不得掉头。机动车在没有禁止掉头或者没有禁止左转弯标志、标线的地点可以掉头，但不得妨碍正常行驶的其他车辆和行人的通行”，如图4-2-18所示。

图4-2-18　掉头规定

3. 倒车规定

《实施条例》第50条规定：“机动车倒车时，应当察明车后情况，确认安全后倒车。不得在铁路道口、交叉路口、单行路、桥梁、急弯、陡坡或者隧道中倒车”。

(七)装载规定

1. 载物规定

(1)《道路交通安全法》第48条规定：“机动车载物应当符合核定的载质量，严禁超载；载物的长、宽、高不得违反装载要求，不得遗洒、飘散载运物。

机动车运载超限的不可解体的物品，影响交通安全的，应当按照公安机关交通管理部门指定的时间、路线、速度行驶，悬挂明显标志。在公路上运载超限的不可解体的物品，并应当依照公路法的规定执行。

机动车载运爆炸物品、易燃易爆化学物品以及剧毒、放射性等危险物品，应当经公安机关批准后，按指定的时间、路线、速度行驶，悬挂警示标志并采取必要的安全措施。”

(2)《实施条例》第54条规定：“机动车载物不得超过机动车行驶证上核定的载质量，装载长度、宽度不得超出车厢”，机动车载物应当符合核定的载质量，严禁超载，这是机动车载物基本原则、核心要求。

(3)《实施条例》第65条第1款规定：“机动车载运超限物品行经铁路道口的，应当按照当地铁路部门指定的铁路道口、时间通过的基本规则”。

2. 载人规定

(1)《道路交通安全法》第49条规定：“机动车载人不得超过核定的人数，客运机动车不得违反规定载货”。核定人数是车辆管理机关根据车辆使用性质、载质量、座位数、允许站立面积及正式批准的技术文件核定的乘坐人数。

(2)《实施条例》第55条规定：“机动车载人应当遵守下列规定：

①公路载客汽车不得超过核定的载客人数，但按照规定免票的儿童除外，在载客人数已

满的情况下,按照规定免票的儿童不得超过核定载客人数的10%。

②载货汽车车厢不得载客。

在城市道路上,货运机动车在留有安全位置的情况下,车厢内可以附载临时作业人员1人至5人,载物高度超过车厢栏板时,货物上不得载人。

③摩托车后座不得乘坐未满12周岁的未成年人,轻便摩托车不得载人"。

3. 禁止货车载客规定

《道路交通安全法》第50条规定:"禁止货运机动车载客。货运机动车需要附载作业人员的,应当设置保护作业人员的安全措施"。

对于货运机动车需要附载作业人员的,有严格条件限制,一是作业需要,二是所载人员必须是工作所需的作业人员,三是为此设置了相应的安全措施,三个条件缺一不可。

(八)使用安全带和禁止行为规定

1. 使用安全带规定

《道路交通安全法》第51条规定:"机动车行驶时,驾驶人、乘坐人员应当按规定使用安全带,摩托车驾驶人及乘坐人员应当按规定戴安全头盔"。

公安部123号令规定,对驾驶机动车在高速公路或者城市快速路上行驶时,驾驶人未按规定系安全带的,一次记2分。

2. 禁止行为规定

《实施条例》第62条规定驾驶机动车不得有下列行为:

(1)在车门、车厢没有关好时行车;

(2)在机动车驾驶室的前后窗范围内悬挂、放置妨碍驾驶人视线的物品;

(3)拨打接听手持电话、观看电视等妨碍安全驾驶的行为;

(4)下陡坡时熄火或者空挡滑行;

(5)向道路上抛撒物品;

(6)驾驶摩托车手离车把或者在车把上悬挂物品;

(7)连续驾驶机动车超过4小时未停车休息或者停车休息时间少于20分钟;

(8)在禁止鸣喇叭的区域或者路段鸣喇叭。

(九)高速公路驾驶安全规定

高速公路带给人们出行便捷的同时,也有不可违背的规律,驾驶人不遵守客观规律,交通事故必将迅疾而至,其后果往往被放大数十倍,直至生命不能承受,90%以上交通事故都因驾驶人主观违法而起,其中超速行驶、疲劳驾驶、违法停车是名列前三位的致命杀手,高速公路管理规定是用来督促驾驶人养成良好的驾驶习惯,避免交通事故的发生。

1. 禁止进入规定

《道路交通安全法》第67条的规定:"非机动车、拖拉机、农用运输车、电瓶车、轮式专用机械车,全挂牵引车,以及设计最高时速低于70km/h的机动车不准进入高速公路。另在实习期的驾驶员不准驾驶车辆进入高速公路,行人不准进入高速公路"。

2. 禁止拦截规定

《道路交通安全法》第69条规定:"任何单位、个人不得在高速公路上拦截检查行驶的车辆”。第一,高速公路是专供车辆高速行驶的道路,任何车辆的无故停滞,都会影响高速公路的顺畅,并影响其他车辆的正常高速行驶,还会造成意想不到的严重后果。如果在高速公路上随意拦截正在高速行驶的过往车辆,同样也会给高速公路的畅通造成影响甚至带来严重的后果。因此,必须绝对禁止任何单位、个人在高速公路上拦截行驶的车辆。第二,高速公路是国家投资建设的公共道路设施,是由国家和当地政府进行统一管理的,需要进行收费或检查的,都在适当的地点设置了收费站和检查站。任何单位、个人不得在其他任何地段设置关卡,用以拦截正在行驶的车辆进行检查。

除执行追捕、堵截违法犯罪分子和嫌疑人、处置突发事件、救灾等紧急任务的人民警察外,禁止其他人员在高速公路超车道、行车道上对行驶中的车辆进行拦截和检查。交通警察在高速公路出入口、收费站、服务区或紧急停车带内,对违章驾驶人员进行处罚或对嫌疑车辆进行检查的执法行为,不属于本条规定的行为。

3. 驶入驶出规定

《实施条例》第74条规定,“机动车进入高速公路起点后,应当尽快将车速提高到50公里/小时以上,从匝道入口进入高速公路的车辆,须在加速车道上提高车速,并开启左转向灯”。驶入行车道时,不准妨碍其他车辆的正常行驶,如图4-2-19所示。

图4-2-19　匝道入口进入高速公路

车辆驶离高速公路时,应当按出口预告标志进入与出口相接的车道减速行驶;从匝道驶离高速公路时,须提前开启右转向灯,驶入减速车道经匝道驶离,禁止在匝道直接转弯出入行车道;若错过出口,必须继续向前行驶,直到下个出口才能驶离,如图4-2-20所示。

图4-2-20　车辆驶离高速公路

4. 能见度低行驶规定

《实施条例》第81条规定:机动车在高速公路上行驶,遇有雾、雨、雪、沙尘、冰雹等低能见度气象条件时,应当遵守表4-2-1规定。

高速公路低能见度条件行车规定　　表 4-2-1

能见度	车速	安全距离	雾灯	近光灯	示廓灯	前后位灯	危险报警闪光灯
小于 200 米	60km/h 以下	100 米以上	开	开	开	开	
小于 100 米	40km/h 以下	50 米以上	开	开	开	开	开
小于 50 米	20km/h 以下	50 米以上	开	开	开	开	开
能见度小于 50 米、浓雾、特大雾从最近出口尽快驶离高速公路							

5. 安全行驶规定

(1)在道路上行驶,车速不要超过限速标志、标线标明的速度,要时刻保持安全车速,拒绝超速。《实施条例》第 78 条规定了高速公路最高车速,见表 4-2-2。

高速公路最高车速(km/h)　　表 4-2-2

小型载客汽车	其他机动车		摩托车
120	100		80
最高车速不得超过 120km/h,最低车速不得低于 60km/h			
高速公路最低车速(km/h)			
	(最)左侧车道	中间(两条)车道	右侧车道
同方向有 2 条车道	100		60
同方向有 3 条车道	110	90	60
同方向有 4 条以上车道	110	90	60
道路限速标志标明的车速与上述车道行驶车速的规定不一致的,按照道路限速标志标明的车速行驶			

(2)行车过程中驾驶人要时刻保持车辆纵向与横向的安全距离,谨慎驾驶,避免交通伤害。《实施条例》第 80 条规定了高速公路行车过程中应该保持的纵向和横向安全距离,见表 4-2-3。

高速公路行车过程中应该保持的纵向和横向安全距离　　表 4-2-3

车速(km/h)	应当与同车道前车保持的距离(m)
超过 100	100 以上
低于 100	不得少于 50
车距确认:规定车速 100(km/h)时	
车间距确认路段起点	0 米
危险车间距	50 米
安全距离	100 米以上
正常超车时的车速(km/h)	两车横向间的左右距离(m)
100	1.5m 以上
70	1.2m 以上
如遇大风、雨、雪、雾天或路面结冰时,在减速行驶的同时应适当加大横向安全间距	

6. 通过应急车道规定

《实施条例》第 82 条第四项规定:"机动车在高速公路上行驶,非紧急情况时不得在应急车道行驶或者停车",如图 4-2-21 所示。

图 4-2-21　应急车道

如确实车辆遇到故障等无法解决的问题，驾驶人应将车停在紧急停靠带内，开启危险报警闪光灯，在车后方 150 米处摆放警告标志，夜间、雨、雾等天气还应当同时开启车辆的示廓灯、尾灯和后雾灯；其他人员一定要撤到安全区域内，必要时及时拨打高速公路报警电话，请求援助。

7. 夜间行驶规定

在高速公路夜间行车光照度变差，道路视界窄小，能见度低，空间观念被破坏，进入夜间驾驶，驾驶员容易疲劳，尤其是午夜后最易瞌睡，有的接近于半清醒状态，开灯驾驶，灯光的跳动和移动，后车灯光的照射，都会影响驾驶员观察和判断路面情况的能力，有关调查数据表明，驾驶员在夜间高速行车，有两类事故容易发生：一是大型车尾灯较小，驾驶员目测距离不准，以前方慢速行进的汽车尾灯为目标，高速追赶跟进容易追尾相撞；二是对停靠路肩的车辆尾灯，误判为行驶的车辆尾灯，也易发生追尾相撞事故，所以，高速公路上夜间行车应注意：

(1)入夜前，应检查车辆技术状况，尤其是灯光、电器电路部分，要确保完好无故障；

(2)夜间行驶通常要比白天降低车速 10km/h 左右，以弥补夜间视力、视野、能见度差的缺陷；

(3)培养驾驶员自己善于视认前方物体的动态能力，夜间车辆少，尽早判明前方汽车尾灯是否在动；

(4)夜间行车中，应当避免在路肩停靠车辆；

(5)善于用灯光、车速判断道路上、下坡，若灯光照射距离近、发动机负荷增大车速减慢时，则为上坡；相反现象出现时，则为下坡；

(6)在高速公路上夜间高速行驶，须留意道路上的散落物，以便安全避开；对自车的装载物也应绑捆牢靠，以防行驶中散落，造成交通影响；

(7)夜间长时间行车，应对车内或驾驶室适当通自然风，以克制睡意和疲劳，恢复体力或精力；

(8)行车中，注意本车内是否存有异味如：汽油味、胶皮味、蒸气味等，大部分是因车辆故障而产生，应及时采取措施处理，防止事态扩大危及安全。

三、机动车辆停放

《道路交通安全法》第 56 条规定："机动车应当在规定地点停放，禁止在人行道上停放机动车，依照本法第 33 条规定施画的停车泊位除外，道路上临时停车的，不得妨碍其他车辆和行人通行"。

（一）机动车辆停放

机动车停放是指驾驶人离开车辆，一般不受停车时间限制，不妨碍交通、相对长时间的停留；机动车停放时，须关闭电路、拉紧驻车制动器操纵杆，锁好车门。"停车规定地点"主要是停车场、停车泊位等主管机关施画的停车地,禁止在人行道上停车,防止占用人行道停放机动车。

(二)机动车辆临时停车

临时停车指车辆在非禁停路段,在驾驶人不离开车辆情况下,靠道路右边按顺序方向短暂停留,《实施条例》第63条规定:机动车在道路上临时停车,应遵守以下规定:

(1)在设有禁停标志、标线的路段,机动车道与非机动车道、人行道之间设有隔离设施的路段,以及人行横道、施工地段,不得停车;

(2)交叉路口、铁路道口、急弯路、宽度不足4m的窄路、桥梁、陡坡、隧道,以及距离上述地点50m以内的路段,不得停车;

(3)公共汽车站、急救站、加油站、消防栓或者消防队(站)门前,以及距离上述地点30m内的路段,除使用上述设施的车辆以外,不得停车;

(4)车辆停稳前不得开车门和上下人员,开关车门不得妨碍其他车辆和行人通行;

(5)路边停车应当紧靠道路右侧,机动车驾驶人不得离车,上下人员或者装卸物品后,立即驶离;

(6)城市公共汽车不得在站点以外的路段停车上下乘客。

第三节　道路交通事故处置

一、道路交通事故认定

(一)概念

交通事故认定是公安机关交管部门根据交通事故现场勘验、检查、调查情况和有关检验、鉴定结论,对交通事故的基本事实、成因和当事人的责任作出具体认定。道路交通事故由公安机关现场处理纠纷,有利于及时解决纠纷、方便群众和降低诉讼成本。公安机关交管部门的责任认定是对交通事故因果关系的分析,对造成交通事故原因的确认,并作为认定当事人承担责任或者确定受害人一方有过失的重要证据材料。

(二)责任分类

交通事故责任分五级:全部责任、主要责任、同等责任、次要责任和无责任。交通事故责任的划分是彼此对应的,即全部责任对应无责任、主要责任对应次要责任、同等责任对应同等责任。

1.全部责任和无责任

一方当事人有下列情形之一造成交通事故的,该当事人应当负事故全部责任,事故其他方当事人无责任:

(1)一方当事人故意造成道路交通事故的,负全部责任,他方无责任;

(2)因一方当事人过错导致道路交通事故的,其他方当事人无违章行为的,由过错一方当事人承担事故全部责任；

(3)当事人逃逸，造成现场变动、证据灭失，公安交管部门无法查证道路交通事故事实的，由逃逸当事人承担全部责任；

(4)当事人故意破坏、伪造现场及毁灭证据的，由其承担事故全部责任；

(5)驾驶机动车发生与本车有关联的交通事故时，当事人不立即停车，不保护现场，致使交通事故责任无法认定的，应当负事故的全部责任；

(6)当事人一方有条件报案而未报案或未及时报案，使交通事故责任无法认定的，应当负全部责任；

(7)各方均无导致道路交通事故的过错，属于交通意外事故的，各方均无责任。

2. 主要责任和次要责任

当事人一方具有以下行为负主要责任，另一方负次要责任：

(1)机动车、非机动车、行人发生交通事故，交通事故各方当事人有违章行为，在交通事故中作用大的一方负主要责任，另一方负次要责任；

(2)机动车与非机动车、行人发生交通事故，当事人各方有条件报案而未报案或者未及时报案，致使事故基本事实无法查清的，机动车方应当负主要责任，非机动车、行人一方负次要责任；

(3)机动车与非机动车、行人发生交通事故后未立即停车，未保护现场，致使事故基本事实无法查清的，机动车一方负事故主要责任。

3. 同等责任

因两方(或两方以上)当事人的违章行为共同导致交通事故的，其行为在事故中作用相当的，负同等责任。当事人双方有以下行为负同等责任：

(1)机动车、非机动车、行人发生交通事故，交通事故各方当事人均有违章行为，且违章行为在交通事故中的作用基本相当的；

(2)发生交通事故后各方当事人均未立即停车，未保护现场，致使交通事故责任无法认定的；

(3)当事人各方均有条件报案而未报案或者未及时报案，使交通事故责任无法认定的。

4. 不确定责任

对交通事故无法查证事故事实责任认定的，公安机关交管部门制作道路交通事故认定书，载明道路交通事故发生的时间、地点、当事人情况及调查得到的事实，但对事故责任不作认定。

(三)道路交通事故责任认定原则

《实施条例》规定，交通事故认定应掌握行为责任原则、因果关系原则、路权原则、安全原则和结果责任原则。

1. 行为责任原则

当事人对某一起交通事故负有责任，则必定因其由行为引起，没有实施行为的当事人不负事故责任。

(1)交通事故认定：是确定当事人行为在事故中所起作用程度的技术认定，在认定交通事故责任时,应实事求是地表述当事人行为在事故中所起作用的程度,不须考虑法律责任问题。《实施条例》规定"公安机关交管部门应当根据交通事故当事人的行为对发生交通事故所起的作用以及过错的严重程度,确定当事人的责任"。

(2)交通事故责任认定:是过错认定,当事人的行为对发生交通事故所起的作用,过错的严重程度(过错的严重程度是以"当事人的行为"为前提的),在认定交通事故责任时,先看当事人的行为对发生交通事故所起的作用,然后,确定该行为过错严重程度。

2. 因果关系原则

《交通事故处理程序规定》第45条第一款规定,认定交通事故责任时,必须认定哪些行为在事故中起作用,与事故有直接因果关系。

1)因果关系原则

当事人存在有违法行为,是否一定在事故中起作用,违法的严重程度与在事故中的作用并不成"正比",有些行为不违法,但在事故中起作用,也有违法行为很严重,但在事故中并未起作用,行为与该事故的发生没有因果关系,也没有加重事故后果。要确定交通事故当事人的责任,其行为必须与事故有因果关系,交通事故认定在确定行为与事故因果关系时,只需确定行为人行为是否事实上属于事故原因。

事实上原因的检验方法,可借鉴侵权行为法中的因果关系理论,采取必要条件规则,其检验方法有:

(1)"如果没有"检验法,即:如果没有行为人的行为,交通事故及损害结果仍会发生,行为人的行为就不是事故的原因;反之,如果没有行为或事件的出现,就不会有损害事实的发生。行为或事件是交通事故发生的必要条件,凡属于损害事实发生的必要条件的行为或事件均系事实因果关系中的原因。

(2)剔除法,即:将行为人行为从交通事故事实中剔除,事故仍会按原来的因果序列和方式发生,则行为人的行为与事故的发生和损害结果之间没有因果关系;反之,则构成事实上原因。

(3)代换法,即:把行为人的行为换成一个无过错的行为,或把他的不作为换成一个适当的作为以后,交通事故及损害结果仍然会发生,则行为人原来的行为就不是事故发生的原因;反之则构成事实上的原因。

(4)因果关系的推定规则。该规则要求责任人举证证明应当由其承担责任的行为或事件不是造成损害结果发生的原因,如果不能举证的,则认定有事实上的因果关系。

《道路交通安全法》第76条认为:"机动车与非机动车驾驶人、行人之间发生交通事故的,由机动车一方承担责任;但是,有证据证明非机动车驾驶人、行人违反道路交通安全法律法规,机动车驾驶人已经采取必要处置措施的,减轻机动车一方的责任。交通事故的损失是由非机动车驾驶人、行人故意造成的,机动车一方不承担责任"。除了能够证明损害是由于受害人自己故意造成的,否则就认为行为与结果具有因果关系,侵权人或相关事件及行为的责任人即应当承担民事责任。

2)直接原因原则

行为人的行为是实实在在足以引起交通事故及损害后果发生的因素,它就构成事实上原因,即直接原因。交通事故认定只是证据之一,应载明事故发生的直接原因,在认定交通事故责任时,应从技术的角度出发,认定直接行为人的责任,不考虑应承担相关法律责任人的事故责任。

3. 路权原则

《道路交通安全法》第 38 条规定:"车辆、行人应当按照交通信号通行;遇有交通警察现场指挥时,应当按照交通警察的指挥通行;在没有交通信号的道路上,应当在确保安全、畅通的原则下通行"。路权原则即各行其道原则,是交通参与者参与交通的基本原则,是交通安全的重要保证。现代化交通设施给所有的交通参与者规定了各自的通行路线,行人、不同类型的非机动车和机动车都有各自规定的通行路线,在交通事故认定中如何体现各行其道的原则,应考虑以下几个方面:

1)借道避让原则

为合理利用交通资源,在法律法规允许的情况下,交通参与者可以借用非其专用的道路通行,法律法规明令禁止的除外如:高速公路禁止非机动车和行人通行。

交通参与者实施借道通行时,有可能与被借道路本车道的参与者产生冲突点,为保证安全,必须明确谁有义务主动防止冲突的发生。各行其道要求交通参与者必须按照法律法规的规定各行其道,借道避让原则在调整交通行为和交通事故认定中仍应起到规范性作用。

2)行人在没有交通信号控制的路段横过道路与机动车发生事故的特殊原则

既然确定了借道避让原则,借道通行者应承担更多的安全义务,此原则存在特殊性;《道路交通安全法》第 47 条、第 62 条规定,行人在没有交通信号的路段横过机动车道时,属借道通行,机动车有避让行人义务,行人也有确保安全的义务,是行人在没有交通信号控制的路段横过道路的特殊通行规定,是以人为本、保护弱者的具体体现。

机动车和横过道路的行人应承担同等的安全义务,有两方面原因:一是新法明确规定机动车应避让横过道路的行人,不能将行人横过道路情形等同于其他借道通行行为,不认为行人应承担比机动车更大的安全义务;二是行人和机动车承担同等安全义务,行人应受到保护更应维护交通安全。在认定机动车与行人横过道路发生的交通事故责任时,还应考虑以下几点:

(1)行人横过道路与机动车发生事故的特殊原则的使用仅限于《道路交通安全法》第 47 条第 2 款情形,即行人在没有交通信号的路面上横过道路与机动车发生事故的情形,并非适用于所有行人与机动车发生的事故;第 76 条所规定的"机动车与行人或非机动车发生交通事故后所承担的责任,仅限于民事责任,并非交通事故责任"。

(2)《道路交通安全法》着重保护行人和非机动车交通环境中的弱者,也强调交通参与者遵守交通法律法规。

4. 安全原则

1)合理避让原则

交通事故形态千变万化,事故原因多种多样,交通参与者在享受通行权利的同时,如遇他人侵犯己方的合法通行权,必须做到合理避让,主动承担维护安全的义务。发生交通事故,应分析双方的行为在事故中所起的作用,事故责任的划分,先确定一方已违反了通行规定,后分析另一方如何处置,再以事故发生时双方是否尽到了安全义务来衡量双方行为的作用并划分责任。

(1)一方存在过错,其行为影响了另一方的交通安全。如一方没有过错或即使有过错其行为没有影响另一方的交通安全,则不适用此原则。

(2)被妨碍安全一方应该发现危险的存在却未发现。未尽到符合其交通参与者身份的一般注意义务为标准,在尽到了一般注意义务,能够发现危险存在的,视为应当发现,反之视为不应当发现。

(3)被妨碍一方尽到了符合其身份的义务能够采取有效的避让措施,但没有采取或没有采取正确的措施。被妨碍方尽到了符合其身份的一般义务要求,能够采取正确措施而没有采取的,则适用本原则,反之不适用。

(4)被妨碍方虽有条件采取措施避让妨碍方,但其所采取的措施不妨碍第三方的交通安全,如果会对正常参与交通的第三方产生危险的,不适用本原则。以各行其道原则划分事故责任相对比较简单,此类事故的路面痕迹及车辆停放位置通常能够相对客观反映当事人的行为;而根据合理避让原则,直接证据取证比较困难,大多数交通事故都是民事侵权案件,与其他民事侵权案件存在不同,交通事故多在动态运行中发生,交通事故中各方当事人的相互作用性较其他民事侵权案件强,为使每一个交通参与者都建立维护交通安全的意识,用合理避让原则划分交通事故责任有其合理性。

2)合理操作原则

合理操作原则是交通参与者在参与交通运行时,为保证交通安全,应主动杜绝一些法律法规未禁止,但有可能存在危险隐患的行为。如实施了上述行为且造成了交通事故,应负事故责任。

《道路交通安全法》第 22 条第 1 款规定:“机动车驾驶人应当遵守道路交通法律法规规定,按操作规范安全文明驾驶”。每个交通参与者在参与交通运行时,都有自己的操作习惯,一些习惯存在危害交通安全的隐患,法律不可能列举在参与交通时可能出现的所有行为,再完善的法律也难以对全部交通行为做出无遗漏的规定,适用合理操作原则认定交通事故责任,应着重考虑“虽未违法,但存有交通过错”行为。

5. 结果责任原则

行为人的行为虽未造成交通事故发生,但加重了事故后果,应负事故责任,即结果责任原则;确定该原则主要原因有两个方面:

1)技术认定的客观性

从技术的角度出发,造成交通事故的原因可分为发生原因和结果原因两种,这两种原因共同导致了交通事故的结果,但在交通事故中作用和地位有一定的区别,发生原因是主动打破交通平衡环境的因素,有一定的主动性;结果原因是在外在因素的作用下,才能造成结果的因素,有一定的受动性。例如:货车超载运输硫酸,车辆在转弯时,驾驶员因车辆超载而不能有效控制,致使车辆占用对向车道,与对向车辆碰撞,此时超载表现为发生原因;由于车辆超载,捆绑不牢固,硫酸罐落下地面后摔裂,硫酸泄露腐蚀车辆和路面,超载在此表现为结果原因。一般认为,发生原因的作用大于结果原因,但发生原因和结果原因在一起事故中的作用方式不尽相同,在事故中的作用大小也不能一概而论,必须从实际出发,在充分调查取证的情况下综合考虑。

交通事故认定是全面、客观反映交通事故成因的技术认定,应该客观、科学、公正地表述事故成因。作为证据，当事人的过错客观地造成了事故后果或是造成后果的原因之一，有过错的当事人就应该负事故责任。

2）增强交通参与者维护交通安全的意识

为保障交通安全，任何人在参与交通时都要自觉遵守交通法律法规，对违反交通法律法规违法行为，加大事故后果原因的违法者，认定事故责任是非常必要的。公安机关交管部门经调查后，根据当事人道路交通安全违法行为对导致交通事故的作用及其行为的严重程度，确定当事人的过错时，应注意以下两点：

（1）应强调驾驶人员职业上的注意义务，避免对行人、非驾驶方的苛刻要求，留给其精神和身体以适度的自由空间。判断驾驶人员责任时，不应仅看其是否违章（不违章不意味着已尽注意义务），还应看是否遵守一般安全义务；

（2）如果双方均未报案，一般应认定驾驶方有条件报案而未报案，使其承担赔偿责任。

（四）事故认定书审查

由于事故认定过程是一项专业性较强的工作，它涉及运动力学、刑事侦查学等多方面的知识，对认定书的审查应坚持以下原则：

1. 全面审查原则

（1）审查事故认定的程序是否合法，作出责任认定的主体资格是否适合、是否向当事人送达等；

（2）审查事故认定的事实与其他证据间是否存在矛盾，责任的认定应当建立在公安机关依法调查收集的证据基础之上，事故认定的事实应当与证据证明的事实是同一的，如果存在矛盾则必须对事故的责任作出重新判定；

（3）审查事故认定的责任是否得当。

2. 质证原则

证明案件事实的证据必须经过庭审质证，事故认定书作为一种证据经庭审质证无误，才能评判责任认定的合法性、合理性。

3. 不对等原则

控辩双方在对事故认定书的证明责任上是不对等的，事故认定书一旦被检察机关作为证明被告人有罪的依据，控方在法庭必须提供支持责任认定成立的证据，其取得的证据也是证明案件的主要证据，比辩方承担更大的举证责任。

（五）道路交通事故认定

1. 道路交通事故认定

道路交通事故认定应当做到程序合法、事实清楚、证据确实充分、适用法律正确、责任划分公正。公安交管部门应根据当事人行为对发生道路交通事故所起的作用以及过错的严重程度，确定当事人的责任。

（1）因一方当事人的过错导致道路交通事故的，承担全部责任。

（2）因两方或者两方以上当事人的过错发生道路交通事故的，根据其行为对事故发生的作用以及过错的严重程度，分别承担主要责任、同等责任和次要责任。

(3)各方均无导致道路交通事故的过错,属于交通意外事故的,各方均无责任。

(4)一方当事人故意造成道路交通事故的,他方无责任。

2. 道路交通事故认定书

省级公安机关依据有关法律法规制定具体的道路交通事故责任认定办法,确定细则或者标准。公安机关交管部门自现场调查之日起10日内制作道路交通事故认定书;交通肇事逃逸案件在查获交通肇事车辆和驾驶人后10日内制作道路交通事故认定书;对需要进行检验、鉴定的,应当在检验、鉴定结论确定之日起5日内制作道路交通事故认定书。

发生死亡事故,公安机关交管部门应在制作道路交通事故认定书前,召集各方当事人到场,公开调查取得证据。证人要求保密或者涉及国家秘密、商业秘密以及个人隐私的证据不得公开。当事人不到场的,公安机关交管部门应予以记录,道路交通事故认定书应当载明以下内容:

(1)道路交通事故当事人、车辆、道路和交通环境等基本情况;

(2)道路交通事故发生经过;

(3)道路交通事故证据及事故形成原因的分析;

(4)当事人导致道路交通事故的过错及责任或者意外原因;

(5)作出道路交通事故认定的公安机关交管部门名称和日期。

道路交通事故认定书应当由办案民警签名或者盖章,加盖公安机关交管部门道路交通事故处理专用章,分别送达当事人,并告知当事人向公安机关交管部门申请复核、调解和直接向人民法院提起民事诉讼的权利、期限。

逃逸交通事故尚未侦破,受害一方当事人要求出具道路交通事故认定书的,公安机关交管部门应在接到当事人书面申请后10日内制作道路交通事故认定书,并送达受害一方当事人。道路交通事故认定书应当载明事故发生的时间、地点、受害人情况及调查得到的事实,有证据证明受害人有过错的,确定受害人的责任;无证据证明受害人有过错的,确定受害人无责任。

道路交通事故成因无法查清的,公安机关交管部门应出具道路交通事故证明,载明道路交通事故发生的时间、地点、当事人情况及调查得到的事实,分别送达当事人。

3. 复核

1)申请和受理

当事人对道路交通事故认定有异议的,自道路交通事故认定书送达之日起3日内,向上一级公安交管部门提出书面复核申请,复核申请应当载明复核请求及其理由和主要证据。上一级公安机关交管部门收到当事人书面复核申请后5日内,应当作出是否受理决定。有下列情形之一的,复核申请不予受理,并书面通知当事人。

(1)任何一方当事人向人民法院提起诉讼并经法院受理的;

(2)人民检察院对交通肇事犯罪嫌疑人批准逮捕的;

(3)适用简易程序处理的道路交通事故;

(4)车辆在道路以外通行时发生的事故。

公安机关交管部门受理复核申请的,应当书面通知各方当事人。

2）复核

上一级公安机关交管部门自受理复核申请之日起30日内，对下列内容进行审查，并作出复核结论：

（1）道路交通事故事实是否清楚，证据是否确实充分，适用法律是否正确；

（2）道路交通事故责任划分是否公正；

（3）道路交通事故调查及认定程序是否合法。

复核原则上采取书面审查的办法，当事人提出要求或公安机关交管部门认为有必要时，可以召集各方当事人到场，听取各方当事人的意见，复核审查期间，任何一方当事人就该事故向人民法院提起诉讼并经法院受理的，公安机关交管部门应终止复核。

上一级公安机关交管部门经审查认为原道路交通事故认定事实不清、证据不确实充分、责任划分不公正或者调查及认定违反法定程序的，应当作出复核结论，责令原办案单位重新调查、认定；经审查认为原道路交通事故认定事实清楚、证据确实充分、适用法律正确、责任划分公正、调查程序合法的，应作出维持原道路交通事故认定的复核结论；作出复核结论后，应当召集事故各方当事人，当场宣布复核结论。当事人没有到场的，应当采取其他法定形式将复核结论送达当事人。

上一级公安机关交管部门复核以一次为限。

3）重新认定

上一级公安机关交管部门作出责令重新认定的复核结论后，原办案单位应当在10日内依照本规定重新调查，重新制作道路交通事故认定书，撤销原道路交通事故认定书；重新调查需要检验、鉴定的，原办案单位应在检验、鉴定结论确定之日起5日内，重新制作道路交通事故认定书，撤销原道路交通事故认定书；重新制作道路交通事故认定书的，原办案单位应当送达各方当事人，并书面报上一级公安机关交管部门备案。

4. 处罚执行

公安机关交管部门应在作出道路交通事故认定之日起5日内，对当事人的道路交通安全违法行为依法作出处罚，对发生道路交通事故构成犯罪，依法应当吊销驾驶人机动车驾驶证的，应当在人民法院作出有罪判决后，由设区市公安机关交管部门依法吊销机动车驾驶证；同时具有逃逸情形的，公安机关交管部门应依法作出终生不得重新取得机动车驾驶证的决定。

专业运输单位6个月内两次发生一次死亡三人以上道路交通事故，且单位或者车辆驾驶人对事故承担全部责任或者主要责任的，专业运输单位所在地的公安机关交管部门应当报经设区市公安机关交管部门批准后，作出责令限期消除安全隐患的决定，禁止未消除安全隐患的机动车上道路行驶，并通报道路交通事故发生地及运输单位属地的人民政府有关行政管理部门。

5. 损害赔偿调解

1）调解申请

当事人对道路交通事故损害赔偿有争议，各方当事人一致请求公安机关交管部门调解的，应当在收到道路交通事故认定书或上一级公安机关交管部门维持原道路交通事故认定的复核结论之日起10日内，向公安机关交管部门提出书面申请。

公安机关交管部门应按合法、公正、自愿、及时的原则,采取公开方式进行道路交通事故损害赔偿调解,调解时允许旁听,当事人要求不予公开的除外;并与当事人约定调解的时间、地点,调解时间3日前通知当事人(口头通知的,应当记入调解记录),调解参加人因故不能按期参加调解的,应在预定调解时间一日前通知承办的交通警察,请求变更调解时间。

2)损害赔偿调解人员

(1)道路交通事故当事人及其代理人;

(2)道路交通事故车辆所有人或者管理人;

(3)公安机关交管部门认为有必要参加的其他人员。

委托代理人应当出具由委托人签名或者盖章的授权委托书,授权委托书应当载明委托事项和权限;参加调解时当事人一方不得超过三人。

3)开始调解日期

公安机关交管部门按照下列规定日期开始调解,并于10日内制作道路交通事故损害赔偿调解书或者道路交通事故损害赔偿调解终结书:

(1)造成人员死亡的,从规定的办理丧葬事宜时间结束之日起;

(2)造成人员受伤的,从治疗终结之日起;

(3)因伤致残的,从定残之日起;

(4)造成财产损失的,从确定损失之日起。

4)损害赔偿调解程序

交通警察调解道路交通事故损害赔偿,按照下列程序实施:

(1)告知道路交通事故各方当事人的权利、义务;

(2)听取当事人各方的请求;

(3)根据道路交通事故认定书认定的事实以及《中华人民共和国道路交通安全法》第76条的规定,确定当事人承担的损害赔偿责任;

(4)计算损害赔偿的数额,确定各方当事人各自承担的比例,人身损害赔偿的标准按照《最高人民法院关于审理人身损害赔偿案件适用法律若干问题的解释》规定执行,财产损失的修复费用、折价赔偿费用按照实际价值或者评估机构的评估结论计算;

(5)确定赔偿履行方式及期限。

5)损害赔偿调解书

经调解达成协议的,公安机关交管部门应当场制作道路交通事故损害赔偿调解书,由各方当事人签字,分别送达各方当事人,调解书应当载明以下内容:

(1)调解依据;

(2)道路交通事故认定书认定的基本事实和损失情况;

(3)损害赔偿的项目和数额;

(4)各方的损害赔偿责任及比例;

(5)赔偿履行方式和期限;

(6)调解日期。

经调解各方当事人未达成协议的,公安机关交管部门应当终止调解,制作道路交通事故损害赔偿调解终结书送达各方当事人。

6)终止调解

有下列情形之一的,公安机关交管部门应终止调解,并记录在案:

(1)在调解期间有一方当事人向人民法院提起民事诉讼的;

(2)一方当事人无正当理由不参加调解的;

(3)一方当事人调解过程中退出调解的。

6. 查阅、复制、摘录证据材料

除涉及国家秘密、商业秘密或个人隐私,以及应当事人、证人要求保密的内容外,当事人及其代理人收到道路交通事故认定书后,可查阅、复制、摘录公安机关交管部门处理道路交通事故的证据材料,公安机关交管部门对当事人复制的证据材料应当加盖公安机关交管部门事故处理专用章。

二、道路交通事故处理程序

《道路交通事故处理程序规定》(公安部令第104号)自2009年1月1日起施行。

(一)道路交通事故处理原则与管辖

公安机关交管部门处理道路交通事故,应当遵循公正、公开、便民、效率的原则,交通警察处理道路交通事故,应取得相应等级的处理道路交通事故资格;道路交通事故由发生地的县级公安机关交管部门管辖,未设立县级公安机关交管部门的,由设区市公安机关交管部门管辖;发生在两个以上管辖区域的,由事故起始点所在地公安机关交管部门管辖。对管辖权有争议的,由共同上一级公安机关交管部门指定管辖,指定管辖前,最先发现或最先接到报警的公安机关交管部门应先行救助受伤人员,进行现场前期处理。

公安机关交管部门必要时,可处理下级公安机关交管部门管辖的道路交通事故,或指定下级公安机关交管部门限时将案件移送其他下级公安机关交管部门处理。

(二)报警和受理

1. 报警

道路交通事故有下列情形之一的,当事人应当保护现场并立即报警,如图4-3-1所示:

图4-3-1 事故后报警

(1)事故造成人员死亡、受伤的;

(2)发生财产损失事故,当事人对事实或者成因有争议的,以及虽然对事实或者成因无争议,但协商损害赔偿未达成协议的;

(3)机动车无号牌、无检验合格标志、无保险标志的;

(4)载运爆炸物品、易燃易爆化学物品以及毒害性、放射性、腐蚀性、传染病病原体等危险物品车辆的;

(5)碰撞建筑物、公共设施或者其他设施的;

(6)驾驶人无有效机动车驾驶证的;

(7)驾驶人有饮酒、服用国家管制的精神药品或者麻醉药品嫌疑的;

(8)当事人不能自行移动车辆的。

发生财产损失事故,并具有上述第 2 项至第 5 项情形之一,车辆可以移动的,当事人可以在报警后,在确保安全的原则下对现场拍照或者标画停车位置,将车辆移至不妨碍交通的地点等候处理。

公路上发生道路交通事故的,驾驶人必须在确保安全的原则下,立即组织车上人员疏散到路外安全地点,避免发生次生事故;驾驶人已因道路交通事故死亡或者受伤无法行动的,车上其他人员应当自行组织疏散。

2. 受理

公安机关及其交通管理部门接到道路交通事故报警,应记录下列内容:

(1)报警方式、报警时间、报警人姓名、联系方式,电话报警的,还应当记录报警电话;

(2)发生道路交通事故时间、地点;

(3)人员伤亡情况;

(4)车辆类型、车辆牌号,是否载有危险物品、危险物品的种类等;

(5)涉嫌交通肇事逃逸的,还应当询问并记录肇事车辆的车型、颜色、特征及其逃逸方向、逃逸驾驶人的体貌特征等有关情况。

报警人不报姓名的,应当记录在案。报警人不愿意公开姓名的,应当为其保密。

公安机关交管部门接到道路交通事故报警或者出警指令后,立即派交通警察赶赴现场,有人员伤亡或者其他紧急情况的,应及时通知急救、医疗、消防等相关部门。发生一次死亡 3 人以上事故或其他有重大影响的道路交通事故,应立即向上一级公安机关交管部门报告,并通过所属公安机关报告当地人民政府;涉及营运车辆的,通知当地人民政府有关行政管理部门;涉及爆炸物品、易燃易爆化学物品以及毒害性、放射性、腐蚀性、传染病病原体等危险物品的,通过所属公安机关应立即报告当地人民政府,并通报有关部门及时处理;造成道路、供电、通讯等设施损毁的,应通报有关部门及时处理。

当事人未在道路交通事故现场报警,事后请求公安机关交管部门处理的,公安机关交管部门按照本规定第十条规定予以记录,并在 3 日内作出是否受理的决定。经核查道路交通事故事实存在的,公安机关交管部门应当受理,并告知当事人;经核查无法证明道路交通事故事实存在,或不属于公安机关交管部门管辖的,应当书面告知当事人,并说明理由。

三、自行协商和简易程序

1. 自行协商

机动车与机动车、机动车与非机动车发生财产损失事故,当事人对事实及成因无争议的，可自行协商处理损害赔偿事宜。车辆可以移动的，当事人在确保安全的原则下对现场拍照或标画事故车辆现场位置后，立即撤离现场，将车辆移至不妨碍交通的地点，再进行协商。

非机动车与非机动车或行人发生财产损失事故，基本事实及成因清楚的，当事人应先撤离现场，再协商处理损害赔偿事宜。

对应自行撤离现场而未撤离的，交通警察应责令当事人撤离现场；造成交通堵塞的，对驾驶人处以200元罚款；驾驶人有其他道路交通安全违法行为的，依法一并处罚。

当事人自行协商达成协议的，填写道路交通事故损害赔偿协议书，并共同签名，如图4-3-2所示。损害赔偿协议书内容包括事故发生的时间、地点、天气、当事人姓名、机动车驾驶证号、联系方式、机动车种类和号牌、保险凭证号、事故形态、碰撞部位、赔偿责任等内容。

图4-3-2　自行协商达成协议签订

2. 简易程序

对仅造成人员轻微伤或者财产损失事故，公安机关交管部门可适用简易程序处理，有交通肇事犯罪嫌疑的除外；适用简易程序的，可由一名交通警察处理。

交通警察适用简易程序处理道路交通事故时，应当在固定现场证据后，责令当事人撤离现场，恢复交通。拒不撤离现场的，予以强制撤离；对当事人不能自行移动车辆的，交通警察应当将车辆移至不妨碍交通的地点。具有本规定第8条第1款第6项、第7项情形之一的，按照《实施条例》第104条规定处理。

撤离现场后，交通警察应当根据现场固定的证据和当事人、证人叙述等，认定并记录道路交通事故发生的时间、地点、天气、当事人姓名、机动车驾驶证号、联系方式、机动车种类和号牌、保险凭证号、交通事故形态、碰撞部位等，并根据当事人的行为对发生道路交通事故所起的作用以及过错的严重程度，确定当事人的责任，制作道路交通事故认定书，由当事人签名。

当事人共同请求调解的，交通警察应当当场进行调解，并在道路交通事故认定书上记录调解结果，由当事人签名，交付当事人。

有下列情形之一的，不适用调解，交通警察可以在道路交通事故认定书上载明有关情况后，将道路交通事故认定书交付当事人：

(1)当事人对道路交通事故认定有异议的；

(2)当事人拒绝在道路交通事故认定书上签名的；

(3)当事人不同意调解的。

3. 调查

1)现场处置

交通警察到达事故现场后，应立即进行下列工作：

(1)划定警戒区域,在安全距离位置放置发光或者反光锥筒和警告标志,确定专人负责现场交通指挥和疏导,维护良好道路通行秩序。因道路交通事故导致交通中断或者现场处置、勘查需要采取封闭道路等交通管制措施的,还应当在事故现场来车方向提前组织分流,放置绕行提示标志,避免发生交通堵塞;

(2)组织抢救受伤人员;

(3)指挥勘查、救护等车辆停放在便于抢救和勘查的位置,开启警灯,夜间还应当开启危险报警闪光灯和示廓灯;

(4)查找道路交通事故当事人和证人,控制肇事嫌疑人。

2)现场调查

交通警察对事故现场进行调查,做好下列工作:

(1)勘查事故现场,查明事故车辆、当事人、道路及其空间关系和事故发生时的天气情况;

(2)固定、提取或者保全现场证据材料;

(3)查找当事人、证人进行询问,并制作询问笔录;

(4)其他调查工作。

交通警察勘查道路交通事故现场,按照有关法规和标准的规定,拍摄现场照片,绘制现场图,提取痕迹、物证,制作现场勘查笔录,检查当事人的身份证件、机动车驾驶证、机动车行驶证、保险标志等,发生一次死亡3人以上道路交通事故的,应进行现场摄像,对交通肇事嫌疑人依法传唤。

痕迹或者证据可能因时间、地点、气象等原因导致灭失的,交通警察应及时固定、提取或者保全;现场图、现场勘查笔录由参加勘查的交通警察、当事人或者见证人签名,当事人、见证人拒绝签名或无法签名、无见证人的,应记录在案。

车辆驾驶人有饮酒或者服用国家管制的精神药品、麻醉药品嫌疑的,公安机关交管部门按照《道路交通安全违法行为处理程序规定》及时抽血或者提取尿样,送交有检验资格的机构进行检验;车辆驾驶人当场死亡的,应当及时抽血检验。

交通警察勘查事故现场完毕后,清点并登记现场遗留物品,迅速组织清理现场,尽快恢复交通。现场遗留物品能够现场发还的,应当现场发还并做记录;现场无法确定所有人的,应当妥善保管,待所有人确定后,及时发还。

因收集证据的需要,公安机关交管部门可扣留事故车辆及机动车行驶证,开具行政强制措施凭证,扣留车辆及机动车行驶证应妥善保管。公安机关交管部门不得扣留事故车辆所载货物,对所载货物在核实重量、体积及货物损失后,通知机动车驾驶人或货物所有人自行处理,无法通知当事人或者当事人不自行处理的,按《公安机关办理行政案件程序规定》相关规定办理。

因收集证据的需要,公安机关交管部门可扣押与事故有关的物品,开具扣押物品清单一式两份,一份交给被扣押物品的持有人,一份附卷;扣押的物品妥善保管,扣押期限不得超过30日,案情重大、复杂的,经本级公安机关负责人或上一级公安机关交管部门负责人批准可延长30日;法律、法规另有规定的除外。

公安机关交管部门经现场调查认为不属于道路交通事故的,应将案件移送有关部门,书面通知当事人,或告知当事人处理途径;发现当事人有交通肇事犯罪嫌疑的,按《公安机关办理刑事案件程序规定》立案侦查;发现当事人有其他违法犯罪嫌疑的,应及时移送有关部门,移送不影响事故的调查和处理。

投保机动车交通事故责任强制保险的车辆发生道路交通事故,因抢救受伤人员需要保险公司支付抢救费用的,公安机关交管部门书面通知保险公司;抢救受伤人员需要道路交通事故社会救助基金垫付费用的,公安机关交管部门书面通知道路交通事故社会救助基金管理机构。

3)交通肇事逃逸查缉

发生交通肇事逃逸案件后,公安机关交管部门应根据当事人陈述、证人证言、交通事故现场痕迹、遗留物等线索,及时启动查缉预案,布置堵截和查缉。案发地公安机关交管部门可通过发协查通报、向社会公告等方式要求协查、举报交通肇事逃逸车辆或者侦破线索。发出协查通报向社会公告时,提供交通肇事逃逸案件基本事实、交通肇事逃逸车辆情况、特征及逃逸方向等有关情况。

接到协查通报的公安机关交管部门,应立即布置堵截或者排查,发现交通肇事逃逸车辆或嫌疑车辆的,应当予以扣留,依法传唤交通肇事逃逸人或与协查通报相符的嫌疑人,并将情况通知案发地公安机关交管部门,案发地公安机关交管部门应立即派交通警察前往办理移交,查获交通肇事逃逸车辆后,应按原范围发出撤销协查通报;侦办交通肇事逃逸案件期间,交通肇事逃逸案件的受害人及其家属向公安机关交管部门询问案件侦办情况的应当告知。

4. 检验、鉴定

1)检验

需要进行检验、鉴定的,公安机关交管部门自事故现场调查结束之日起3日内委托具备资格的鉴定机构进行检验鉴定,尸体检验应在死亡之日起3日内委托;对现场调查结束之日起3日后需要检验鉴定的,报经上一级批准;对精神病的鉴定,应当由省级人民政府指定的医院进行。

公安机关交管部门与检验鉴定机构约定检验鉴定完成的期限,约定的期限不得超过20日,超过20日的,报经上一级批准,最长期限不得超过60日。

卫生行政主管部门许可的医疗机构具有职业资格的医生为道路交通事故受伤人员出具诊断证明,公安机关交管部门作为认定人身伤害程度的依据。

检验尸体不得在公众场合进行,检验中解剖尸体应征得其家属同意后进行,解剖未知名尸体,应报经县级以上公安机关或上一级公安机关交管部门负责人批准;检验尸体结束后,书面通知死者家属在10日内办理丧葬事宜,无正当理由逾期不办理的应记录在案,并经县级以上公安机关负责人批准,由公安机关处理尸体,逾期存放的费用由死者家属承担。

对未知名尸体,由法医提取人身识别检材,并对尸体拍照、采集相关信息后,由公安机关交管部门填写未知名尸体信息登记表,并在设区市级以上报纸刊登认尸启事。登报后30日仍无人认领的,由县级以上公安机关负责人或者上一级公安机关交管部门负责人批准处理尸体。

2）检验鉴定报告

检验鉴定机构在约定或规定的期限内完成检验鉴定，出具书面检验、鉴定报告，由检验、鉴定人签名并加盖机构印章；检验鉴定报告应载明以下事项：

（1）委托人；

（2）委托事项；

（3）提交相关材料；

（4）检验、鉴定时间；

（5）依据和结论性意见，通过分析得出结论性意见的，应当有分析过程的说明。

公安机关交管部门在收到检验、鉴定报告之日起 2 日内，将检验鉴定报告复印件送达当事人；当事人对检验、鉴定结论有异议的，可在公安机关交管部门送达之日起 3 日内申请重新检验鉴定，经县级公安机关交管部门负责人批准后进行，重新检验、鉴定应另行委托检验鉴定机构或由原检验鉴定机构另指派鉴定人。

公安机关交管部门在收到重新检验、鉴定报告之日起 2 日内，将重新检验、鉴定报告复印件送达当事人，重新检验、鉴定以一次为限。检验、鉴定结论确定之日起 5 日内，公安机关交管部门应通知当事人领取扣留的事故车辆、机动车行驶证以及扣押的物品；对驾驶人逃逸的无主车辆或经通知当事人 30 日后仍不领取的车辆，经公告 3 个月仍不来接受处理的，对扣留车辆依法处理。交通事故处理流程，如图 4-3-3 所示。

四、交通事故强行撤离

在道路上发生交通事故，车辆驾驶人应立即停车，保护现场；造成人身伤亡的，车辆驾驶人应当立即抢救受伤人员，并迅速报告执勤的交通警察或公安机关交通管理部门，因抢救受伤人员变动现场的，应当标明位置。乘车人、过往车辆驾驶人、过往行人应当予以协助。在道路上发生交通事故，未造成人身伤亡，当事人对事实及成因无争议的，可即行撤离现场，恢复交通，自行协商处理损害赔偿事宜；不即行撤离现场的，应迅速报告执勤的交通警察或者公安机关交通管理部门。

在道路上发生交通事故，仅造成轻微财产损失，并且基本事实清楚的，当事人应当先撤离现场再进行协商处理。具体有以下几种情况：

（1）机动车与机动车、机动车与非机动车在道路上发生未造成人身伤亡的交通事故，当事人对事实及成因无争议的，在记录交通事故的时间、地点、对方当事人的姓名和联系方式、机动车牌号、驾驶证号、保险凭证号、碰撞部位，并共同签名后，撤离现场，自行协商损害赔偿事宜。当事人对交通事故事实及成因有争议的，应当迅速报警。

（2）非机动车与非机动车或者行人在道路上发生交通事故，未造成人身伤亡，且基本事实及成因清楚的，当事人应当先撤离现场，再自行协商处理损害赔偿事宜。当事人对交通事故事实及成因有争议的，应当迅速报警。

（3）机动车发生交通事故，造成道路、供电、通信等设施损毁的，驾驶人应当报警等候处理，不得驶离。机动车可以移动的，应当将机动车移至不妨碍交通的地点。公安机关交通管理部门应当将事故有关情况通知有关部门。

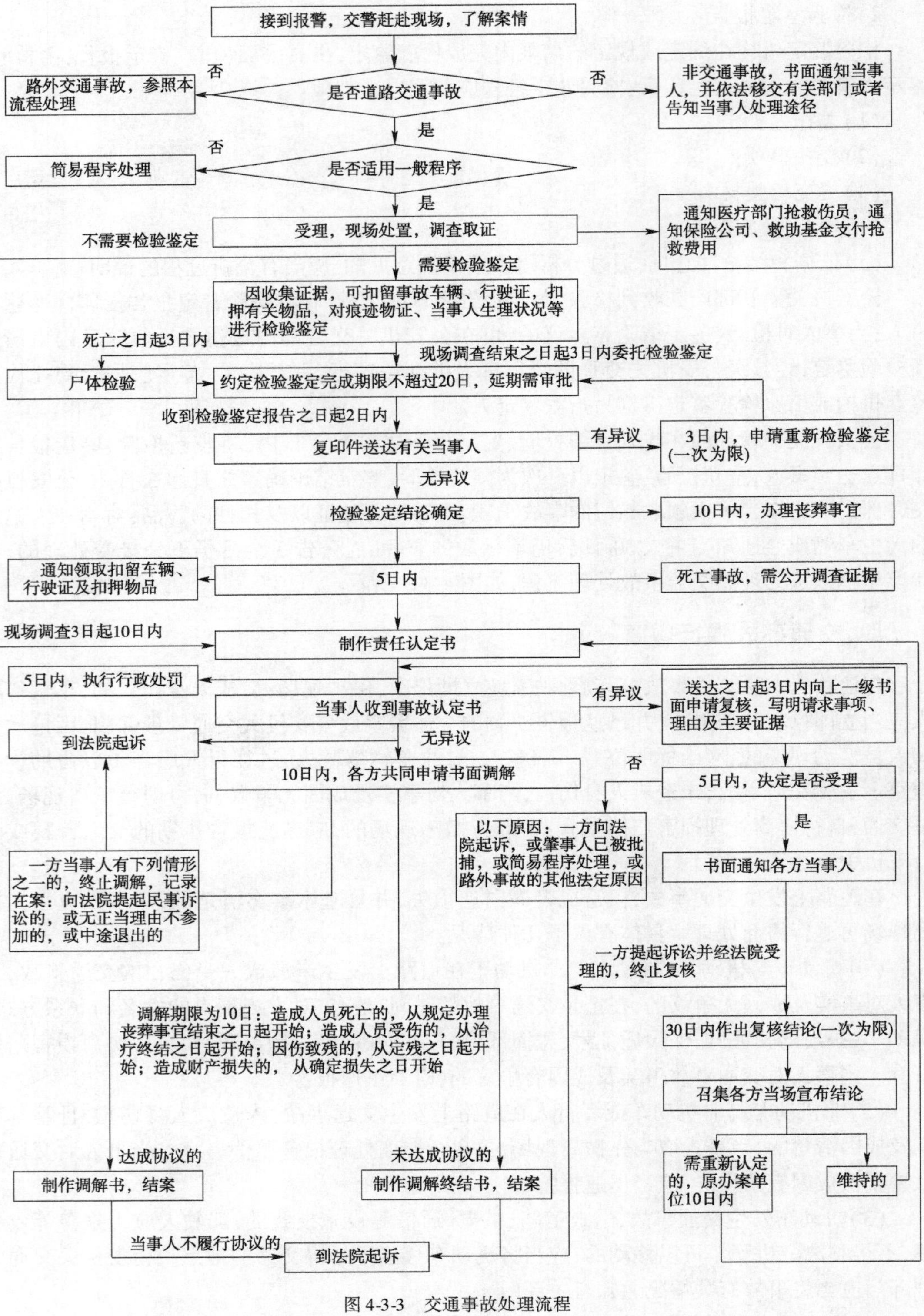

接到报警，交警赶赴现场，了解案情

是否道路交通事故

否：路外交通事故，参照本流程处理

否：非交通事故，书面通知当事人，并依法移交有关部门或者告知当事人处理途径

是

是否适用一般程序

否：简易程序处理

是

受理，现场处置，调查取证

通知医疗部门抢救伤员，通知保险公司、救助基金支付抢救费用

不需要检验鉴定

需要检验鉴定

因收集证据，可扣留事故车辆、行驶证，扣押有关物品，对痕迹物证、当事人生理状况等进行检验鉴定

死亡之日起3日内

尸体检验

现场调查结束之日起3日内委托检验鉴定

约定检验鉴定完成期限不超过20日，延期需审批

收到检验鉴定报告之日起2日内

复印件送达有关当事人

有异议：3日内，申请重新检验鉴定(一次为限)

无异议

检验鉴定结论确定

10日内，办理丧葬事宜

5日内

通知领取扣留车辆、行驶证及扣押物品

死亡事故，需公开调查证据

现场调查3日起10日内

制作责任认定书

5日内，执行行政处罚

当事人收到事故认定书

有异议：送达之日起3日内向上一级书面申请复核，写明请求事项、理由及主要证据

无异议

到法院起诉

10日内，各方共同申请书面调解

否

5日内，决定是否受理

以下原因：一方向法院起诉，或肇事人已被批捕，或简易程序处理，或路外事故的其他法定原因

是

书面通知各方当事人

一方当事人有下列情形之一的，终止调解，记录在案：向法院提起民事诉讼的，或无正当理由不参加的，或中途退出的

一方提起诉讼并经法院受理的，终止复核

调解期限为10日：造成人员死亡的，从规定办理丧葬事宜结束之日起开始；造成人员受伤的，从治疗终结之日起开始；因伤致残的，从定残之日起开始；造成财产损失的，从确定损失之日开始

30日内作出复核结论(一次为限)

召集各方当场宣布结论

达成协议的

制作调解书，结案

未达成协议的

制作调解终结书，结案

需重新认定的，原办案单位10日内

维持的

当事人不履行协议的

到法院起诉

图 4-3-3　交通事故处理流程

第五章　道路旅客运输安全管理规范

第一节　总　　则

为加强和规范道路旅客运输企业的安全生产工作，提高企业安全管理水平，全面落实道路旅客运输企业安全主体责任，预防和减少道路交通事故，根据《中华人民共和国安全生产法》、《中华人民共和国道路交通安全法》、《中华人民共和国道路交通安全法实施条例》、《中华人民共和国道路运输条例》等有关法律、法规，制定的《道路旅客运输企业安全管理规范》（试行），适用于所有从事道路旅客运输的企业。

道路旅客运输企业应当接受交通运输、公安和安全监管等有关部门对其安全主体责任履行情况依法实施的监督管理，严格遵守安全生产、道路交通和运输管理等有关法律、法规、规章和标准，建立健全安全生产责任制、岗位责任制和安全生产管理各项制度，积极采用新技术、新工艺和新设备，不断改善安全生产条件，严格执行各项安全生产操作规程，加强车辆技术管理和客运驾驶人等从业人员管理，保障道路旅客运输安全。

一、道路旅客运输安全管理要求

道路运输是交通运输业的重要组成部分，它在我国交通运输业中占有相当大的比重，在人们对道路运输的要求越来越高的背景下，安全管理在道路旅客运输企业管理中起决定作用，加强道路旅客运输安全管理成为必然趋势。

（一）道路运输安全管理规定

《中华人民共和国道路运输条例》针对道路运输经营中存在的安全问题，从 8 个方面作了规定：

（1）在道路运输经营的准入条件中规定从事道路运输的车辆应当检测合格，驾驶人员应当符合相关条件，从源头控制不合格的车辆和驾驶人员从事道路运输经营；

（2）客运经营者、货运经营者应当加强对从业人员的安全教育、职业道德教育，确保道路运输安全。道路运输从业人员应当遵守道路运输操作规程，不得违章作业，驾驶人员连续驾驶时间不得超过 4 个小时；

（3）客运经营者、货运经营者应当加强对车辆的维护和检测，确保车辆符合国家规定的技术状况，不得使用报废的、擅自改装的和其他不符合国家规定的车辆从事道路运输经营；

（4）道路运输车辆不得超载运输旅客和货物，道路运输站（场）经营者应当采取措施防止超过载运限额和未经安全检查的车辆出站，按照车辆核定载客限额售票，防止携带危险品的人员进站乘车。对于超载行为的处理，规定由公安机关交通管理部门依据道路交通安全法给予处罚，道路运输管理机构要采取措施安排旅客改乘或者强制卸货；

(5)货运经营者应当采取必要措施，防止货物脱落、扬撒等；

(6)危险货物运输必须配备必要的押运人员和悬挂危险货物运输标志，托运危险货物的应当向货运经营者说明货物的有关情况；

(7)机动车维修经营者不得使用假冒伪劣配件维修机动车，不得承修已报废的机动车，不得擅自改装机动车；

(8)机动车驾驶员培训机构应当按照国务院交通主管部门规定的教学大纲进行培训，确保培训质量。

(二)《道路旅客运输及客运站管理规定》

《道路旅客运输及客运站管理规定》2005 年 7 月 12 日交通部发布。根据 2008 年 7 月 23 日交通运输部《关于修改〈道路旅客运输及客运站管理规定〉的决定》第一次修正，根据 2009 年 4 月 20 日交通运输部《关于修改〈道路旅客运输及客运站管理规定〉的决定》第二次修正，根据 2012 年 3 月 14 日交通运输部《关于修改〈道路旅客运输及客运站管理规定〉的决定》第三次修正，根据 2012 年 12 月 11 日交通运输部《关于修改〈道路旅客运输及客运站管理规定〉的决定》第四次修正，根据 2016 年 4 月 11 日交通运输部《关于修改〈道路旅客运输及客运站管理规定〉的决定》第五次修正。

(1)对申请从事道路客运经营的条件作了规定：

①有与其经营业务相适应并经检测合格的客车，对客车的技术要求、类型等级要求及数量要求作了规定。

②从事客运经营的驾驶人员，应有相应的机动车驾驶证、从业资格证，3 年内无重大以上交通责任事故记录，且不超过 60 周岁。

③申请从事道路客运班线经营，应有明确的线路和站点方案，有健全的安全生产管理制度，包括安全生产操作规程、安全生产责任制、安全生产监督检查、驾驶人员和车辆安全生产管理的制度。

(2)道路运输管理机构应当按照《中华人民共和国道路运输条例》和《交通行政许可实施程序规定》，以及本规定规范的程序实施道路客运经营、道路客运班线经营和客运站经营的行政许可。

(3)客运经营者应当加强对从业人员的安全、职业道德教育和业务知识、操作规程培训，并采取有效措施，防止驾驶人员连续驾驶时间超过 4 个小时。

(4)客运车辆驾驶人员应当随车携带道路运输证、从业资格证等有关证件，在规定位置放置客运标志牌。客运班车驾驶人员还应当随车携带道路客运班线经营许可证明。

(5)客运站经营者应当依法加强安全管理，完善安全生产条件，健全和落实安全生产责任制。

客运站经营者应当对出站客车进行安全检查，采取措施防止危险品进站上车，按照车辆核定载客限额售票，严禁超载车辆或者未经安全检查的车辆出站，保证安全生产。

(6)道路运输管理机构应当加强对道路客运和客运站经营活动严格按照法定职责权限

和程序进行监督检查,应当定期对客运车辆进行审验,每年审验一次。审验内容包括:

①车辆违法记录;

②车辆技术等级评定情况;

③客车类型等级评定情况;

④按规定安装、使用符合标准的具有行驶记录功能的卫星定位装置情况;

⑤客运经营者为客运车辆投保承运人责任险情况。

(三)道路旅客运输企业安全管理规范

1. 道路旅客运输企业安全生产主体责任

《中华人民共和国安全生产法》对生产经营单位的安全生产主体责任进行了明确规定,《国务院关于进一步加强安全生产工作的决定》(国发[2004]2号)明确提出,生产经营单位是安全生产的责任主体。

客运企业是道路旅客运输安全生产的责任主体,主要是因为:第一,道路旅客运输是高风险行业,客运企业创造效益、实现利润的前提就是要承担社会责任、保障运输安全。第二,道路客运经营活动与安全如影相随,安全这一关键问题始终贯穿于道路旅客运输经营的全过程,落实安全管理制度和各项防范措施毫无疑问应该由客运企业去完成。第三,乘客是客运企业的服务对象,乘客乘车就与企业发生了合同关系,企业有责任和义务保证乘客的人身财产安全。道路客运企业必须履行道路旅客运输安全生产责任主体的义务,承担主体责任,预防生产经营安全事故的发生。

客运企业安全生产的主体责任是指客运企业应当坚持“安全第一、预防为主、综合治理”的方针,严格遵守安全生产有关法律、法规、规章和标准,建立健全安全生产责任制、岗位责任制和安全生产管理各项制度,完善安全生产条件,严格执行各项安全生产操作规程,加强车辆技术管理和客运驾驶人等从业人员管理,不断完善安全管理体系,持续改进和提高安全管理水平,保障道路旅客运输安全。

2. 道路旅客运输企业安全生产方针

《中华人民共和国安全生产法》规定,安全生产管理坚持“安全第一、预防为主”的方针。我国现阶段的安全生产方针是“安全第一、预防为主、综合治理”。由于道路旅客运输是一种生产经营活动,这项方针同样适用于道路旅客运输的安全生产。

(1)“安全第一”是指在道路旅客运输经营活动中,处理保证安全与实现生产经营的各项目标的关系上,要始终把安全,特别是乘客、从业人员以及其他交通参与者的人身安全放在首要的位置。当生产与安全发生矛盾时,首先要确保安全放在第一位,坚持“安全优先”和“安全一票否决”。

(2)“预防为主”是指对安全生产的管理不仅要在发生事故后去组织抢救,进行事故调查,找原因、追责任、堵漏洞,更为重要的是要谋事在先,尊重科学、探索规律,采取有效的事前预防措施,千方百计地避免事故发生,做到防患于未然,将事故消灭在萌芽状态。

(3)“综合治理”是指在当前我国安全生产形势下,遵循道路旅客运输安全生产规律,正视安全生产工作的长期性、艰巨性和复杂性,抓住安全生产工作中的主要矛盾和关键环节,需要综合运用管理、技术、经济等多种手段,在确保安全生产基础保障投入、完善制度、落实责任、规范操作、加强车辆和驾驶人管理、强化安全隐患排查与治理等多个方面系统性开展工作,客运企业必须坚持"安全生产,一岗双责"的理念,只有在企业内部计划财务、安全生产、营运调度、车辆技术、人力资源等多个管理部门协调配合下,并充分发挥社会、职工、舆论的监督作用,才能有效解决安全生产领域的问题。

"安全第一、预防为主、综合治理"的安全生产方针是一个有机统一 的整体。"安全第一"是预防为主、综合治理的统帅和灵魂,没有"安全第一"的思想,预防为主就失去了思想支撑,综合治理就失去了整治依据。

3. 道路旅客运输企业推行安全标准化管理

2010年,国务院发布《国务院关于进一步加强企业安全生产工作的通知》(国发[2010]23号),要求加快完善安全生产技术标准,深入开展以岗位达标、专业达标和企业达标为内容的安全生产标准化建设。2011年,国务院安全生产委员会发布了《国务院安委会关于深入开展企业安全生产标准化建设的指导意见》(安委[2011]4号),以下简称《意见》,对深入开展企业安全生产标准化建设的重要意义、总体要求和目标任务、实施方法以及工作要求提出了具体要求。《意见》要求在交通运输行业深入开展安全生产标准化建设,建立健全行业企业安全生产标准化评定标准和考评体系;进一步加强企业安全生产规范化管理,推进全员、全方位、全过程安全管理;加强安全生产科技装备,提高安全保障能力,是落实企业安全生产主体责任的必经途径,是有效预防和减少道路客运安全事故的重要手段。

按照标准的制定类型和使用范围,我国的标准分为国家标准(GB)、行业标准(JTB)、地方标准(DB)、企业标准(QB)4级。客运企业应按照安全生产相关法律法规的要求,从组织机构、安全投入、规章制度、教育培训、装备设施、隐患排查治理、应急管理以及事故报告、目标考核等多个方面,制定本企业的安全生产管理标准,建立完善的安全生产标准化管理体系。

二、道路旅客运输驾驶人安全管理要求

(一)加强客货运车辆驾驶人安全管理(公通字[2012]5号)

1. 严格大中型客货车驾驶人培训考试

大中型客货车驾驶人考试要严格落实夜间驾驶、低能见度气象条件考试。其中,大中型客车要增加模拟高速公路、连续急弯路、临水临崖、雨天、冰雪或者湿滑路、突发情况处置等方面的培训和考试,同时要增加山区、隧道、陡坡、高速公路等复杂条件实际道路驾驶培训和考试,考试路线和考试里程要能够满足以上要求。大中型客货教练车安装应用卫星定位系统,2012年4月1日起,大中型客货车驾驶人培训要全部应用计算机计时管理系统,公安机关交通管理部门要严格执行驾驶人考试项目和评判标准,推广应用科技评判和监控手段,加强异常业务核查,加大驾驶人考试工作监管力度。

2. 严格客货运驾驶人从业资格管理

规范客货运驾驶人职业准入和聘用。从事大中型客货车营运的驾驶人必须符合下列条件:取得相应的机动车驾驶证;年龄不超过60周岁;3年内无重大以上交通责任事故和交通违法记满12分记录;经道路运输驾驶员从业资格考试合格,取得从业资格证件。对新聘用

的大中型客货车驾驶人,应当组织参加公安机关交通管理部门组织的道路交通安全法律、法规学习和交通事故案例警示教育。道路运输管理机构会同同级公安机关交通管理部门建立营运大中型客货车驾驶人信息管理平台,建立被吊销从业资格证件的营运驾驶人"黑名单"库,实现营运大中型客货车驾驶人驾驶证信息、从业信息、交通违法和事故、客货运驾驶人退出机制等信息共享。

3. 严格客货运驾驶人日常教育管理

加强交通安全宣传教育,道路运输企业组织客货运驾驶人继续教育,强化从业人员职业道德和安全警示教育,对持有从业资格证件的大中型客货车驾驶人每两年要进行不少于24个学时的继续教育,重点加强典型事故案例警示以及恶劣天气和复杂道路驾驶常识、紧急避险、应急救援处置等方面的教育。推行客运安全告知制度,由乘务员或驾驶人在发车前向乘客告知安全服务内容,要在车内明显位置标示客运车辆核定载客人数、经批准的停靠站点和投诉举报电话。强化卫星定位监控系统应用,充分运用卫星定位监控手段加强对车辆和驾驶人的日常监督,及时纠正和处理超速、疲劳驾驶等违法行为,违法信息应至少保留1年,严查客货运驾驶人违法行为。

道路运输企业要督促驾驶人严格遵守道路交通安全和运输管理法律法规,严格落实强制休息制度,客货运驾驶人24小时内驾驶时间不得超过8个小时(特殊情况下可延长2小时,但每月延长的总时间不超过36小时),连续驾驶时间不得超过4个小时。公安机关交通管理部门要加强对交通事故多发路段和时段的管控,依法从严查处大中型客货车、校车超速、超员、超载、疲劳驾驶等严重交通违法行为。

4. 严格违规问题责任追究

严格违规从事营运责任追究、严格重点交通违法行为责任追究、开展重特大道路交通事故责任倒查,对营运大中型客货车发生一次死亡3人以上道路交通事故的,由省级公安机关交通管理部门和道路运输管理机构会同有关部门按照《道路交通安全法》、《安全生产法》和《生产安全事故报告和调查处理条例》(国务院令第493号)进行责任追究。发生一次死亡10人以上责任事故的企业负责人,依法撤销职务,并在5年内不得担任道路运输企业主要负责人;构成犯罪的,依法追究刑事责任。对发生一次死亡10人以上或者6个月内发生2起死亡3人以上责任事故的企业,由道路交通运输管理机构依法责令停业整顿,经停业整顿仍不具备安全生产条件的,吊销其道路运输经营许可证或者吊销相应的经营范围;停业整顿后符合安全生产条件的,客运企业3年内不得新增客运班线,旅游企业3年内不得新增旅游车辆。

严格违规培训考试责任追究。对考试合格率排名靠后、培训质量和服务质量低的驾驶培训机构,道路运输管理机构暂停其培训工作,公安机关交通管理部门暂停受理考试申请。对道路运输管理人员不严格审核申请材料,交通民警减少驾驶人考试项目、降低评判标准或者参与、协助、纵容驾驶人考试作弊的,从严追究责任。

(二)加强道路交通安全管理(国发[2012]30号)

1. 强化道路运输企业安全管理

严格道路运输市场准入管理,规范道路运输企业生产经营行为,加强企业安全生产标准化建设，严格长途客运和旅游客运安全管理，严格控制1000公里以上的跨省长途客运班线和夜间运行时间，客运车辆夜间行驶速度不得超过日间限速的80%，严格落实长途客运驾驶人停车换人、落地休息制度，确保客运驾驶人24小时累计驾驶时间原则上不超过8小时，日间连续驾驶不超过4小时，夜间连续驾驶不超过2小时，每次停车休息时间不少于20分钟。

2. 加强运输车辆动态监管

规范卫星定位装置安装、使用行为，加强车辆安全监管，提高机动车安全性能，增设客运车辆限速和货运车辆限载等安全装置，客运车辆座椅全部配置安全带，加强机动车安全技术检验和营运车辆综合性能检测，对道路交通事故中涉及车辆非法生产、改装、拼装以及机动车产品严重质量安全问题的，要严查责任，依法从重处理。

3. 强化道路交通安全执法和宣传教育

加强公路巡逻管控，加大客运、旅游包车、危险品运输车等重点车辆检查力度，严厉打击和整治超速超员超载、疲劳驾驶、酒后驾驶、吸毒后驾驶、货车违法占道行驶、不按规定使用安全带等各类交通违法行为，加强城市道路通行秩序整治，规范机动车通行和停放，严格非机动车、行人交通管理，严格落实客货运车辆及驾驶人交通事故、交通违法行为通报制度。建立交通安全宣传教育长效机制，全面实施文明交通素质教育工程，加强道路交通安全文化建设，积极营造全社会关注交通安全、全民参与文明交通的良好文化氛围。

4. 严格道路交通事故责任追究

加强重大道路交通事故联合督办，加大事故责任追究力度，对发生重大及以上或者6个月内发生两起较大及以上责任事故的道路运输企业，依法责令停业整顿，对道路交通事故发生负有责任的单位及其负责人，依法依规予以处罚，构成犯罪的，依法追究刑事责任。发生重特大道路交通事故的，要依法依纪追究地方政府及相关部门的责任。

三、道路运输从业人员管理要求

2015年11月24日，国务院印发《关于取消和调整一批行政审批项目等事项的决定》，决定取消67项职业资格许可和认定事项。2016年1月13日，李克强总理主持召开国务院常务会。会议决定，在此前已经取消4批职业资格许可和认定事项的基础上，再取消汽车营销师、道路运输经理人、注册人力资源管理师等61个事项。加上前4批取消的211项职业资格，国务院分5批取消的职业资格将高达272项。

2016年2月3日，国务院印发《关于第二批取消152项中央指定地方实施行政审批事项的决定》（国发［2016］9号文），其中第113项提出〈取消机动车驾驶培训教练员从业资格证决定〉；交通运输部令2016年第52号关于修改《道路运输从业人员管理规定》的决定，《交通运输部关于修改〈道路运输从业人员管理规定〉的决定》已于2016年4月14日经第8次部务会议通过，自2016年4月21日起施行。

交通运输部负责全国道路运输从业人员管理工作，交通主管部门和道路运输管理机构对符合申请条件的申请人应该安排考试，申请人在从业资格考试中有舞弊行为的，取消当次考试资格，考试成绩无效。在考试结束10日内公布考试成绩，对考试合格人员，应当自公布考试成绩之日起10日内颁发相应的道路运输从业人员从业资格证件。道路运输从业人员从业资格考试成绩有效期为1年，逾期作废。交通主管部门或者道路运输管理机构应当建立道路运输从业人员从业资格管理档案，管理档案包括：从业资格考试申请材料，从业资格考试及从业资格证件记录，从业资格证件换发、补发、变更记录，违法、事故及诚信考核、继续教育记录等。交通主管部门和道路运输管理机构，应当向社会提供道路运输从业人员相关从业信息的查询服务。

道路运输从业人员是指经营性道路客货运输驾驶员、道路危险货物运输从业人员、机动车维修技术人员、机动车驾驶培训教练员、道路运输经理人和其他道路运输从业人员。经营性道路客货运输驾驶员包括经营性道路旅客运输驾驶员和经营性道路货物运输驾驶员。

(一)从业人员从业行为

(1)经营性道路客货运输驾驶员和道路危险货物运输驾驶员不得超限、超载运输，连续驾驶时间不得超过4个小时。

(2)经营性道路旅客运输驾驶员和道路危险货物运输驾驶员应当按照规定填写行车日志。行车日志式样由省级道路运输管理机构统一制定。

(3)经营性道路旅客运输驾驶员应当采取必要措施保证旅客的人身和财产安全，发生紧急情况时，应当积极进行救护。经营性道路货物运输驾驶员应当采取必要措施防止货物脱落、扬撒等。

(4)道路危险货物运输驾驶员应当按照道路交通安全主管部门指定的行车时间和路线运输危险货物。在道路危险货物运输过程中发生燃烧、爆炸、污染、中毒或者被盗、丢失、流散、泄漏等事故，道路危险货物运输驾驶员、押运人员应当立即向当地公安部门和所在运输企业或者单位报告，说明事故情况、危险货物品名和特性，并采取一切可能的警示措施和应急措施，积极配合有关部门进行处置。

(二)驾驶员的安全权利与义务

1. 法律赋予驾驶员的安全权利

《安全生产法》和《劳动合同法》等相关法律赋予了驾驶员以下的安全权利：

(1)驾驶员有获知运输危险因素、防范措施和事故应急措施的权利。驾驶员有权获知运输线路的交通状况、限速情况、气候条件、沿线安全隐患路段情况等信息；获知防范交通事故的措施及发生事故或突发事件后的应急措施；获知从事驾驶员职业的健康风险等。

(2)驾驶员有对企业存在的安全生产隐患进行批评、检举和控告的权利。保障安全生产，是道路运输企业和驾驶员的共同责任。道路运输企业或客货运场(站)制度不健全、管理不规范，出现安全隐患时，比如将运输业务交由不具备相应运输资质的经营者承运、不按规定对车辆进行维护、超过车辆核定的载客载货限额进行配载、对出站客车不落实出站检查等，驾驶员有权对此提出建议、批评，或向行业主管部门、地方政府等检举、控告。

(3)驾驶员有拒绝违章指挥和强令冒险作业的权利。如果驾驶员被安排驾驶与准驾车型不符的车辆、驾驶擅自改装或存在故障的车辆、违法托运危险化学品，或者累积驾驶时间超过规定时仍被安排驾驶任务等，驾驶员可以拒绝执行，且驾驶员的权益受到法律保护。

(4)驾驶员有获得工伤保险和民事赔偿的权利。驾驶员因生产安全事故受到损害后，首先可以依照劳动合同和工伤社会保险合同的约定，享有相应的补偿金。如果工伤保险补偿金不足以补偿损失的,依照有关民事法律规定应当给予赔偿的,驾驶员或其亲属有权向本单位提出赔偿要求。

签订劳动合同是保障驾驶员合法劳动权益的一种有效方法,也就是说,驾驶员与用人单位建立劳动关系,应当签订书面劳动合同,在劳动合同中明确有关保障驾驶员劳动安全、防止职业危害、依法为驾驶员办理工伤社会保险等事项。用人单位不依法承担驾驶员因工伤亡责任的合同,该合同侵犯了驾驶员的合法权益,属于无效合同。

2. 法律赋予驾驶员的安全义务

《安全生产法》《道路交通安全法》及《实施条例》《劳动合同法》等相关法律规定了驾驶员以下的安全义务:

(1)驾驶员从事道路客货运输活动,首先应当合法。包括:依法取得机动车驾驶证,按照驾驶证载明的准驾车型驾驶机动车;依法取得道路运输驾驶员从业资格证件,在从业资格证件许可的范围内从事道路运输活动;驾驶技术性能符合要求的道路运输车辆从事道路运输活动。

(2)驾驶员应认真学习、掌握并遵守法律法规的规定、企业制定的安全生产规章制度和操作规程。这些法规、制度和操作规程是从事故教训中总结得来的经验,对驾驶员防范事故、保障行车安全具有很强的指导性。

(3)行车中,驾驶员应按照交通标志和标线、交通信号灯的指示行驶,保持安全车速,与前车保持足够的安全距离,不得超速行驶;还应正确使用车辆安全设施、设备,预防事故或减少事故的损害程度。

(4)驾驶员应按规定参加安全教育和培训,掌握本职工作所需的安全知识,提高安全驾驶技能,增强事故预防和应急处理能力。机动车驾驶是一项具有较高安全风险的职业,且安全知识和车辆技术在不断更新,因此,驾驶员必须通过不断学习,来掌握系统的安全知识、熟练的驾驶技能,以及事故预防、应急处理能力和经验。

(5)驾驶员一旦发现事故隐患或者其他不安全因素,应立即按规定向相关管理人员报告。驾驶员是道路运输活动的执行者,是事故隐患和不安全因素的第一见证人,发现事故隐患并及时报告,可以更好地开展事前防范,有效避免事故的发生或降低事故损失。

(三)从业人员继续教育

道路运输从业人员应当按照规定参加相关法规、职业道德及业务知识培训。经营性道路客货运输驾驶员和道路危险货物运输驾驶员在岗从业期间,应当按照规定参加继续教育。

继续教育的内容主要包括道路运输相关政策法规、职业道德、运输安全和节能减排等。道路运输驾驶员在从业资格证件有效期内按照规定完成继续教育的,要完成继续教育后才能办理换证手续。

1. 定期的继续教育

根据《道路运输驾驶员继续教育办法》的规定,驾驶员继续教育周期为 2 年,在每个周期内,接受继续教育的时间累计应不少于 24 学时。继续教育的内容包括道路运输相关政策法规,社会责任与职业道德,职业心理和生理健康,道路客货运输车辆知识,行车危险源辨识,防御性驾驶方法和不安全驾驶习惯纠正,紧急情况及应急处置,道路客货运输知识,节能减排相关知识。

驾驶员可以参加以下任何一种形式的继续教育。驾驶员完成继续教育后,应经相应道路运输管理机构确认:

(1)具有一定规模的道路运输企业组织的继续教育;

(2)经许可的驾驶员从业资格培训机构组织的继续教育;

(3)交通运输部或省级交通运输主管部门备案的网络远程继续教育;

(4)经省级道路运输管理机构认定的其他继续教育形式。

2. 计满 20 分的继续教育

根据《道路客货运输驾驶员诚信考核办法(试行)》的要求,驾驶员在诚信考核周期内累计计分达到 20 分的,在计满 20 分之日起 15 日内,应到档案所在地有培训资格的机构,接受不少于 18 个学时的道路运输法规、职业道德和安全知识的继续教育,经考核合格后,由道路运输管理机构消除计分。

(四)从业人员诚信考核

(1)实施道路运输从业人员诚信考核,有利于在道路运输行业内建立起诚信服务机制,增强从业人员的服务意识和服务水平,有利于推进道路运输从业人员整体素质的提高,有利于道路运输从业人员准入、动态监管和退出机制的建立。

(2)根据道路运输驾驶员的从业资格类别,道路运输驾驶员诚信档案主要内容包括:

①安全生产情况:包括有关部门抄告的以及交通运输主管部门和道路运输管理机构掌握的责任事故的时间、地点、事故原因、事故经过、死伤人数、经济损失等事故概况以及责任认定和处理情况;

②遵守法规情况:包括本行政区域内查处的和本行政区域外抄告的道路运输驾驶员违反道路运输相关法规的情况;

③服务质量记录:包括经交通运输主管部门或者道路运输管理机构通报的服务质量事件的时间、社会影响等情况,以及有责投诉的投诉人、投诉内容、责任人、受理机关及处理情况。

(3)道路运输从业人员诚信考核和计分考核周期为 12 个月,从初次领取从业资格证件之日起计算。省级交通运输主管部门和道路运输管理机构应当将道路运输从业人员每年的诚信考核和计分考核结果向社会公布,供公众查阅。

(4)诚信考核等级划分与考核内容:驾驶员诚信考核等级分为优良、合格、基本合格和不合格,分别用 AAA 级、AA 级、A 级和 B 级表示。驾驶员诚信考核内容包括:

①安全生产情况:安全生产责任事故情况;

②遵守法规情况:违反道路运输相关法律、行政法规、规章的有关情况;

③服务质量情况:服务质量事件和有责投诉的有关情况。

(5)诚信考核计分。驾驶员诚信考核实行计分制,满分为 20 分,考核周期为 12 个月,从驾驶员初次领取从业资格证件之日起计算。根据驾驶员违法行为的严重程度,一次计分的分值分别为:

20 分、10 分、5 分、3 分、1 分共五种,计分分值标准,见表 5-1-1 所示。

道路客货运输驾驶员诚信考核计分标准　　表 5-1-1

分值	内容
20 分	1. 从事道路运输经营活动，发生重大以上道路交通事故，且负同等责任的
	2. 转让、出租从业资格证件的
	3. 超越从业资格证件核定范围，从事道路运输活动
	4. 本次诚信考核过程中或者上一次诚信考核等级签注后，发现其有弄虚作假、隐瞒相关诚信考核情况，且情节严重的
10 分	1. 从事道路运输经营活动，发生重大以上道路交通事故，且负次要责任的
	2. 驾驶无道路运输证的车辆，从事道路旅客或者货物运输经营活动的
	3. 驾驶无包车客运标牌、包车票、包车合同的车辆，从事客运包车经营的
	4. 驾驶未取得超限运输车辆通行证的车辆，从事超限运输经营活动的
	5. 擅自涂改、伪造、变造从业资格证件上相关记录的
	6. 有受到省级及以上交通运输主管部门或者道路运输管理机构通报批评的服务质量记录的
5 分	1. 驾驶无道路客运班线经营许可的车辆，从事班车客运经营的
	2. 超越道路运输证上注明的经营类别或者经营范围，从事道路运输经营活动的
	3. 驾驶擅自改装的车辆，从事道路运输经营活动的
	4. 驾驶客运班车不按批准的客运站点停靠或者不按规定的线路、班次行驶的
	5. 驾驶客运包车未按约定的时间、起始地、目的地和线路行驶的
	6. 未配合汽车客运站执行车辆安全例行检查以及出站检查制度、擅自驾驶客车出站的
	7. 在旅客运输途中擅自变更运输车辆或者将旅客移交他人运输的
	8. 在受到设区的市级交通运输主管部门或者道路运输管理机构通报批评的服务质量记录的
3 分	1. 没有采取必要措施防止货物脱落、扬撒的
	2. 驾驶未按规定维护、检测的车辆、从事道路运输经营活动的
	3. 驾驶未按规定投保承运人责任险的车辆，从事道路旅客运输经营活动的
	4. 无正当理由超过规定时间 30 日以上签注诚信考核等级的
	5. 超过规定时间 30 日以上未参加继续教育培训的
	6. 有受到县级交通运输主管部门或者道路运输管理机构通报批评的服务质量记录的
1 分	1. 未按规定携带道路运输证、道路运输从业人员从业资格证，从事道路运输经营活动的
	2. 未按规定随车携带道路客运班线经营许可证明，从事班线客运经营的
	3. 未按规定位置放置客运标志牌，从事道路旅客运输经营活动的
	4. 服务单位变更，未申请办理从业资格证件变更手续的
	5. 道路旅客运输驾驶员未按规定填写行车日志的
	6. 超过规定时间，未签注诚信考核等级，且未达 30 日的
	7. 超过规定时间，未参加继续教育培训，且未达 30 日的

驾驶员从事道路运输活动时出现违法行为，处罚与计分同时执行，其违法行为将被记录在从业资格证的“违法和计分记录”栏内，作为驾驶员诚信考核和计分考核的依据，并存入管理档案。驾驶员 1 次有 2 种以上违法行为的，分别计算计分，累加分值。

驾驶员在诚信考核周期内累计计分未达到 20 分的，经签注诚信考核等级后，计分自动清除；累计计分达到 20 分的，应按规定参加继续教育，凭继续教育合格证明到设区的市级道路运输管理机构办理清除计分手续。

(6)诚信考核等级签注。驾驶员在诚信考核周期届满 20 日内，持本人的从业资格证件到档案所在地设区的市级道路运输管理机构签注诚信考核等级，并填写《道路运输驾驶员诚信考核表》。

驾驶员发生重大以上道路交通事故，预计在诚信考核周期届满前无法获得责任认定结论的，可提前向发证机关申请延期考核。在收到公安机关交通管理部门出具的交通事故认定书后 15 日内，到档案所在地设区的市级道路运输管理机构办理诚信考核等级签注手续。

(7)考核结果运用。诚信考核等级是调整驾驶员工资和奖励、辞退驾驶员的重要依据，同时对道路运输企业的业务拓展具有一定的影响，比如，道路运输经营者连续 2 个年度，所属取得从业资格证件的驾驶员均累计有 20% 以上诚信考核等级为 B 级的，1 年内不允许新增运力。

驾驶员的诚信考核等级为 B 级的，将面临以下惩罚：

①不得承担具有重大政治和国防战备意义、社会影响大、安全风险高的运输生产；

②不得承担"黄金周"和"春运"期间的道路旅客运输任务；

③存在重大安全隐患的，将被调离驾驶员工作岗位。

驾驶员有下列情形之一的，将会被道路运输管理机构列入黑名单，无资格继续从事相应的道路运输经营：

①在考核周期内累计计分达到 20 分，且未按照规定参加继续教育培训；

②无正当理由超过规定时间，未签注诚信考核等级；

③从业资格证件被吊销。

第二节 道路旅客运输企业安全管理法律依据

为了进一步夯实道路客运安全基础，规范道路客运企业安全管理工作，全面落实企业安全生产主体责任，预防和减少道路交通事故，交通运输部、公安部和国家安全生产监督总局联合制定了《道路旅客运输企业安全管理规范(试行)》(以下简称《规范》)。

一、安全管理法律依据

制定《规范》的法律依据是《中华人民共和国安全生产法》《中华人民共和国道路交通安全法》《中华人民共和国道路交通安全法实施条例》及《中华人民共和国道路运输条例》等有关法律、法规。

(一)中华人民共和国安全生产法

《中华人民共和国安全生产法》是我国第一部全面规范安全生产的法律，是各类生产经营单位及其从业人员实现安全生产所必须遵循的行为准则，也是各级人民政府及其有关部门进行监督管理和行政执法的法律依据。《中华人民共和国安全生产法》适用的主体是在中华人民共和国领域内从事生产经营活动的企业、事业单位和个体经济组织，调整的内容是生产经营领域的安全问题。《中华人民共和国安全生产法》中所指的生产经营活动是一个广义的概念，既包括生产活动，又包括经营活动，企事业单位和商业的、服务性的单位都包括在内。道路旅客运输属于生产经营的范畴，因此《中华人民共和国安全生产法》同样适用于道路旅客运输经营。

（二）中华人民共和国道路交通安全法及实施条例

《中华人民共和国道路交通安全法》适用于中华人民共和国境内的车辆驾驶人、行人、乘车人以及与道路交通活动有关的单位和个人，规范了车辆和驾驶人管理，明确了道路通行条件和各种道路交通主体的通行规则，确立了新的道路交通事故处理的原则和机制，加强了对公安机关交通管理部门及其交通警察的执法监督，完善了违反交通安全管理行为的法律责任。《中华人民共和国道路交通安全法实施条例》是国务院制定的全面系统实施《中华人民共和国道路交通安全法》的一部专门的行政法规，在《中华人民共和国道路交通安全法》的规定下，对机动车安全技术检验制度的实施、维护交通秩序和交通安全的措施、道路通行规则和道路通行条件、驾驶员违法累积计分制度、交通事故现场快速处理等相关内容进行了必要的细化。《中华人民共和国道路交通安全法》和《中华人民共和国道路交通安全法实施条例》共同构成了我国道路交通安全管理的基础法律体系。

道路旅客运输属于道路交通范畴，因此《中华人民共和国道路交通安全法》及其实施条例同样适用于道路旅客运输企业。

（三）中华人民共和国道路运输条例

《中华人民共和国道路运输条例》是我国道路运输领域非常重要的一部行政法规，它确立了我国道路运输的基本规则，建立了我国道路运输的基本法规制度框架。《中华人民共和国道路运输条例》把“保障道路运输安全”列为总则第一条的主要内容，并在诸多条款中对道路旅客运输安全作了明确的规定，道路旅客运输企业必须严格遵守。

（四）其他有关法律法规

制定《道路运输企业安全管理规范（试行）》所依据的其他法律、法规主要包括：《生产安全事故报告和调查处理条例》（中华人民共和国国务院令第 493 号）、《道路旅客运输及客运站管理规定》（中华人民共和国交通运输部 2016 年第 34 号令）、《安全生产事故隐患排查治理暂行规定》（国家安全生产监督管理总局令第 16 号）等，还包括相关行政管理部门发布的关于道路旅客运输安全生产方面的文件和通知，如《国务院关于坚持科学发展安全发展　促进安全生产形势持续稳定好转的意见》（国发［2011 ］40 号）、《国务院关于进一步加强企业安全生产工作的通知》（国发［2010］ 23 号）、《关于加强道路运输车辆动态监管工作的通知》（交运发［2011］80 号）等。

二、安全生产管理职责

关于客运企业安全生产管理职责的规定，主要包括安全生产目标管理、安全生产目标责任书、安全生产一岗双责、企业主要负责人的安全生产职责、企业安全生产管理机构和安全管理人员的职责等规定。

（一）安全生产目标管理

目标管理是以目标为导向，以人为中心，以成果为标准，在企业职工的积极参与下，自上而下地确定工作目标，并在工作中实行“自我控制”，自下而上地保证目标实现的一种现代管理方法。安全生产目标管理是目标管理在安全管理方面的应用，它是指企业内部各个部门以至每个职工，从上到下围绕企业安全生产的总目标，层层展开各自的目标，确定工作方针，安排安全工作进度，制定实施有效措施，并对安全成果严格考核的一种管理制度。

道路客运企业实行安全生产目标管理，要求客运企业的最高层管理者确定企业的安全生产目标后，必须对其进行有效分解，转变成各个部门以及各岗位的分目标，管理者根据分目标的完成情况对下级进行考核、评价和奖惩。安全生产目标管理可分为4个阶段，即企业安全生产目标的制定、安全生产目标体系的建立、安全生产目标的实施及目标的评价与考核。

（二）安全生产目标责任书

安全生产目标责任书是将客运企业安全生产相关领导、分支机构、有关部门和岗位的安全生产责任、考核指标、奖惩办法等以文字的形式进行明确，并据此对相关责任人进行考核、奖惩和责任追究。客运企业层层签订安全生产责任书对于建立企业安全生产责任制和目标体系，强化企业各级领导和职工的安全生产意识，具有重要意义。

安全生产目标责任书一般是集团公司、总公司与分公司、分支机构签订，分公司（车队）与驾驶员等从业人员也要签订安全生产目标责任书。其主要内容一般包括安全生产目标、安全职责、考核与奖惩、双方签字等内容。

（三）安全生产一岗双责

安全生产一岗双责，首先要强化客运企业的主要负责人切实履行企业安全生产责任制的重要内容和抓手。企业实行安全生产一岗双责是指不仅要对所在岗位承担的具体业务工作负责，还要对所在岗位相应的安全生产负责。

（四）道路客运企业负责人职责

《中华人民共和国安全生产法》规定，生产经营单位的主要负责人对本单位安全生产工作应有明确的职责。管生产就必须管安全、谁主管谁负责，这是我国安全生产工作长期坚持的一项基本原则。道路客运企业的主要负责人，掌握企业的主要人力、财力和物力资源，具备最高的决策权，对企业的生产经营活动具有重要的决定作用，既应对单位的运输经营活动全面负责，也应对单位的安全生产工作负责。客运企业的主要负责人在搞好企业运输经营活动的同时，有责任、有义务搞好企业的安全生产工作，实现经济效益、社会效益的有机统一和最大化。

（五）道路客运企业安全管理

客运企业的安全生产管理机构一般是指企业的安全部（科）或安全办公室等负责安全生

产管理的职能部门，在企业安全生产领导机构的领导下，协助企业分管安全生产的负责人具体开展企业安全生产管理日常工作。

安全生产管理人员按照岗位分工和职责，具体从事安全生产管理某一方面的日常工作。安全生产管理机构及安全管理人员应有明确的安全生产管理与监督职责，应赋予其在任何时候都能确保与安全生产有关的管理制度得到实施和遵循的权力，有措施确保其不受来自内部或外部、出于任何部门和目的而对安全生产造成不利的压力、干扰、妨害的影响，确保其在责、权、利对等统一基本上履行职责和行驶"一票否决权"。

除以上安全生产职责外，根据《中华人民共和国劳动法》《中华人民共和国安全生产法》等相关法律、法规的规定，客运企业还应履行相关安全生产职责。

三、安全生产管理基本保障

规定了客运企业应具备的安全生产基础保障，主要包括安全生产管理组织机构的设置和人员配备、安全生产资金投入以及建立安全生产工作会议和例会制度等要求。

（一）安全生产领导机构

安全生产领导机构是道路客运企业安全生产的最高决策机构，一般是指客运企业的安全生产委员会或安全生产领导小组。为了便于开展安全生产各项工作，安全生产领导机构的构成应包括企业主要负责人，运输经营、安全管理、车辆管理、从业人员管理等部门负责人及分支机构的主要负责人。安全生产领导机构通常要设置日常办事机构，一般是安委会办公室或安全生产领导小组办公室。

（二）安全生产管理机构

安全生产管理机构是指生产经营单位中专门负责安全生产监督管理的内设机构，是生产经营单位安全生产的组织保障。

（三）安全生产管理人员

道路客运企业都应配备专职安全管理人员，这是由道路旅客运输具有危险程度高、社会责任大的行业特点所决定的。客运企业安全生产管理人员的配备标准主要是依据企业的车辆数量和安全管理人员的工作内容确定的，即拥有10辆以上（含）营运客车的客运企业应当设置专门的安全生产管理机构，配备专职安全管理人员。拥有10辆以下营运客车的客运企业应当配备专职安全管理人员。原则上按照每20辆车1人的标准配备专职安全管理人员，最低不少于1人。

（四）安全责任险

除《中华人民共和国道路交通安全法》规定的，国家实行机动车第三者强制保险制度外，《中华人民共和国道路运输条例》规定，客运经营者、危险货物运输经营者应当分别为旅客或危险货物投保承运人责任险。

第三节 道路旅客运输安全生产管理制度

一、运输组织

规定了客运驾驶员驾驶时间、客运车辆禁止运行的路段、运输经营行为、安装使用安全带、签订进站协议等。

（一）申请线路经营时相关规定

《道路旅客运输及客运站管理规定》规定，客运企业在申请客运班线经营时，应提交可行性报告和进站方案等材料，可行性报告包括对所申请经营的客运班线的客流状况调查、运营方案、拟投入车辆情况，客车实载率和经济效益分析以及可能对其他相关经营者产生的影响，沿线道路路况、安全设施调查勘查情况及客运安全保障措施，长途客运线路驾驶人休息、轮换的时间、地点等。客运企业在申请线路经营时应当进行实际线路考察，按照许可的要求投放营运车辆，有利于客运企业完善客运班线安全保障措施，在班线经营许可源头保障运输安全。

（二）禁止客运驾驶员疲劳驾驶规定

疲劳驾驶是引发道路交通事故的主要原因之一，《道路交通安全法》规定，过度疲劳影响安全驾驶的，不得驾驶机动车。根据《中华人民共和国道路交通安全法实施条例》《中华人民共和国道路运输条例》《道路旅客运输及客运站管理规定》《道路运输从业人员管理规定》《关于加强公路客运交通安全管理的通告》（公通字[2001]83 号）以及《关于进一步加强和改进道路客运安全工作的通知》（交运发[2010]210 号）的规定，客运车辆每日运行里程超过400 公里（高速公路直达客运超过 600 公里）的，客运企业应当配备两名以上驾驶员。驾驶员连续驾驶不得超过 4 小时，或者 24 小时内累计驾驶不得超过 8 小时，每次停车休息时间不少于 20 分钟。（四十五条）对于三级以下（含三级）山区公路达不到夜间安全通行要求的路段，道路旅客运输企业不应在夜间（晚 22 时至早 6 时）安排营运客车在该路段运行。

（三）规范企业运输经营行为要求

（1）关于道路旅客运输企业的不规范运输经营行为，如客运车辆不按许可路线行驶、超范围经营、沿途随意上下客、超员运输等不规范经营行为是引发事故或加重事故伤亡程度的主要原因之一等。

（2）关于对途中上车的旅客进行危险品检查和客运车辆装载行李的规定。如《道路旅客运输及客运站管理规定》规定，客运站经营者应当对出站客车进行安全检查，采取措施防止危险品进站上车。

（3）包车客运不规范运输经营的行为。2011 年，旅游包车客运车辆事故呈现上升趋势，全年旅游包车客车导致 4 起一次死亡 10 人以上的特大道路交通事故，6 起一次死亡 5 人以上的重大道路交通事故。

二、车辆管理

客运企业对营运车辆管理的要求，主要包括不得从事道路旅客运输经营的车辆的技术条件、车辆技术管理机构的设置和专业技术管理人员的配备、车辆技术档案、车辆维护、车辆应急装置及标识、车辆检测及审验、车辆改型及报废、车辆牌证管理及派车单制度等内容。

(1)营运客车是客运企业进行旅客运输经营的生产工具，车辆的技术状况直接影响道路旅客运输安全。营运车辆的技术管理是择优选择、正确使用、定期检测、强制维护、视情修理、合理改造、适时更新与报废的全过程管理。

(2)禁止使用报废的、擅自改装的、拼装的、检测不合格的客车以及其他不符合国家规定的车辆从事道路客运经营。

(3)拥有10辆以上(含)营运客车的道路旅客运输企业应当设置专门的车辆技术管理机构，配备专业车辆技术管理人员；拥有10辆以下营运客车的道路旅客运输企业应当配备专业车辆技术管理人员。

①车辆技术管理机构主要职责为：做好营运车辆购置前有关车辆综合性能要求、车辆燃料消耗量达标及客车类型等级、车辆与道路的适应性评估和论证；根据国家标准及车辆的结构性能、使用条件等因素，科学、合理制定营运车辆技术管理措施，包括营运车型的定期维护周期，作业项目及燃料消耗量等。

②专业技术管理人员的素质要求：具备一般性故障的排除和诊断能力，掌握维护工艺，对各类车型的结构、性能、工作质量有一定了解，具备较强的责任心和良好的职业道德。

③规定了车辆维护制度。车辆的维护是为了保持和恢复车辆的技术性能，保证车辆具有良好的使用性和可靠性。《道路运输车辆维护管理规定》和国家标准《汽车维护、检测、诊断技术规范》(GB/T 18344—2016)将汽车维护分为日常维护、一级维护和二级维护，二级维护属于强制维护，必须按期进行。

三、动态管理

主要是客运企业对营运车辆实施动态监控的规定，主要包括车载卫星定位装置的安装，监控平台或监控端的接入，动态监控系统的使用、维护及管理等内容。

(一)道路运输车辆动态监控

道路运输车辆动态监控，就是利用卫星定位、地理信息、无线通信网络、现代通信等先进技术，对运输车辆的地理位置、运行速度、运行轨迹等信息进行实时监控、回放和调取数据分析，并具有超速自动报警等功能。道路运输车辆动态监控可实现对营运车辆的运行过程、突发事件应急处理、运输组织等运营过程的信息化管理，有效提升运输安全保障能力和组织水平。自2011年8月1日起，新出厂的“两客一危”车辆，在车辆出厂前应安装符合《道路运输车辆卫星定位系统车载终端技术要求》(JT/T 794—2011)的卫星定位装置，2012年1月1日起，没有按照规定安装卫星定位装置或未接入全国联网联控系统的运输车辆，道路运输管理部门应暂停其营运车辆资格审验。公安部门要逐步将“两客一危”车辆是否安装使用卫星定位装置纳入检验范围。

（二）卫星定位装置和监控平台相关技术标准

为了促进道路运输车辆卫星定位动态监管系统的推广和应用，交通运输部组织制定了道路运输车辆卫星定位动态监管系统系列标准，对卫星定位系统车载终端、平台、通讯协议和数据格式等进行规范。截至2012年年底已发布了4项标准：《道路运输车辆卫星定位车载终端技术要求》（JT/T 794—2011）；《道路运输车辆卫星定位系统平台技术要求》（JT/T 796—2011）；《道路运输车辆卫星定位动态监管系统终端通讯协议及数据格式》（JT/T 808）；《道路运输车辆卫星定位动态监管系统平台数据交换》（JT/T 809—2011）。凡从事道路运输车辆动态监控的企业监控平台以及各级交通运输部门监管平台，拟进入道路运输市场的车载终端，都要按规定进行标准符合性审查。不符合标准的系统平台及车载终端，不得用于道路运输动态监管。

（三）全国重点营运车辆联网联控

重点营运车辆联网联控系统，为道路运输管理部门实施车辆动态监管提供手段，为车辆动态分析和辅助决策提供数据基础。系统的服务对象主要包括两类，一是各省市的道路运输安全管理相关机构（包括交通、公安、安监），平台为其提供营运车辆的安全监管手段，提高其应急响应速度和指挥调度能力；二是车辆监控平台开发、运营厂商和运输企业。应用此系统，可提升企业安全与运营管理水平、运行效率和竞争能力。联网联控系统平台的总体框架分为部级公共交换平台、省级监控平台、地区和企业级监控平台，不同级别的平台对接交通、公安、安监、环保等政府部门和相关企业的信息资源，可实现信息共享与联合监管。

目前国内车辆动态监控系统基本可以实现车辆的位置、速度和图像的实时采集与传输，车载终端和监控平台的通信，历史数据查找及回放，超速、不按规定线路行驶等违法行为报警，基础的统计分析等功能，但相关的数据与手段有待于进一步完善。

四、安全生产操作规程

对客运企业应建立的安全生产操作规程的规定，主要包括：制定和执行安全生产操作规程要求、客运驾驶员行车操作规程、车辆日常安全检查操作规程、车辆动态监控操作规程、乘务员安全服务操作规程以及其他操作规程等。

（一）道路运输企业制定客运驾驶员行车操作规程

《中华人民共和国安全生产法》规定，从业人员在作业过程中，应当严格遵守本单位的安全生产规章制度和操作规程，服从管理，正确佩戴和使用劳动保护用品。《道路交通安全法》规定，机动车驾驶人应当遵守道路交通安全法律、法规的规定，按照操作规范安全驾驶、文明驾驶。《道路运输从业人员管理规定》规定，道路运输从业人员在从事道路运输活动时，应当携带相应的从业资格证件，并应当遵守国家相关法规和道路运输安全操作规程，不得违法经营、违章作业。《道路旅客运输及客运站管理规定》规定，客运车辆驾驶人员应当遵守道路运输法规和道路运输驾驶人操作规程，安全驾驶、文明服务。因此，客运企业应当制定客运驾驶人行车的操作规程。

（二）客运驾驶员行车操作规程内容

1. 行车“三检”制度

即出车前、行车中和收车后对车辆技术状况进行安全检查。

2. 安全告知制度

一是客运公司名称、客车号牌、驾驶员及乘务员姓名和监督举报电话。二是客运车辆核定载客人数、行驶线路、经批准的停靠站点、中途休息站点、投诉举报电话等。三是法律法规规定事项。

3. 行车注意事项

对近几年发生的多起营运客车相关的特大交通事故进行分析发现，发生在雨、雪、雾、低能见度、湿滑路面、结冰路面等恶劣天气或道路通行条件差的客车特大交通事故比例非常高，驾驶人在紧急情况下应急处置不当是导致客车特大交通事故的重要原因之一。客运驾驶员掌握高速公路与特殊路段行车注意事项、恶劣天气下的行车注意事项、夜间行车注意事项、应急驾驶操作程序等，对确保行车安全非常重要。

（三）车辆日常安全检查操作规程内容

《道路旅客运输及客运站管理规定》，客运经营者应当依据国家有关技术规范对客运车辆进行定期维护，确保客运车辆技术状况良好。客运车辆的维护作业项目和程序应当按照国家标准《汽车维护、检测、诊断技术规范》（GB/T 18344—2016）等有关技术标准的规定执行。

（四）车辆动态监控操作规程内容

为规范和有效实施道路旅客运输车辆的动态监控，确保动态监控设备功能有效完好，监控信息采集及时有效，监控信息得到充分有效应用，客运企业应建立车辆动态监控操作规程，规范监控设备的检修与维护，监控信息的采集与应用等。

（五）乘务员安全服务操作规程内容

乘务员是指客车运行过程中，随车为营运作业和旅客提供各种服务活动的工作人员。在旅客乘车、车辆运行、途中休息及进站上、下车过程中，乘务员的工作贯穿始终。一方面，由于客车运行过程中经常会遇到各种各样的问题，需要协助驾驶员迅速、果断地处理问题，特别是加强对途中上车旅客行包的检查、防止危险品上车；另一方面，由于乘客有着不同的出行目的和要求，身体状况和对乘车的适应情况都不相同，所以需要不同的关心照顾。乘务员工作服务性强，其工作质量的高低，直接影响道路旅客运输服务质量和运输安全，因此，客运企业应当建立乘务员安全服务操作规程，其内容应结合乘务员的实际工作来定。

（六）道路旅客运输企业其他安全营运操作规程要求

引发客运企业安全生产事故的直接原因是车辆的行驶状态及车辆的技术状况，因此必须要求驾驶员具有正确的操作行为，车辆具有良好的技术状况。

（1）围绕驾驶员操作行为方面，重点还需要制定以下安全操作规程：

①驾驶员的聘用与解聘操作规程；

②驾驶员的日常教育与继续教育操作规程；

③驾驶员安全考核操作规程。

(2)围绕保持车辆的技术状况方面，重点还需制定以下安全操作规程：

①车辆各级安全检查、性能检测操作规程；

②车辆各级维护操作规程；

③车辆技术改造操作规程；

④车辆选型采购操作规程。

(3)围绕安全管理方面，重点还需制定以下安全操作规程：

①车辆的组织调度操作规程；

②驾驶员安全告诫操作规程；

③双班驾驶员及接驳运输操作规程。

(4)围绕设备仪器使用方面，重点制定复杂的设备及仪器的操作规程。

第四节　道路运输从业人员管理规定

为加强道路运输从业人员管理，提高道路运输从业人员综合素质，促进道路运输业健康有序发展，根据《中华人民共和国道路运输条例》《危险化学品安全管理条例》以及有关法律、行政法规，交通运输部制定了《道路运输从业人员管理规定》(以下简称《从业人员管理规定》)，是我国道路运输法规体系的重要组成部分，是加快我国道路运输专业人才建设的重要制度保障之一。

道路运输从业人员包括经营性道路客货运输驾驶员、道路危险货物运输从业人员、机动车维修技术人员、机动车驾驶培训教练员、道路运输经理人和其他道路运输从业人员六大类，见表5-4-1所示。

道路运输从业人员　　表5-4-1

类　别	从业人员
经营性道路客货运输驾驶员	经营性道路旅客运输驾驶员
	经营性道路货物运输驾驶员
道路危险货物运输从业人员	道路危险货物运输驾驶员
	装卸管理人员
	押运人员
机动车维修技术人员	机动车维修技术负责人员
	机动车质量检验人员
	从事机修、电器、钣金、涂漆、车辆技术评估(含检测)作业的技术人员
机动车驾驶培训教练员	理论教练员
	驾驶操作教练员
	道路客货运输驾驶员从业资格培训教练员
	危险货物运输驾驶员从业资格培训教练员

续上表

类　别	从业人员
道路运输经理人	客货运输企业负责人
	道路客货运输站(场)负责人
	机动车驾驶员培训机构负责人
	机动车维修企业的管理人员
其他道路运输从业人员	道路客运乘务员
	机动车驾驶员培训机构教学负责人及结业考核人员
	机动车维修企业价格结算员及业务接待员

道路运输从业人员应坚守依法经营、诚实信用、规范操作、文明从业的基本原则。道路运输从业人员管理工作应遵循公平、公正、公开和便民的基本原则。

交通运输部负责全国道路运输从业人员管理工作。县级以上地方人民政府交通运输主管部门负责组织领导本行政区域内的道路运输从业人员管理工作,并具体负责本行政区域内道路危险货物运输从业人员的管理工作。县级以上道路运输管理机构具体负责本行政区域内经营性道路客货运输驾驶员、机动车维修技术人员、机动车驾驶培训教练员、道路运输经理人和其他道路运输从业人员的管理工作。

一、道路运输从业资格考试制度

道路运输从业人员所从事的工作直接关系道路交通安全等公共利益,部分从业岗位还必须具备特殊的专业知识和技能,因此,国家对经营性道路客货运输驾驶员、道路危险货物运输从业人员实行从业资格考试制度具有十分重要的意义。

同时,机动车驾驶培训教练员等已实施国家职业资格制度的道路运输从业人员,按照国家职业资格的有关规定执行也显得非常必要。

(一)从业资格要素与作用

1. 从业资格要素

从业资格是对道路运输从业人员所从事的特定岗位职业素质的基本评价,它主要包含职业技能、人员素质、从业经历、身体条件四个要素。

道路运输是一个专业技术性强,有较大风险的服务型行业,不仅要有一定的基础学历和职称,过硬的实际操作技能,还要有扎实的专业理论、管理知识和相应的心理承受能力。因此,职业技能要素必须由国家实行考试制度予以确认,人员素质、从业经历、身体条件三要素则通过申请人的申请资料和相应的证明材料予以确认。

2. 从业资格作用

经营性道路客货运输驾驶员和道路危险货物运输从业人员必须取得相应从业资格,方可从事相应的道路运输活动。

因为这两类人员不同于普通驾驶员与工作人员,他们在运输生产第一线为旅客和货主服务,他们的素质直接关系到国家和人民生命、财产安全,关系到运输服务质量。因此,加强对经营性道路客货运输驾驶员和道路危险货物运输从业人员的从业资格管理显得尤为重要。

（二）从业资格考试要求与职责

1. 从业资格考试要求

道路运输从业人员从业资格考试应当按照交通运输部编制的考试大纲、考试题库、考核标准、考试工作规范和程序组织实施，确保道路运输从业人员从业资格考试评价的严肃性、公正性和统一性。

这种“四统一”的考试制度代表了未来国家考试的发展方向，但由于道路运输从业人员多，为方便从业人员考试和避免时间过度集中带来的诸多问题，并没有统一时间的要求，而是由各设区的市级交通主管部门和道路运输管理机构根据各自职责按照要求组织实施。

2. 从业资格考试职责

经营性道路客货运输驾驶员从业资格考试由设区的市级道路运输管理机构组织实施，每月组织一次考试。

道路危险货物运输从业人员从业资格考试由设区的市级人民政府交通运输主管部门组织实施，每季度组织一次考试。

在具体考试时间安排上，根据考试权限，各地可以整合考试资源，提高考试效能，在严格考试纪律，提高证件权威性前提下，自行确定考试时间，但不能少于该规定所确定的考试频率，以更好地为从业人员服务。

（三）从业资格条件与考试申请

1. 从业资格条件

道路运输从业人员必须同时满足相应的从业资格条件，方可从事相应的道路运输活动。道路运输驾驶员从业资格条件，见表5-4-2所示。

道路运输驾驶员从业资格条件 表5-4-2

类别	条件
经营性道路旅客运输驾驶员	1. 取得相应的机动车驾驶证1年以上 2. 年龄不超过60周岁 3. 3年内无重大以上交通责任事故 4. 掌握相关道路旅客运输法规、机动车维修和旅客急救基本知识 5. 经考试合格，取得相应的从业资格证
经营性道路货物运输驾驶员	1. 取得相应的机动车驾驶证 2. 年龄不超过60周岁 3. 掌握相关道路货物运输法规、机动车维修和货物装载保管基本知识 4. 经考试合格，取得相应的从业资格证
道路危险货物运输驾驶员	1. 取得相应的机动车驾驶证 2. 年龄不超过60周岁 3. 3年内无重大以上交通责任事故 4. 取得经营性道路旅客运输或者货物运输驾驶员从业资格2年以上或者接受全日制驾驶职业教育的 5. 接受相关法规、安全知识、专业技术、职业卫生防护和应急救援知识的培训，了解危险货物性质、危害特征、包装容器的使用特性和发生意外时的应急措施 6. 经考试合格，取得相应的从业资格证

2. 从业资格考试申请

申请参加经营性道路客货运输驾驶员从业资格考试的人员，应当向其户籍地或者暂住地设区的市级道路运输管理机构提出申请，填写《经营性道路客货运输驾驶员从业资格考试申请表》，并提供身份证明及复印件、机动车驾驶证及复印件等材料。

申请参加道路旅客运输驾驶员从业资格考试的，还应当提供道路交通安全主管部门出具的 3 年内无重大以上交通责任事故记录证明。

申请参加道路危险货物运输驾驶员从业资格考试的，应当向其户籍地或者暂住地设区的市级交通运输主管部门提出申请，填写《道路危险货物运输从业人员从业资格考试申请表》，并提供身份证明及复印件、机动车驾驶证及复印件、道路旅客运输驾驶员从业资格证件或者道路货物运输驾驶员从业资格证件及复印件或者全日制驾驶职业教育学籍证明、相关培训证明及复印件、道路交通安全主管部门出具的 3 年内无重大以上交通责任事故记录证明。

（四）考试与档案管理

1. 从业资格考试组织

交通运输主管部门和道路运输管理机构对符合申请条件的申请人应当安排考试。

一是申请人提出行政许可申请，管理部门应该按照规定程序对申请要求进行审查，符合申请条件的予以受理，不符合条件的一次性告知补齐材料或退回申请，尽到告知义务；二是做好考试前的准备工作，包括组织方式、考试方法以及场地、时间和监考人员的确定、试卷的准备等，确保申请人按时参加相应的道路运输从业资格考试。

2. 从业资格考试成绩

交通运输主管部门和道路运输管理机构应当在考试结束 10 日内公布考试成绩。道路运输从业人员从业资格考试成绩有效期为 1 年，考试成绩逾期作废。

这里所讲的有效期一年是指道路运输从业人员从第一个科目考试成绩公布之日起顺延一年，在这一年中，相应从业资格考试的各科考试成绩均为有效。一年到期，如果申请人未能完成相应从业资格考试的全部科目或成绩不合格，则已取得的考试科目成绩作废。

3. 从业资格考试作弊处理

为了严肃从业资格考试，维护从业资格考试权威性，申请人员在从业资格考试过程中有舞弊行为的，取消当次考试资格，考试成绩无效。

舞弊行为主要包括携带违规物品进入考场；干扰考场秩序或考试环境；偷窥他人答案或参考资料、传字条、交头接耳；盗取考试资料；将从考场获取的试题信息透露给他人；故意损毁考试用具或机器设备等。取消当次考试资格是指取消申请人当次所有从业资格考试的机会，本次考试已经参加的和作弊场次的考试成绩均无效。

4. 从业资格档案管理

交通运输主管部门或者道路运输管理机构应当建立道路运输从业人员从业资格管理档案。

管理档案包含从业人员从申请到退出岗位的全过程信息，主要包括：一是从业资格考试申请材料；二是从业资格考试及从业资格证件记录；三是从业资格证件换发、补发、变更记录;四是违法、事故及诚信考核、继续教育记录等。

1)从业资格档案

发证地道路运输管理机构建立了驾驶员从业资格管理档案,驾驶员可以在该机构查询其档案相关信息,档案包括以下材料:

(1)必备材料。从业资格考试申请材料、身份证明复印件、机动车驾驶证复印件、无重大以上交通责任事故记录证明及从业资格证件复印件。

(2)辅助材料。诚信考核记录、继续教育记录及从业资格证件换发、补发、变更记录等。

驾驶员因户籍所在地、暂住(居住)地变更或者服务地管理部门要求,且自初次取得从业资格证件满1年的,可申请从业资格管理档案转籍。具体流程如下:

①申请人填写《道路运输从业人员从业资格管理档案转籍申请表》,持其从业资格证件向档案转出地管理部门提出申请。

②转出地管理部门受理其转籍申请后,在办结转籍手续后30日内,将其从业资格管理档案移交至档案转入地管理部门。

③档案转入地管理部门按照相关规定审核档案。

④档案审核合格的,在10日内核发从业资格证件,并收回转出地管理部门原核发的从业资格证件,存入从业资格管理档案。档案审核不合格的,书面告知申请人,并将档案退回档案转出地管理部门补充材料直至合格。

2)驾驶员办理从业资格管理档案转籍手续时应注意的事项

(1)同时具备道路旅客运输驾驶员、道路货物运输驾驶员和道路危险货物运输从业人员等多种从业资格类别的,在申请转籍时应一并转出。

(2)违反相关从业资格管理规定且尚未接受处罚的,在接受处罚后才能办理相应的转籍手续。

(3)被道路运输管理机构列入黑名单不予办理转籍手续。

二、道路运输从业资格证件发放与管理

道路运输从业资格证是通过交通部门道路运输有关知识、技能考试合格后核发的一种证件。加强道路运输从业资格证件发放与管理,明确管理原则和工作标准,对加快推进道路运输从业人员管理的规范化、制度化和科学化,树立从业资格证件的权威性,推动道路运输市场健康有序发展具有重要的意义。

(一)从业资格证件发放

1. 从业资格证发放时限

对考试合格人员,交通主管部门和道路运输管理机构应当自公布考试成绩之日起10日内颁发相应的道路运输从业人员从业资格证件。

交通主管部门和道路运输管理机构应当提前告知考试成绩合格人员领证的地点、方式和注意事项。

2. 从业资格证件发放权限

为统一管理和方便群众,从业资格证件的发放权限为层级设置,由有权作出相应决定的

交通主管部门和道路运输管理机构发放。

道路危险货物运输从业人员从业资格证件由设区的市级交通运输主管部门发放和管理。经营性道路客货运输驾驶员从业资格证件由设区的市级道路运输管理机构发放和管理。

(二)从业资格证件管理

道路运输从业人员从业资格证件格式在全国范围内统一,由交通运输部统一印制并编号。

1. 从业资格证适用范围

道路运输从业人员从业资格证件全国通用,其适用范围没有地域限制,各级交通主管部门和道路运输管理机构不得故意阻挠、拒绝本行政区域外的从业资格证件持有人从事合法的道路运输经营活动。

2. 增加从业资格类别

已获得从业资格证件的人员需要增加相应从业资格类别的,应当向原发证机关提出申请,并按照规定参加相应培训和考试。

对增加从业资格类别的申请人,交通主管部门和道路运输管理机构应当严格按照《从业人员管理规定》确定的考试程序和规范组织实施,不得任意降低要求。

3. 从业资格证信息化管理

交通运输主管部门和道路运输管理机构应当建立道路运输从业人员从业资格证件管理数据库,使用全国统一的管理软件核发从业资格证件,并逐步采用电子存取和防伪技术,确保有关信息实时输入、输出和存储。

交通运输主管部门和道路运输管理机构应当结合道路运输从业人员从业资格证件的管理工作,建立道路运输从业人员管理信息系统,并逐步实现异地稽查信息共享和动态资格管理。

建立道路运输从业人员从业资格证件管理数据库,是交通主管部门和道路运输管理机构充分运用科技手段,统一管理从业资格证、提高工作效率、完善办事程序、规范证件管理的迫切需要。

使用统一的数据库和管理软件,实行计算机联网管理,便于上级对下级的有效管理和监督;有利于实现全国道路从业人员从业资格信息共享,有利于改变查验异地从业人员信息难、准确性不强的状况。

4. 驾驶员从业资格证件的使用

1)从业资格证换证、补证、变更和备案

驾驶员按照以下要求,办理从业资格证换证、补证、变更和备案手续,从业资格证如图5-4-1所示。

(1)换证手续。道路运输从业人员从业资格证件有效期为6年。道路运输从业人员应当在从业资格证件有效期届满30日前到原发证机关办理换证手续。交通主管部门和道路运输管理机构对申请人提供的资料进行审查,对从业人员6年内从业情况进行全面审核,做到严格把关,对符合条件的,给予换发新的从业资格证件,且做好有关资料和信息的录入与存档工作。这是为了适应道路运输行业社会化、市场化和建立道路运输从业人员进退机制,目的是为了更准确、更及时地了解和掌握道路运输从业人员情况。

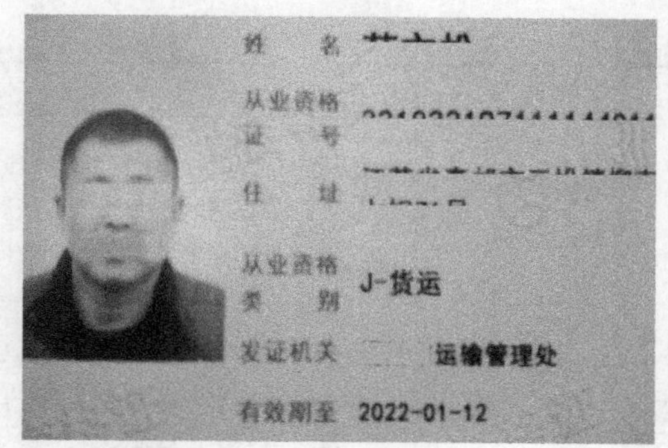

图 5-4-1　从业资格证

(2)补证手续。道路运输从业人员从业资格证件遗失、毁损的,应当到原发证机关办理证件补发手续,并填写《道路运输从业人员资格证件换发、补发、变更登记表》,原发证机关在办理证件补办手续前,应检查其遗失或毁损的真实性,以防止从业人员在异地违法被扣证件,到本地谎称遗失进行补办的行为发生。

(3)变更手续。道路运输从业人员服务单位变更的,应当到交通运输主管部门或者道路运输管理机构办理从业资格证件变更手续。道路运输从业人员从业资格档案应当由原发证机关在变更手续办结后 30 日内移交户籍迁入地或者现居住地的交通运输主管部门或者道路运输管理机构。此为实时了解和掌握从业人员从业情况,有利于管理部门及时进行信息互换,便于实现动态管理,确保转出地和转入地能顺利交接,防止耽搁时间过长而出现的档案信息丢失。

交通运输主管部门和道路运输管理机构应当对符合要求的从业资格证件换发、补发、变更申请予以办理。申请人违反相关从业资格管理规定且尚未接受处罚的,受理机关应当在其接受处罚后换发、补发、变更相应的从业资格证件。

(4)备案手续。驾驶员在发证机关所在地以外从业且从业时间超过 3 个月,本人或委托所在服务单位到服务地市级道路运输管理部门备案。经备案后,纳入服务地管理部门进行属地管理。

驾驶员向有关单位申请办理从业资格证换证、补证和变更手续时,应填写《道路运输从业人员从业资格证件换发、补发、变更登记表》,并按规定提交材料。驾驶员办理备案手续时,应填写《道路运输从业人员从业资格证件备案表》。

2)从业资格证注销、撤销和吊销

驾驶员的从业资格证被注销、撤销和吊销所对应的情形,见表 5-4-3 所示。

从业资格证被注销、撤销和吊销对应的情形　　表 5-4-3

处罚类型	实施处罚对应的情形
注销 从业资格证	1. 持证人死亡 2. 持证人申请注销 3. 年龄超过 60 周岁 4. 机动车驾驶证被注销或者被吊销 5. 超过从业资格证件有效期 180 日未申请换证

续上表

处罚类型	实施处罚对应的情形
撤销从业资格证	1. 驾驶员因吸毒、醉酒驾驶等违法行为被吊销或者注销机动车驾驶证 2. 驾驶员在连续3个诚信考核周期内，诚信考核等级均为B级 3. 驾驶员在1个诚信考核周期内，累计计分有3次以上达到20分
吊销从业资格证	1. 身体健康状况不符合有关机动车驾驶和相关从业要求，且没有主动申请注销从业资格 2. 发生重大以上交通事故，且负主要责任 3. 发生重大事故隐患，不立即采取消除措施，继续作业

驾驶员的从业资格证被撤销或吊销的，在处罚执行完毕之日起2年内不能申请相应范围的从业资格。被注销、撤销或吊销的从业资格证件，由发证机关予以收回，公告作废并登记归档；无法收回的，从业资格证件自行作废。

（三）从业人员行为许可

（1）经营性道路客货运输驾驶员以及道路危险货物运输从业人员应当在从业资格证件许可的范围内从事道路运输活动。

（2）未取得道路客货运输驾驶员从业资格的，不得从事经营性道路客货运输活动；未取得道路危险货物运输从业资格的，不得从事危险货物运输从业资格证上所载明的运输经营活动。

（3）道路运输从业人员在从事道路运输活动时，应当携带相应的从业资格证件，并应当遵守国家相关法规和道路运输安全操作规程，不得违法经营、违章作业。

（4）经营性道路客货运输驾驶员、道路危险货物运输从业人员在从事道路运输活动时，应当携带相应的从业资格证件。

（5）严禁驾驶道路货物运输车辆从事经营性道路旅客运输活动。

三、道路运输从业人员违反管理规定的处罚

道路运输从业人员违反管理规定要求，必须承担相应的法律责任，受到相应的行政处罚或刑事处罚，见表5-4-4所示。通过开展道路运输管理的执法工作，依法制裁违反管理规定的违法违章行为，确保《道路运输条例》和《从业人员管理规定》的有效实施。

《从业人员管理规定》对违法行为的处罚规定 表5-4-4

违法行为	处罚规定	执法主体
未取得相应从业资格证件，驾驶道路客货运输车辆的	责令改正，处200元以上2000元以下的罚款；构成犯罪的，依法追究刑事责任	县级以上道路运输管理机构
使用失效、伪造、变造的从业资格证件，驾驶道路客货运输车辆的		
超越从业资格证件核定范围，驾驶道路客货运输车辆的		

续上表

违法行为	处罚规定	执法主体
未取得相应从业资格证件,从事道路危险货物运输活动的	处2万元以上10万元以下的罚款;构成犯罪的,依法追究刑事责任	设区的市级人民政府交通运输主管部门
使用失效、伪造、变造的从业资格证件,从事道路危险货物运输活动的		
超越从业资格证件核定范围,从事道路危险货物运输活动的		
经营性道路客货运输驾驶员、道路危险货物运输从业人员身体健康状况不符合有关机动车驾驶和相关从业要求且没有主动申请注销从业资格的	吊销其从业资格证件	原发证机关
经营性道路客货运输驾驶员、道路危险货物运输驾驶员发生重大以上交通事故,且负主要责任的		
发现重大事故隐患,不立即采取消除措施,继续作业的		

承担相应的法律责任有行政责任和刑事责任两种。行政法律责任有作为行政强制措施的责令改正及作为行政处罚的罚款。刑事法律责任如:未经许可,非法驾驶道路客货运输车辆造成重大事故,致人重伤、死亡或者公私财产受重大损失的行为,由司法机关按照刑法交通肇事罪的有关规定追究其刑事责任。

交通运输主管部门和道路运输管理机构应当将经营性道路客货运输驾驶员、道路危险货物运输从业人员的违章行为记录在《中华人民共和国道路运输从业人员从业资格证》的违章记录栏内,并通报发证机关。发证机关应当将该记录作为道路运输从业人员诚信考核和计分考核的依据,并存入管理档案。

第六章 道路旅客运输经营管理规定

《道路旅客运输经营管理规定》于2016年1月14日经第1次部务会议通过，自2016年3月1日起施行。规定旨在加强道路运输车辆技术管理，保持车辆技术状况良好，保障运输安全，发挥车辆效能，促进节能减排，是根据《中华人民共和国安全生产法》、《中华人民共和国节约能源法》、《中华人民共和国道路运输条例》等法律、行政法规而制定。规定所称的道路运输车辆包括道路旅客运输车辆（以下简称客车）、道路普通货物运输车辆（以下简称货车）、道路危险货物运输车辆（以下简称危货运输车）。

第一节 道路运输车辆技术管理

一、道路运输车辆技术管理概述

道路运输车辆技术管理是指对道路运输车辆在保证符合规定的技术条件和按要求进行维护、修理、综合性能检测方面所做的技术性管理；道路运输车辆技术管理应坚持分类管理、预防为主、安全高效、节能环保的原则。

（一）道路运输经营者职责

道路运输经营者是道路运输车辆技术管理的责任主体，负责对道路运输车辆实行择优选配、正确使用、周期维护、视情修理、定期检测和适时更新，保证投入道路运输经营的车辆符合技术要求。鼓励道路运输经营者使用安全、节能、环保型车辆，促进标准化车型推广运用，加强科技应用，不断提高车辆的管理水平和技术水平。

（二）道路运输车辆技术管理监督主体

一是交通运输部主管全国道路运输车辆技术管理监督；二是县级以上地方人民政府交通运输主管部门负责本行政区域内道路运输车辆技术管理监督；三是县级以上道路运输管理机构具体实施道路运输车辆技术管理监督工作。

二、道路运输车辆技术条件

本教材主要面向大客车驾驶人职业教育培训，学习的内容以大型客车为主。

（一）客运车辆技术要求

按照《汽车、挂车及汽车列车外廓尺寸、轴荷及质量限值》（GB1589）要求，其外廓尺寸、轴荷及质量最大限值有明确要求。

(1)汽车外廓尺寸最大限值,见表6-1-1所示。

汽车外廓尺寸的最大限值 表6-1-1

车辆类型			长度(mm)	宽度(mm)	高度(mm)
汽车	三轮汽车[a]		4600	1600	2000
	低速货车		6000	2000	2500
	货车及半挂牵引车		12000[b]	2550[c]	4000
	乘用车及客车	乘用车及二轴客车	12000	2550	4000[d]
		三轴客车	13700		
		单铰链客车	18000		

[a]当采用转向盘转向,由传动轴传递动力,具有驾驶室且驾驶员座椅后,设计有物品放置空间时,长度、宽度、高度的限值分别为5200mm、1800mm、2200mm

[b]专用作业车车辆长度限值要求不适用,但应符合相关标准要求

[c]冷藏车宽度最大限值为2600mm

[d]定线形式的双层城市客车高度最大限值为4200mm

除上述表格规定的以外,其他要求有:一是车辆间接视野装置单侧外伸量不应超过车辆宽度250mm;二是车辆的顶窗、换气装置等处于开启状态时不应超出车辆高度300mm;三是汽车的后轴与牵引杆挂车的前轴之间的距离不应小于3000mm;外廓尺寸测量要求见《汽车、挂车及汽车列车外廓尺寸、轴荷及质量限值》(GB1589)附录A。

(2)最大允许轴荷限值,见表6-1-2所示。

汽车及挂车单轴、二轴组及三轴组的最大允许轴荷限值 表6-1-2

类型			最大允许轴荷限值(kg)
单轴	每侧单轮胎		7000[a]
	每侧双轮胎	非驱动轴	10000[b]
		驱动轴	11500
二轴组	轴距<1000mm		11500[c]
	1000mm≤轴距<1300mm		16000
	1300mm≤轴距<1800mm		18000[d]
	轴距≥1800mm(仅挂车)		18000
三轴组	相邻两轴之间距离≤1300mm		21000
	1300mm<相邻两轴之间距离≤1400mm		24000

[a]安装名义断面宽度不小于425mm轮胎的车轴,最大允许轴荷限值为10000kg;驱动轴安装名义断面宽度不小于445mm轮胎,则最大允许轴荷限值为11500kg

[b]装备空气悬架时最大允许轴荷限值为11500kg

[c]二轴挂车最大允许轴荷限值为11000kg

[d]汽车驱动轴为每轴每侧双轮胎且装备空气悬架时,最大允许轴荷的最大限值为19000kg

注:对于其他类型的车轴,其最大允许轴荷限值不应超过该轴轮胎数乘以3000kg。

(3)最大允许总质量限值,见表6-1-3所示。

汽车、挂车及汽车列车的最大允许总质量不应超过各车轴最大允许轴荷之和,且不应超过表6-1-3规定的限值。汽车驱动轴的轴荷不应小于汽车最大总质量的25%。

汽车最大允许总质量限值 表6-1-3

车辆类型		最大允许总质量限值(kg)
汽车	三轮汽车	2000[a]
	乘用车	4500
	二轴客车、火车及半挂牵引车	18000[b]
	三轴客车、货车及半挂牵引车	25000[c]
	单铰接客车	28000
	双转向轴四轴货车	31000[c]

[a]当采用转向盘转向、由传动轴传递动力、具有驾驶室且驾驶员座椅后,设计有物品放置空间时,最大允许总质量限值为3000kg

[b]低速货车最大允许总质量限值为4500kg

[c]当驱动轴为每轴每侧双轮胎且装备空气悬架时,最大允许总质量限值增加1000kg

(二)道路运输车辆综合性能检测

道路运输车辆其运行强度、运营里程、故障频次远高于普通社会车辆,在各类交通事故中,道路运输车辆发生的重特大道路交通事故频率增多,除因驾驶人、道路和气候条件等因素外,车辆机械故障、技术性能不良是发生重特大道路交通事故的重要成因。

道路运输安全是安全生产、交通安全管理的重中之重,交通事故综合预防、构建安全和谐的道路交通环境,"安全、节能、环保"已成为全社会关注焦点,在影响道路运输安全的"人、车 、路、环境"等因素中,车辆技术状况的保障作用日显突出。有效保持车辆的技术状况、降低安全事故的发生概率、最大限度地遏制重特大事故的发生、降低车辆燃油消耗、减少尾气排放,是我国道路运输业安全、绿色、快速发展的急迫需求。《道路运输车辆综合性能和检验方法》(GB 18565)规定,道路运输车辆综合性能检测项目包括:动力性、燃料经济性、制动性、排放性、悬架、前照灯、车速表、侧滑量、喇叭等,道路运输车辆性能检验记录单,见表6-1-4所示。

(三)营运客车燃料消耗量限值

《营运客车燃料消耗量限值及测量方法》(JT 711)要求,燃用柴油或汽油且最大总质量超过3500kg的营运客车需严格遵守此标准。

营运客车燃料消耗量限值用综合燃料消耗量指标表示,柴油客车燃料消耗量限值,见表6-1-5所示;汽油客车燃料消耗量限值为相应车长柴油客车限值的1.15倍。

表 6-1-4

道路运输车辆性能检验记录单

委托人:______ 道路运输证号:______ 检验类别:______ 业务类型:______ 检测线别:______ 检验日期:______ 检验记录单编号:______

号牌号码		号牌种类		挂车牌照号		挂车类型		车辆出厂日期	
注册登记日期		VIN号		车辆型号		发动机号		车身颜色	
行驶总里程(km)		驱动型式		转向轴悬架形式		挂车轴数		压燃式发动机额定功(kW)	
点燃式额定扭矩/转速		燃料类别		驱动轮轮胎规格型号		总质量(kg)		车高(mm)	
前轮距(mm)		客车车长(mm)		客车类型等级		货车车身型式		驱动轴数	
驱动轴空载质量(kg)		牵引车满载总质量(kg)		并装轴形式		车向轴数		前照灯制式	
客车座位(轴)数		单车(主车)轴数		外廓尺寸(长×宽×高)(mm)	单车:______；挂车:______				
远光灯束能否单独调整		驻车轴		车厢栏板高度(mm)	单车:______ 挂车:______				

项目	检验结果				判定
动力性	达标功率 (kW)	额定车速 (km/h)	加载力 (N)	稳定车速 (km/h)	/
燃料经济性	等速百分里油耗标准限值 L/100km; 实测值: L/100km				

制动性	台架检验	车轴	水平称重轮荷 (kg)		复合台称重轴荷(kg)	动态轮荷 (kg)		行车制动力 (kg)		驻车制动力 (kg)		判定
			左轮	右轮		左轮	右轮	左轮	右轮	左轮	右轮	/
	原始数据	一轴										
		二轴										
		三轴										/
		四轴										
		五轴										
		六轴										

整车									
单车	水平称重 (kg)	整车制动率 %		驻车制率率 %					
汽车列车	水平称重 (kg)	整车制动率%	牵 / 挂	驻车制动率%		制动协调时间s			
制动时序		1轴	2轴	3轴	4轴	5轴	6轴	/
时间s	轴制动力达到5%静态轴荷							/
时序	轴制动力达到5%静态轴荷							
整车制动率比%（牵引车/列车）		整车制动率比%（挂车/列车）						

单轴 车轴	轴制动率 %	制动不平衡率 %	过程差最大点 daN		车轮阻滞率 %		判定
			左轮	右轮	左轮	右轮	/
一轴							
二轴							
三轴							
四轴							
五轴							
六轴							

路试			
行车制动	初速度: km/h	试车道宽度: m	制动距离: m
	MFDD: m/s²	制动稳定性:	汽车列车制动协调时间: s
驻车制动	驻车坡度: %	不少于5min坡道驻车情况:	

项目		检验结果															判定
排放性	汽油车	双怠速法					稳态工况						简易瞬态工况				
		高怠速			低怠速		5025			2540							
		CO (%)	HC (10^{-6})	λ	CO (%)	HC 10^{-6}	CO (%)	HC (10^{-6})	NO (10^{-6})	CO (%)	HC (10^{-6})	NO (10^{-6})	CO (g/km)	HC (g/km)	NO (g/km)	HC+NO (g/km)	
	柴油车	自由加速法								加载减速工况							
		光吸收系数 (m^{-1})				滤纸烟度 (BSU)				光吸收系数(m^{-1})			实测最大轮边功率(kW)				
		1	2	3	平均	1	2	3	平均	100%	90%	80%					

悬架				
前轴	左吸收率: %	右吸收率: %	左右差: %	
后轴	左吸收率: %	右吸收率: %	左右差: %	

前照灯 项目	灯高 mm 近光	灯高 mm 远光	远光光强 cd	远光偏移 垂直H	远光偏移 水平 mm/10m	近光偏移 垂直H	近光偏移 水平 mm/10m	判定
								/
左外								/
左内								
右内								
右外								

车速表	km/h
侧滑量	第一转向轮 m/km
	第二转向轮 m/km
喇叭	块压级______ dB(A)
不合格项汇总	

检验工位照片			
	制动检验工位	灯光检验工位	动力性检验工位

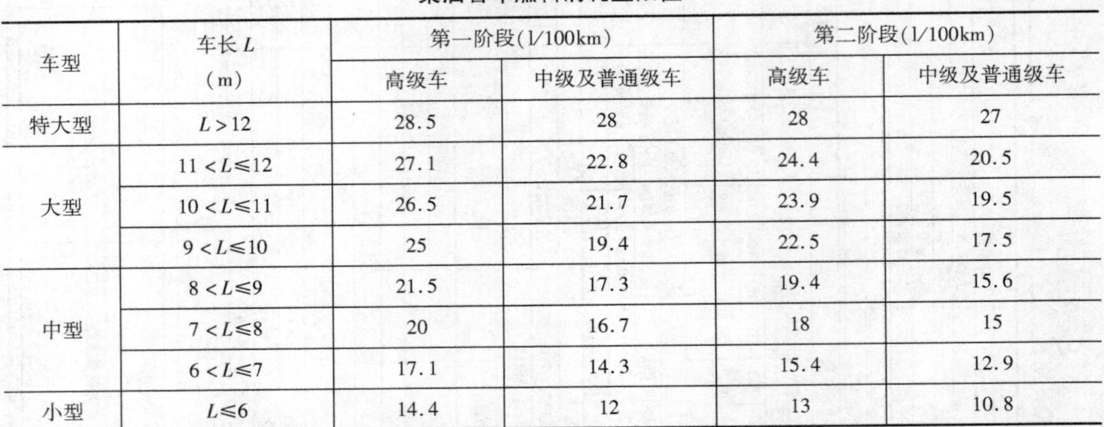

柴油客车燃料消耗量限值 表 6-1-5

车型	车长 L (m)	第一阶段(l/100km)		第二阶段(l/100km)	
		高级车	中级及普通级车	高级车	中级及普通级车
特大型	$L>12$	28.5	28	28	27
大型	$11<L\leqslant12$	27.1	22.8	24.4	20.5
	$10<L\leqslant11$	26.5	21.7	23.9	19.5
	$9<L\leqslant10$	25	19.4	22.5	17.5
中型	$8<L\leqslant9$	21.5	17.3	19.4	15.6
	$7<L\leqslant8$	20	16.7	18	15
	$6<L\leqslant7$	17.1	14.3	15.4	12.9
小型	$L\leqslant6$	14.4	12	13	10.8

(四)道路运输车辆技术等级

1. 车辆技术等级

道路运输车辆技术等级划分为一级和二级,危货运输车、国际道路运输车辆、从事高速公路客运及营运线路长度在800公里以上的客车,技术等级应当达到一级,营运车辆技术等级应达到二级以上。

道路运输车辆技术等级评定项目包括“核查评定项目”和“技术评定项目”,其中“技术评定项目”分为“关键项”“一般项”和“分级项”,技术等级评定方法应符合国家道路运输车辆技术等级划分和评定的要求《道路运输车辆技术等级划分和评定要求》(JT/T 198)。

2. 营运客车等级划分

营运客车分为客车、乘用车两个类型;客车:按照车长分为特大型、大型、中型和小型,乘用车不分类型,客车类型划分,见表 6-1-6 所示。

客 车 类 型 划 分 表 6-1-6

类型	特大型 a、b	大型	中型	小型
车长 L(m)	$12<L\leqslant13.7$	$9<L\leqslant12$	$6<L\leqslant9$	$3.5<L\leqslant6$

a 三轴客车;b 包括双层客车

营运客车分为 5 种类型 22 个等级,其中,特大型、大型客车各有 5 个等级;中、小型及乘用车各 4 个等级。营运客车等级划分,见表 6-1-7 所示。

营运客车等级划分 表 6-1-7

类型	客车																		乘用车			
	特大型						大型					中型				小型						
等级	高三级	高二级	高一级	中级	普通级	高三级	高二级	高一级	中级	普通级	高二级	高一级	中级	普通级	高二级	高一级	中级	普通级	高二级	高一级	中级	普通级

普通级客车是能通过公安部门核发车牌,允许上路行驶的客车,即满足安全基本条件的客车。客车的等级高低、主要评定内容包括:整车结构、底盘配置、安全性、动力性、舒适性及服务设施等。乘用车主要评定内容包括:发动机排量、空气调节与控制、卫星定位系统及行

李舱容积等。

从事高速公路客运、包车客运、国际道路旅客运输，以及营运线路长度在800公里以上客车的类型等级应当达中级以上，其类型划分和等级评定应符合国家《营运客车类型划分及等级评定》(JT/T 325)的要求。

(五)道路运输证

道路运输证是证明营运车辆合法经营的有效证件，也是记录营运车辆审验情况和对经营者奖惩的主要凭证，道路运输证必须随车携带，在有效期内全国通行，如图6-1-1所示。道路运输证中的主证和副页必须齐全，编号必须相同，骑缝章必须相合，填写的内容必须一致。否则，视为无效营运证。

图6-1-1 道路运输证

道路运输管理机构应当加强从事道路运输经营车辆的管理，对不符合本规定的车辆不得配发道路运输证。在对挂车配发道路运输证和年度审验时，应当查验挂车是否具有有效行驶证件。禁止使用报废、擅自改装、拼装、检测不合格以及其他不符合国家规定的车辆从事道路运输经营活动。

三、车辆技术管理一般要求

(一)制度管理

道路运输经营者应根据道路运输企业车辆技术管理标准，结合车辆技术状况和运行条件，正确使用车辆，加强车辆技术管理，制定车辆使用技术管理规范，遵守有关法律法规、标准和规范，认真履行车辆技术管理的主体责任，建立健全管理制度。

(二)人员管理

道路运输经营者根据车辆数量、经营类别配备车辆技术管理人员，设置相应部门负责车辆技术管理，加强从业人员对车辆维护、使用、安全和节能等方面的业务培训，提升从业人员业务素质，确保车辆处于良好的技术状态。

(三)档案管理

道路运输经营者应运用信息化技术做好道路运输车辆技术档案管理工作，车辆所有权转移、转籍时，车辆技术档案应随车移交。建立车辆技术档案制度，实行一车一档；车辆技术档案主要包括:车辆基本信息,车辆技术等级评定、客车类型等级评定、年度类型等级评定复核、车辆维修含《机动车维修竣工出厂合格证》、车辆主要零部件更换、变更、行驶里程及交通事故等,档案内容应准确、翔实。

四、客运车辆维护与修理

(一)车辆定期维护

道路运输经营者应依据国家有关标准和车辆维修手册、使用说明书等,结合车辆类别、车辆运行状况、行驶里程、道路条件、使用年限等因素,自行确定车辆维护周期,确保车辆正常维护。车辆维护作业项目应当按照国家关于汽车维护的技术规范要求确定。车辆维护分:日常维护、一级维护和二级维护;日常维护由驾驶员实施,一级维护和二级维护由道路运输经营者组织实施,并做好车辆维护记录。

道路运输经营者可对自有车辆进行二级维护作业,保证投入运营的车辆符合技术管理要求,无须进行二级维护竣工质量检验,不具备二级维护作业能力的,可以委托二类以上机动车维修经营者进行二级维护作业,完成二级维护作业后,应当向委托方出具二级维护出厂合格证。

(二)车辆视情修理

道路运输经营者应当遵循视情修理的原则,根据实际情况对车辆进行及时修理。

用于运输剧毒化学品、爆炸品的专用车辆及罐式专用车辆(含罐式挂车),道路运输经营者应到具备道路危险货物运输车辆维修资质的企业维修,专用车辆的牵引车和其他运输危险货物的车辆由道路运输经营者消除危险货物危害后,到具备一般车辆维修资质的企业维修。

五、客运车辆检测

客运车辆检测内容包括:公安部门安全技术检验和交通部门综合性能检测两部分;安全技术检验是客运车辆从注册登记之日起,5 年以内每年检验 1 次;超过 5 年的,每 6 个月检验 1 次;大型、中型非营运载客汽车 10 年以内每年检验 1 次;超过 10 年的,每 6 个月检验 1 次;综合性能检测是客车、危货运输车自首次经国家机动车辆注册登记主管部门登记注册不满 5 年的,每 12 个月进行 1 次检测和评定;超过 5 年的,每 6 个月进行 1 次检测和评定。详细内容见本书第二章第二节“机动车辆检验制度”。

(一)车辆检测档案

机动车综合性能检测机构应建立车辆检测档案,内容主要包括:车辆综合性能检测报告(含车辆基本信息、车辆技术等级),客车类型等级评定记录(大型客车必须达到一级,小型车辆必须达二级),每年进行一次,车辆检测的档案保存期不少于两年。

(二)车辆监督检查

道路运输管理机构应当按照职责权限对道路运输车辆的技术管理进行监督检查。道路运输经营者应当对道路运输管理机构的监督检查予以配合,如实反映情况,提供有关资料。一是监督检查车辆技术状况。道路运输管理机构将车辆技术状况纳入道路运输车辆年度审验内容,查验车辆"技术等级评定结论"和"客车类型等级评定证明"两份材料。将运输车辆技术管理纳入道路运输企业质量信誉考核和诚信管理体系。二是监督检查车辆管理档案。道路运输管理机构应当建立车辆管理档案制度。档案内容主要包括:车辆基本情况,车辆技术等级评定、客车类型等级评定或年度类型等级评定复核、车辆变更等记录。

六、法律责任

(一)道路运输经营者

道路运输经营者有下列行为之一的,县级以上道路运输管理机构应当责令改正,给予警告;情节严重的,处以1000元以上5000元以下罚款:

(1)道路运输车辆技术状况未达到《道路运输车辆综合性能要求和检验方法》(GB 18565)的;

(2)使用报废、擅自改装、拼装、检测不合格及其他不符合国家规定的车辆从事道路运输经营活动的;

(3)未按照规定的周期和频次进行车辆综合性能检测和技术等级评定的;

(4)未建立道路运输车辆技术档案或者档案不符合规定的;

(5)未做好车辆维护记录的。

(二)车辆综合性能检测机构

道路运输车辆综合性能检测机构有下列行为之一的,县级以上道路运输管理机构不予采信其检测报告,并抄报同级质量技术监督主管部门处理。

(1)不按技术规范对道路运输车辆进行检测的;

(2)未经检测出具道路运输车辆检测结果的;

(3)不如实出具检测结果的。

(三)道路运输管理机构工作人员

道路运输管理机构工作人员在监督管理工作中滥用职权、玩忽职守、徇私舞弊的,依法给予行政处分;构成犯罪的,由司法机关依法处理。

第二节　汽车客运站经营与服务规范

根据《中华人民共和国道路运输条例》和交通运输部《道路旅客运输及客运站管理规定》《道路旅客运输"三优"、"三化"规范》《汽车客运站安全生产规范》等法规文件规定,出台《汽车客运站经营与服务规范》,旨在加强汽车客运站管理,规范客运站服务工作,提高客运站服务质量,更好地为旅客、客运经营者提供优质规范服务。

本规范主要规定了旅客服务、运营服务、安全服务、环境服务及信息服务等基本要求,适用于一、二级客运站的经营与服务管理。三级(含三级)以下客运站可参照执行。

一、客运站总体要求

客运站应服从交通行政主管部门和道路运输管理机构依法实施的管理,符合交通行政主管部门的统一规划,具有道路运输管理机构核发的“道路运输经营许可证”;客运站遵循“以人为本,安全第一”的宗旨,依法经营、诚实信用、公平竞争、优质服务,实行等级管理,规模和设施设备应符合交通行业标准《汽车客运站级别划分和建设要求》规定。

(一)客运站功能

客运站应具备运输服务、运输组织、中转换乘、多式联运、通信、信息服务和辅助服务等主要功能。

(1)建立健全业务操作规程、安全管理制度,包括服务规范、安全生产操作规程、车辆发车前例检制度、安全生产责任制、危险品查堵、安全生产监督检查制度等。

(2)合理划分售票区、候车区、发车区和停车区等功能区。实行售票区和候车区分离,候车区和发车区分离,发车区和停车区分离, 实现封闭式管理。

(3)有序调度车辆进站发车,疏导旅客,实现客流、车流、行包流互不交叉,进站流、出站流互不交叉。

(4)客运站服务流程,如图 6-2-1 所示。

(5)形象标识规范示例:

①客运站站名使用范例,如图 6-2-2 所示。

②客运站引导标识范例,如图 6-2-3 所示。

(二)服务岗位设置

客运站以满足旅客和进站经营者需求为原则,以客运服务流程为依据,结合实际情况设置服务岗位,明确岗位职责,服务岗位包括值班站长、报班(迎门)、车辆安全检查、三品检查、调度、安全保卫、车场管理、咨询与投诉、售票、行包托取中转、小件寄存、候车、广播、检票、保洁等岗位。

以下是客运站设置示例:

(1)站前广场示例,如图 6-2-4 所示;

(2)售票厅示例,如图 6-2-5 所示;

(3)总服务台示例,如图 6-2-6 所示;

(4)候车厅示例,如图 6-2-7 所示;

(5)重点旅客候车室示例,图 6-2-8 所示;

(6)检票口示例,图 6-2-9 所示;

(7)候车室内商业区示例,图 6-2-10 所示;

(8)发车区示例,如图 6-2-11 所示;

(9)停车场示例,如图 6-2-12 所示;

(10)车辆安全检验台示例,如图 6-2-13 所示;

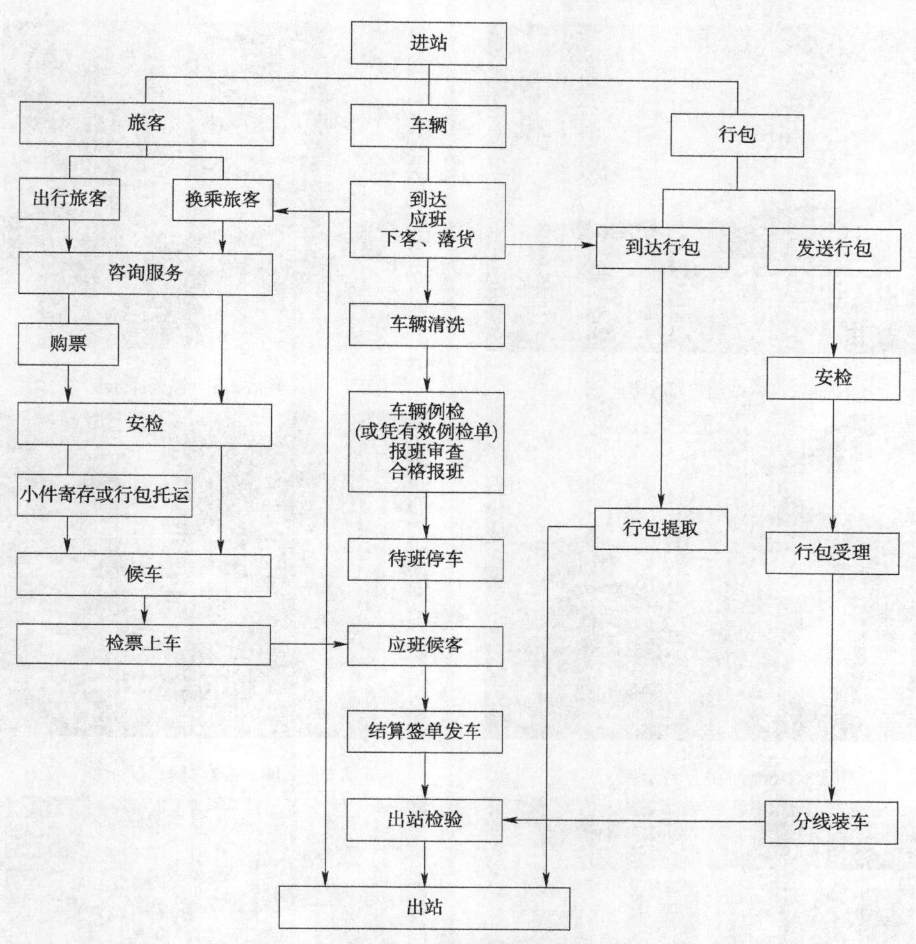

图 6-2-1　客运站服务流程图

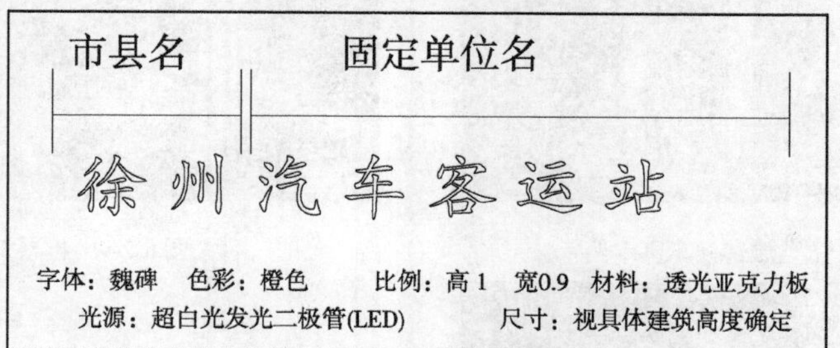

图 6-2-2　客运站站名使用范例

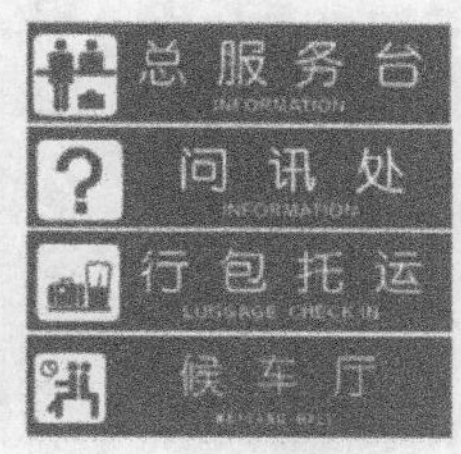

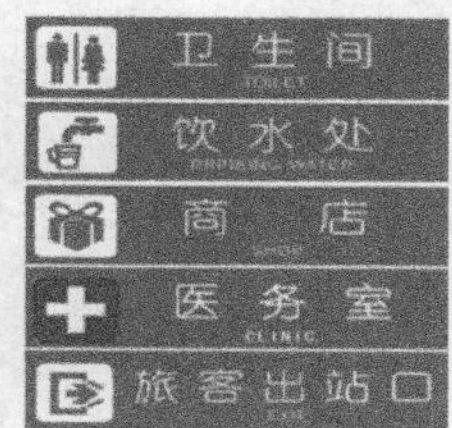

图 6-2-3　客运站引导标识范例

图 6-2-4　站前广场示例

图 6-2-5　售票厅示例

图 6-2-6　总服务台示例

图 6-2-7　候车厅示例

图 6-2-8　重点旅客候车室示例

图 6-2-9　检票口示例

图 6-2-10　候车室内商业区示例

图 6-2-11　发车区示例

图 6-2-12 停车场示例

图 6-2-13 车辆安全检验台示例

（11）站务人员工作服示例，如图 6-2-14 所示。

图 6-2-14 站务人员工作服示例

（三）收费规定公示

严格执行国家价格管理规定，在经营场所显著位置公示收费项目、收费标准、核定价格和执行价格，在价格调整期间，及时做好解释工作。

（四）客运站员工培训

客运站应组织员工参加交通运输主管部门的道路运输从业人员职业资格鉴定与评价，不断提高从业的素质；鼓励客运站通过 ISO 9001 国际质量体系认证。

（五）道路客运相关名词术语

1. 客运站

客运站是具有公益性特点的交通基础设施，是指以站场设施为依托，为道路客运经营者和旅客提供有关运输服务的场所。

2. 客运经营者

指用客车运送旅客、为社会公众提供服务、具有商业性质的道路客运经营的企业和个人。

3. 重点旅客

指老、弱、病、残、孕、幼等旅客。

4. 客运车辆

指具备经营资格，并经道路运输管理机构许可进站的道路客运车辆。

5. 客流

指旅客的流量、流时、流向。

6. 车流

客运车辆的流量、流时、流向。

7. 行包流

指托运行包与提取行包的流量、流时、流向。行包流分为发送行包流、到达行包流和中转行包流。

8. 小件快运

指道路客运快件经营者按照有关规定和要求,将托运人委托的小件物品,通过客运班车的行李舱,随同客运班车的始发和抵达将物品快速移位交付收件人的延伸服务。

9. 进站流

指到达客运站的客流、车流、行包流的总称。

10. 出站流

指客运站出站的客流、车流、行包流的总称。

11. 应班

指客运车辆按规定时间进站。

12. 报班

指客运站对应班客运车辆办理登记、审查是否准予发班的程序。

13. “三品”

指国家规定不能携带进站上车或托运的易燃、易爆、易腐蚀物品。

14. 结算凭证

指客运站对客运车辆在报班上客后核对该班车旅客人数、行包托运件数,出具相关结算金额的单据凭证。

15. “三不进站”和“五不出站”

(1)“三不进站”是指:危险品不进站、无关人员不进站(发车区)、无关车辆不进站;

(2)“五不出站”是指:超载客车不出站、安全例检不合格客车不出站、驾驶员资格不符合要求不出站、客车证件不齐全不出站、“出站登记表”未经审核签字不出站。

16. 国际无障碍设计设施标志牌

标志牌尺寸为0.1米至0.45米的正方形,白色轮椅图案黑色衬底或相反,轮椅面向右侧,所示方向为右行,轮椅面向左侧,所示方向为左行。

二、客运旅客服务

(一)旅客售票服务

客运站根据自身运力情况,合理安排售票。客运站采取设售票窗口、上门售票、计算机联网售票、网上订票等措施,设立计算机售票系统、订票服务系统等相应设施自助购票,为旅客购票提供便利。

(1)售票处应在适当位置公示旅客须知、班次时刻表、售票信息配套显示、里程价格表、行包价目表、营运线路图、禁运限运物品宣传图、儿童身高标识等项目,提示购票人员主动申报是否带有符合规定的免票儿童。

(2)售票窗口标识清晰,明确标示窗口编号,设置退、补、换票专窗以及优先购票专窗,旅客不能按票面指定日期、车次乘车时,可在该班车开车2小时前办理签证改乘。

(3)旅客因故退票,应在当次班车规定时间开车前办理退票手续,严格按规定为旅客办理客票改乘及退票业务,非旅客自身责任造成的退票,不收退票费;车上发售的客票和签证改乘的客票不办理退票。

售票工作人员售票时应遵守操作规程,公平、公开售票,对旅客提出的票务问题应当耐心解答,严禁违背旅客意愿售票,严禁出售超员票。

(二)营运信息服务

客运站应设有咨询服务台或总服务台,为旅客提供车站运营信息、乘车须知、站内服务导向、站外换乘、汽车客运法规等咨询服务,宣传相关政策法规,并及时做好与各岗位的信息沟通,为旅客解决疑难问题,提供简易救急药品、针线、宣传资料等。

(1)客运站在显著位置公布电话号码,设置咨询电话、投诉电话和旅客意见簿,安排专人受理电话咨询和电话投诉,及时处理旅客投诉意见。

(2)客运站为旅客提供检票通知、失物招领、旅客须知,向旅客宣传国家运输有关规定、安全、卫生及旅行常识等广播服务,广播系统覆盖站房内各个服务区域,按时准确播报班车检票信息,及时提醒旅客乘车,对班车晚点、班车临时停班等信息应及时、反复进行广播。

(三)行包托运寄存

1. 行包托运规定

客运站建立行包托运交接制度,对办理托运、到站以及中转的货物应交接清楚,避免错装、漏装、错发、漏发。掌握当日车站班次变更及售票情况,合理调配托运行包,严禁班车超载。

托运行包必须包装完整、捆扎牢固、便于装卸和运输。对旅客同行免费行包需放置车辆下置行李仓的,应采取张贴标签等措施,防止错装、错发;严格执行交通运输部《汽车旅客运输规则》关于行包运输的规定,旅客超重行包,应支付超重行包费,掌握行包运费的计算方法,严格按标准收费,做到合理计量;对行包装卸、行包托运中出现货损、货差以及超期无人认领行包,应按照《汽车旅客运输规则》的规定处理,严禁旅客行包中夹带易燃、易爆、危禁品(以下简称“三品”),保证旅客生命财产安全。

2. 小件快运服务

有条件的客运站开展道路客运小件快运服务,小件快运服务处应设工作台、公告栏,配备计算机、有关单据、计量衡器、米尺、搬运工具、货物打包机等,公布有关客运快件的托运范围、价格、要求以及客运班次时刻表等事项,对所有承运货物要进行“三品”检查。

客运站应与小件快运协作单位签署客运快件运输协作协议,明确各方在小件快运中的责任、权利和义务,确立经营主体间的紧密协作关系,严格小件快运服务操作流程,并做好跟踪记录。

3. 行包寄存服务

客运站应为旅客提供行李、行包物品等寄存服务,寄存处应具备储物架等设施,妥善保管旅客寄存的物品,按规定程序办理物品存取手续,爱护寄存物品,文明待客;应按交通及价格主管部门核定的价格计价收费,并在显著位置公示收费标准;应做好安全检查,严禁寄存物品中夹带“三品”;应严格执行交付手续,旅客提取物品时,应认真查验凭证,确定无误后方可交付。

(四)候车检票服务

1. 候车服务

客运站为旅客提供候车休息的场所,候车室的设备应包括适量座椅、液晶显示装置、时钟、密闭垃圾筒、候车牌等;应为老、弱、病、残、孕、幼等旅客提供重点候车室(区)以及婴儿床、轮椅、婴儿推车等人性化服务设备;应设置专门吸烟区;应对进入候车区的旅客进行行包安全检查,防止携带“三品”。安保人员应不定时巡逻,维持候车秩序,劝阻吸烟的旅客,制止赌博、拉客等不良行为。

候车室应保持清洁,提供免费卫生间、饮水处,为旅客提供干净饮用水、手推车、报纸、简易救急药品、针线、班次时刻表等便民服务物品。卫生间内应设置足够的蹲位、洗手台、抽风机等设备,并安排专人进行清洁,定期进行消毒。

迎宾员根据旅客需求介绍服务处所,引导购票、候车服务等;候车服务人员应熟记本站营运线路和班次,熟记各班次的发车时间、沿途主要停靠站点和到达站点、各班次的车型、座位、里程、票价和运行时间,及时掌握当天班次的调整、变更情况,引导旅客购票、候车、行包托运、小件寄存、检票上车等,主动为重点旅客提供代办购票手续等服务。

2. 检票服务

客运站应严格按有关规定检票,候车室应设置适量检票口,安排专人负责检票工作,检票口应设置隔离栏、引导标识和检票信息屏,信息发布做到及时清晰,客运站按规定时间在发车前为旅客检票并引导其乘车,检票时,引导旅客有序排队检票,用规范检票用语宣讲,照顾重点旅客,并指引乘车位,检票后,客运站应引导旅客有序上车,照顾重点旅客,检票人员应清点上车人数,与司乘人员办好交接手续,观察是否符合安全发车要求,保证班车的正点发班,禁止客车超载出站。

(五)无障碍服务

客运站无障碍设施应符合《城市道路和建筑物无障碍设计规范》的规定。站前广场与站房之间应当设置无障碍通道,并且与城市道路的人行道相连接。新建客运站应设置低位服务台、低位售票窗口和低位电话,男女厕所应各设一个无障碍厕位,门扇应向外开启。在无障碍通道、服务台、公用厕所、轮椅坡道等设施的位置应设置国际通用的无障碍标志牌。

(六)服务岗位行为规范

(1)服务人员形象规范。客运站应规范站务人员仪表形象,按照客运站规定统一着装,佩戴工号牌等标志,衣帽整洁、修饰得体、精神饱满、仪表端庄。

(2)服务岗位语言规范。站务人员在与旅客沟通时应做到语言简洁、准确,服务过程中应使用文明礼貌用语,不得使用否定、厌烦、命令、挖苦、质问、推托等用语。

(3)服务工作程序规范。客运站服务工作过程应程序化,根据道路客运作业之间的内在联系和工艺流程，明确各岗位及其服务内容、标准要求、工作程序，保证车站各项服务工作环环相扣、节节相连、顺利有序地进行。

（七）服务工作标准

客运站服务工作过程应程序化、规范化，服务标准应达到以下要求：

（1）不因车站原因发生安全生产事故、道路运输行车责任事故，年安全生产事故、道路运输行车责任事故次数为0；

（2）行包赔偿率5‰以下；

（3）客运班车正班率99.9%以上；

（4）发车正点率98%以上；

（5）旅客正运率99.5%以上；

（6）行包正运率99.9%以上；

（7）售票差错率0.5‰以下；

（8）旅客满意率98%以上；

（9）旅客意见处理率100%；

（10）营运车辆经营者满意率95%以上；

（11）驾乘人员意见处理率100%；

（12）运费结算率100%。

三、客运站运营服务

（一）道路旅客运输组织

客运站应遵循“公平、公正、公开”的原则，建立合理的车辆排班制度，按核定的运营线路（站点）、班次、车型、票价、发车时间编制运行计划，按计划报班，统一调度和管理。

（1）在客流高峰期，应按照行业管理规定安排车辆加班、包车，客流高峰时，根据事先制定的预案，组织好售票及运力安排等事项，最大限度减少旅客购票和候车时间；日发班次在10个以上的，应确保当日班车旅客购票后在站内滞留时间不超过4个小时。

（2）对外公布车站地理位置、换乘公交线路、班车类别、客车类型、运输线路、班次、起讫站点、停靠站点、发车时间、票价等信息，对由于不可抗力或承运责任造成脱班或中途不能运营，应及时组织输送旅客。

（3）按进站协议要求，客运站车场管理员应指挥运营车辆有序进站，按指定位置在停车场待班、发车区候客，为运营车辆的组织、办理行包托运，并做好行包装卸、交接保管等工作，对进站旅客流量、流向及潜在客源进行调查、分析，为进站营运车辆经营者组织客源。

（4）按照交通运输部《道路旅客运输及客运站管理规定》要求，接纳合法客运车辆进站经营，为符合进站要求的进站营运车辆办理进站手续，合理安排班次，建立基础管理档案和台账。

（5）客运车辆牌证手续齐全，包括：客运线路标志牌、道路运输证、行驶证、承运人责任险保单等；客运车辆驾驶员持有驾驶证、从业资格证等。

（二）与客运经营者签订进站协议

按协议履行各自的权利、义务和责任，客运站应与客运经营者签订进站协议：

(1)双方对社会和旅客共同的义务和责任，明确依法经营、照章纳税、旅客至上、服务第一、为旅客提供安全、舒适、方便、快捷的旅行和客运站统一对旅客售票、统一对旅客受理行包等服务宗旨和原则。

(2)运营线路、运营车辆(车牌号、厂牌型号、类型等级、技术等级、座位数、出厂时间)、起讫站点、中途停靠点、客票价格、发班时刻等具体事宜。

(3)客运站对进站营运车辆经营者的服务承诺，包括提供驾乘休息室、停车服务、对车辆进行安全检测、洗车服务等；对进站营运车辆经营者站内经营行为和服务行为的具体要求与监督方式，包括对其误班、脱班、停班的管理及措施、对客运车辆安全及卫生管理的制度及措施。

(4)进站营运车辆经营者遵守客运站运营规定，及经营行为和服务行为的承诺(应承诺不私自揽客、揽货，执行运输应急保障措施等)。

(5)客运站对进站营运车辆经营者按照行业相关规定执行的具体收费标准和运费结算方式、结算周期等。

(6)违约责任及协议有效期。

（三）运营车辆的应班管理

客运站按照进站协议签订的内容对运营车辆应进行应班管理，保证班车正班率等指标符合标准。

(1)运营车辆应在发车30分钟前备齐相关证件进站报班，等待发车(流水班车和旅客高峰期除外)。无特殊情况，运营车辆不按时应班，1小时以内视为误班，1小时以上视为脱班。

(2)进站经营者因故不能发班的，应提前1日告知客运站，双方以保证旅客运输为原则协商解决。客运站应按行业管理规定和进站协议对误班、脱班及不办理报停手续私自停班的经营者进行处理。对无故停班连续达3日以上的，客运站应向当地道路运输管理机构报告。

(3)对班车脱班的，客运站应安排车辆顶班，并告知旅客顶班车与原班车类型等级情况，顶班车类型等级比原班车类型等级低的，应退客票差额。

(4)客运站应制定合理、便捷的运费结算制度，及时和进站营运车辆经营者进行结算，不得拖欠运费，结算周期最长不得超过1个月。

(5)客运站应为行业管理机构驻站人员提供办公场所和必要的办公设施。

（四）后勤保障服务

客运站应为进站经营者提供保障；维护好站内各种设施、设备并保证正常使用，不得改变客运站用途和服务功能；为驾乘人员提供休息场所及饮用水等；为待班车辆停放提供场所并负责车辆的停放安全。可根据自身条件提供住宿、餐饮和购物等生活辅助服务，提供清洁、消毒、维修、检测、加油、配餐、卧具清洗等生产辅助服务。辅助服务应取得相关的经营资质，达到相关行业的服务标准、卫生标准和技术标准，并按有关规定合理收费。

四、客运站安全服务

(一)组织保障

设置安全生产管理机构,配备与安全生产管理工作相适应的管理人员、安保人员,维护站内的交通安全、消防安全、治安安全,提供良好的安全乘车环境。组织开展经常性的安全生产检查,健全和落实安全生产管理制度,制定进站“三品”检查、客车安全例行检查和出站检查等各项安全生产管理措施,客运站应定期对员工进行安全教育,对旅客进行安全常识的宣传,按“三关一监督”(运输经营者市场准入关、营运车辆技术状况关、营运车辆驾驶员从业资格关和汽车客运站的安全监督)要求,严把道路运输安全生产源头关,对站内安全生产各环节实行全过程监督管理:

(1)做好“三不进站、五不出站”工作,即易燃、易爆和易腐蚀等危险品不进站、无关人员不进站上车(发车区)、无关车辆不进站,超载客车不出站、安全例行检查不合格客车不出站、驾驶员资格不符合要求不出站、客车证件不齐全不出站、出站登记表未经签字审核不出站。客运站调度员应严格查验“安检合格通知单”,对客运线路标志牌、道路运输证(含二级维护卡)、行驶证、承运人责任险保单、驾驶证、从业资格证等相关牌证进行核实。营运单程在400公里以上或高速公路600公里以上的客车,客运调度员必须审核其配备的2名以上驾驶员的驾驶证和从业资格证。

(2)客运站应与所有进站客运车辆所属企业建立“客车营运调度情况信息”沟通反馈制度,对非正常应班、脱班、停班的客车,必须共同查明原因及去向,从源头上消除安全隐患。

(3)驾驶员酒后和不按规定配备驾驶员的不发班。

(4)客运站调度员应时刻掌握天气情况,因气候恶劣影响行车安全时,不应安排车辆发班。

(二)运营安全与应急预案

(1)设施安全:客运站的进、出口通道应分开设置,应保障消防、安全设施设备齐全有效,按规定配备“三品”检查仪,严禁“三品”进站上车;配备汽车安全检验台,对报班运营车辆进行安全检验;运营车辆配备消防设施设备,确保正常运行,并经常性组织检查。

(2)运营安全:与进站营运车辆经营者签订安全责任书,做好进站营运车辆经营者、企业管理人员、驾乘人员的安全教育;对运营车辆自检基础上,严格执行车辆进出站安全检查制度。

(3)应急预案:制定《客运站突发事件应急预案》,内容应包括:突发事件定义、报告程序、应急指挥、应急设备的储备及处置措施等,定期对应急预案进行演练,完善应急预案,以确保预案中旅客和车辆在紧急情况下安全疏散的有效性。

五、其他经营性服务

(一)经营行为

根据行业管理要求,客运站为进站客车办理进站营运手续,建立包括车辆行驶证、道路运输证、班线经营许可证明、承运人责任险、驾驶员从业资格证等内容的基础管理档案及台账;在醒目处设置班车票价表、旅客乘车须知、严禁携带和托运物品宣传画、座椅、时钟、饮水器具、意见簿、市内交通图等,一、二级客运站的班次时刻表、票价表应采用电子显示屏显示,客运站班次时刻表应及时上报当地道路运输管理机构,以便统一对公布。

(二)收费许可

客运站依据生产经营项目,向当地价格主管部门申领经营性服务收费许可,取得保监部门的代理资格证,代理旅客人身意外伤害险,按照道路运输管理机构核定的站级标准,执行价格主管部门核定的收费项目和费率,收取旅客费用,收费项目和标准在站内显著位置予以公布。

(三)环境服务

客运站应以便捷、舒适、美观、卫生、安全为总体原则,做到净化美化绿化,设施齐全、美观大方、布局合理、标志明显,车辆停放整齐,周边环境有序,提升客运站的形象,为旅客营造良好的出行环境;播放背景音乐,营造良好氛围;具有相应的制冷、取暖设备,为旅客营造舒适环境,使用更多便民设施,如电子显示设备、自动寄存柜、自动提款机、自动售票机、自动查询机、投币或磁卡电话、手机充电设施等。

客运站应符合国家标准《公共交通等候室卫生标准》要求,候车室卫生应达到国家爱卫会的考核规定,按卫生防疫部门的要求和工作程序对站内的设施包括售票厅、候车厅的座椅、栏杆、地面、卫生间及旅客频繁接触的公共设施、设备等进行消毒;站内若提供饮食等服务,应按照国家相关的食品卫生标准执行和管理。

(四)车容车貌

客运站应对发班前的车辆卫生状况及车辆装备进行检查,符合下列条件方可报班:车辆装备(座椅、卧铺、卧具、车身漆皮、玻璃门窗、营运标识、警示标志等)齐全、整洁、完好;车辆证、照、牌齐全有效;车容车貌整洁,驾乘人员着装整洁。

(五)标识标志

客运站应在显著位置悬挂站名标志,在站场内所有进出口、主要通道、主要位置设置统一明显的交通警示标志、引导标识或温馨提示标识等,标识醒目、完好,便于识别;在各服务区域明显位置设置醒目的功能指示牌或服务标识牌,说明该区域所提供的服务;在正门、主要入口处或总服务台应设置客运站的整体布局图;在售票厅、候车室、旅客进站口等醒目位置设置固定的宣传栏,公布旅客须知、乘车指南、交通安全、公益广告等信息。

(1)设置导向标识,用于向旅客指引售票室、候车室、寄存处、检票口、值班站长室、安全出口、步行梯、自动扶梯、吸烟室、饮水处、卫生间等位置,主要通道地面应当标有紧急疏散方向的指示符号。

(2)设置警示标识,用于向旅客提出警示,提示旅客注意安全,规范旅客行为,如小心地滑、禁止吸烟、禁止通行等。

(3)设置安全标识,在应急通道、灭火器材、消防栓等位置设置安全性标识,标识应醒目、完好,当发生相关事故时,指引旅客及时疏散或采取相应的急救措施。

(4)设置多语种文字标识,应使用《国家通用语言文字规范手册》中规定的标准用字,旅游客运站应采用中英文双语或多语种标识。

第三节　道路旅客运输及客运站管理规定

一、道路客运(站)经营概述

制定《道路旅客运输及客运站管理规定》,旨在规范道路旅客运输及道路旅客运输站经营活动,维护道路旅客运输市场秩序,保障道路旅客运输安全,保护旅客和经营者的合法权益。从事道路旅客运输(以下简称道路客运)经营以及道路旅客运输站(以下简称客运站)经营的,应遵守《道路旅客运输及客运站管理规定》。

(一)道路客运经营

本规定所称道路客运经营,是指用客车运送旅客、为社会公众提供服务、具有商业性质的道路客运活动,包括班车(加班车)客运、包车客运、旅游客运。

(1)班车客运是指营运客车在城乡道路上按照固定的线路、时间、站点、班次运行的一种客运方式,包括直达班车客运和普通班车客运。加班车客运是班车客运的一种补充形式,是在客运班车不能满足需要或者无法正常运营时,临时增加或者调配客车按客运班车的线路、站点运行的方式。

(2)包车客运是指以运送团体旅客为目的,将客车包租给用户安排使用,提供驾驶劳务,按照约定的起始地、目的地和路线行驶,按行驶里程或者包用时间计费并统一支付费用的一种客运方式。

(3)旅游客运是指以运送旅游观光的旅客为目的,在旅游景区内运营或者其线路至少有一端在旅游景区(点)的一种客运方式。

客运站经营是指以站场设施为依托,为道路客运经营者和旅客提供有关运输服务的经营活动。

(二)道路客运经营原则

道路客运和客运站管理应当坚持以人为本、安全第一的宗旨,遵循公平、公正、公开、便民的原则,打破地区封锁和垄断,促进道路运输市场的统一、开放、竞争、有序,满足广大人民群众的出行需求。

道路客运及客运站经营者应当依法经营,诚实信用,公平竞争,优质服务。国家实行道路客运企业等级评定制度和质量信誉考核制度,鼓励道路客运经营者实行规模化、集约化、公司化经营,禁止挂靠经营。

(三)道路客运经营监督管理

一是交通运输部主管全国道路客运及客运站管理工作;二是县级以上地方人民政府交

通运输主管部门负责组织领导本行政区域的道路客运及客运站管理工作;三是县级以上道路运输管理机构负责具体实施道路客运及客运站管理工作。

二、道路客运经营许可

(一)道路客运经营分类

道路客运经营分类见表6-3-1。

道路客运经营分类　　表6-3-1

道路客运经营类型	二级分类		备　注
班车(加班车)客运	一类客运班线		地区所在地与地区所在地之间的客运班线或者营运线路长度在800公里以上的客运班线
	二类客运班线		地区所在地与县之间的客运班线
	三类客运班线		非毗邻县之间的客运班线
	四类客运班线		毗邻县之间的客运班线或者县境内的客运班线
包车客运	省际包车客运		省:省、直辖市、自治区等
	省内包车客运	市际	市:设区的市、州、盟人民政府所在城市市区
		县际	县:包括县、旗、县级市和设区的市、州、盟下辖乡镇的区
		县内	
旅游客运	定线		按照班车客运管理
	非定线		按照包车客运管理

1. 班车客运线路类型

班车客运的线路根据经营区域和营运线路长度分为以下4种类型:一类、二类、三类和四类客运班线。

(1)一类客运班线:地区所在地与地区所在地之间的客运班线或者营运线路长度在800公里以上的客运班线;

(2)二类客运班线:地区所在地与县之间的客运班线;

(3)三类客运班线:非毗邻县之间的客运班线;

(4)四类客运班线:毗邻县之间的客运班线或者县境内的客运班线。

其中文中所提到的地区所在地,是指设区的市、州、盟人民政府所在城市市区;所提到的县,包括县、旗、县级市和设区的市、州、盟下辖乡镇的区。县城城区与地区所在地城市市区相连或者重叠的,按起讫客运站所在地确定班线起讫点所属的行政区域。

2. 包车客运类型

包车客运按照其经营区域分为省际包车客运和省内包车客运,省内包车客运分为市际包车客运、县际包车客运和县内包车客运。

3. 旅游客运类型

旅游客运按照营运方式分为定线旅游客运和非定线旅游客运。定线旅游客运按照班车客运管理,非定线旅游客运按照包车客运管理。

(二)道路客运经营行政许可条件

申请从事道路客运经营的,应具备下列条件:从事道路班车(加班车)客运、包车客运、旅游客运经营应具有的三项必备条件：一是有与其经营业务相适应并经检测合格的客车；二是有符合条件的从事客运经营的驾驶人员；三是有一套健全的安全生产管理制度。如果是从事道路客运班线经营的，还应具有第四项条件，即应有明确的线路和站点方案。

1. 与其经营业务相适应的车辆

(1)客车技术要求应当符合《道路运输车辆技术管理规定》有关规定；

(2)客车类型等级要求：从事高速公路客运、旅游客运和营运线路长度在800公里以上的客运车辆，其车辆类型等级应当达到行业标准《营运客车类型划分及等级评定》(JT/T325)规定的中级以上；

(3)申请从事道路客运经营的客车数量要求，见表6-3-2所示。

申请从事道路客运经营的客车数量要求 表6-3-2

客运经营类型	自有营运客车数量(辆)	客位数量(个)	自有中高级客车数量(辆)	中高级客车客位数量(个)	自有高级客车数量(辆)	高级客车客位数量(个)
一类客运班线	100	3000	30	900	40	1200
二类客运班线	50	1500	15	450	20	600
三类客运班线	10	200	无	无	无	无
四类客运班线	1	无	无	无	无	无
省际包车客运	无	无	20	600	无	无
省内包车客运	5	100	无	无	无	无

1. 自有中高级客车数量和高级客车数量，包括相应的客位数，只要有其中之一符合条件即可；
2. 表格上的数量表示至少数量；
3. 表格中的无表示没有明确要求

2. 与其经营业务符合条件的驾驶人

从事客运经营的驾驶人员的条件包括取得相应的机动车驾驶证；年龄不超过60周岁；3年内无重大以上交通责任事故记录；经设区的市级道路运输管理机构对有关客运法规、机动车维修和旅客急救基本知识考试合格而取得相应从业资格证。《道路旅客运输及客运站管理规定》所称交通责任事故，是指驾驶人员负同等或者以上责任的交通事故。

3. 与其经营业务健全的安全生产管理制度

健全的安全生产管理制度包括安全生产操作规程、安全生产责任制、安全生产监督检查、驾驶人员和车辆安全生产管理的制度。

4. 其经营业务有关的道路客运线路和站点

要有准确的客运经营线路、发车班次、发车时间及途经客运站点名称等。

(三)道路客运经营申请规定

申请从事道路客运经营的，应当依法向工商行政管理机关办理有关登记手续后，按照下列规定提出申请：①从事县级行政区域内客运经营的，向县级道路运输管理机构提出申请；②从事省、自治区、直辖市行政区域内跨2个县级以上行政区域客运经营的，向其共同的上一级道路运输管理机构提出申请；③从事跨省、自治区、直辖市行政区域客运经营的，向所在地的省、自治区、直辖市道路运输管理机构提出申请。

1. 从事道路客运经营申请材料

申请从事道路客运经营的，应提供下列材料：

(1)《道路旅客运输经营申请表》，如图 6-3-1 所示；

道路旅客运输经营申请表

受理申请机关专用

说明

1. 本表根据《道路旅客运输及客运站管理规定》制作，申请从事道路旅客运输经营应当按照《道路旅客运输及客运站管理规定》第二章的有关规定向相应道路运输管理机构提出申请，填写本表，并同时提交其它相关材料（材料要求见第 4 页）。

2. 本表可向各级道路运输管理机构免费索取，也可自行从交通运输部网站（www. mot. gov. cn）下载打印。

3. 本表需用钢笔填写或者计算机打印，请用正楷，要求字迹工整。

申请人基本信息

申请人名称 ____________________

要求填写企业（公司）全称或者企业预先核准全称、个体经营者姓名

负责人姓名 __________ 经办人姓名 __________

如系个人申请，不必填写"负责人姓名"及"经办人姓名"项

通信地址 ____________________

邮　　编 __________ 电　　话 __________

手　　机 __________ 电子邮箱 __________

申请许可内容　　请在□内划✓

首次申请道路旅客运输经营许可或申请扩大道路旅客运输经营范围，请选择拟申请的道路旅客运输经营范围

	县内	县际	市际	省际
班车客运	□	□	□	□
包车客运	□	□	□	□

如申请扩大道路旅客运输经营范围，请选择现有的道路旅客运输经营范围

	县内	县际	市际	省际
班车客运	□	□	□	□
包车客运	□	□	□	□

拟聘用营运客车驾驶员情况

序号	姓名	性别	年龄	取得相应驾驶证时间	从业资格证号	从业资格证类型	三年内是否发生重大以上交通责任事故
1							
2							
3							
4							
5							
6							
7							
8							
9							
10							
11							
12							
13							
14							
15							
16							
17							
18							
19							
20							
21							
22							
23							
24							
25							
26							
27							
28							
29							
30							

表格不够，可另附表填写

营运客车信息

已购置营运客车情况

序号	厂牌型号	数量	座位数（个）	车辆类型及等级	车辆技术等级	车辆外廓长宽高	购置时间	备注
1								
2								
3								
4								
5								
合计								

表格不够，可另附表填写。

拟购置营运客车情况

序号	厂牌型号	数量	座位数（个）	车辆类型及等级	车辆技术等级	车辆外廓长宽高	备注
1							
2							
3							
4							
5							
合计							

表格不够，可另附表填写。

如申请扩大经营范围，请填写"现有营运客车情况"表

现有营运客车情况

序号	道路运输证号	厂牌型号	车辆号码	座位数（个）	车辆类型及等级	车辆技术等级	车辆外廓长宽高	购置时间
1								
2								
3								
4								
5								
合计								

表格不够，可另附表填写。

申请材料核对表　　请在□内划✓

1.《道路旅客运输经营申请表》（本表） □

2. 企业章程文本 □

3. 投资人、负责人身份证明及其复印件，经办人的身份证明及其复印件和委托书 □

4. 安全生产管理制度文本 □

5. 拟投入车辆承诺书，包括客车数量、类型及等级、技术等级、座位数以及客车外廓长、宽、高等。若拟投入客车属于已购置或者现有的，应提供行驶证、车辆技术等级证书（车辆技术检测合格证）、客车等级评定证明及其复印件 □

6. 已聘用或者拟聘用驾驶人员的驾驶证、从业资格证及其复印件，公安部门出具的 3 年内无重大以上交通责任事故的证明 □

只有上述材料齐全有效后，你的申请才能受理

同时申请道路客运班线经营的，还应填写《道路旅客运输班线经营申请表》并提供要求的材料

声明

我声明本表及其它相关材料中提供的信息均真实可靠

我知悉如此表中有故意填写的虚假信息，我取得的道路经营许可将被撤销

我承诺将遵守《中国人民共和国道路运输条例》及其它有关道路运输法规、规章的规定

负责人签名 __________　　日　　期 __________

负责人职位 __________

如系个人申请不必填写"负责人职位"项

图 6-3-1　道路旅客运输经营申请表

(2)企业章程文本;

(3)投资人、负责人身份证明及其复印件,经办人的身份证明及其复印件和委托书;

(4)安全生产管理制度文本;

(5)拟投入车辆承诺书,包括客车数量、类型及等级、技术等级、座位数以及客车外廓长、宽、高等。如果拟投入客车属于已购置或者现有的,应当提供行驶证、车辆技术等级评定结论、客车类型等级评定证明及其复印件;

(6)已聘用或者拟聘用驾驶人员的驾驶证和从业资格证及其复印件,公安部门出具的3年内无重大以上交通责任事故的证明。

2. 道路客运班线经营申请材料

申请道路旅客运输班线经营的,应提供下列材料:

(1)道路旅客运输班线经营申请表,如图6-3-2所示;

(2)可行性报告,包括申请客运班线客流状况调查、运营方案、效益分析以及可能对其他相关经营者产生的影响等;

(3)进站方案,已与起讫点客运站和停靠站签订进站意向书的,应当提供进站意向书;

(4)运输服务质量承诺书。

3. 新增客运班线的申请材料

已获得相应道路班车客运经营许可的经营者,申请新增客运班线时,除提供申请道路客运班线经营的所需材料外,还应提供下列材料:

(1)《道路运输经营许可证》复印件;

(2)与所申请客运班线类型相适应的企业自有营运客车的行驶证和《道路运输证》复印件;

(3)拟投入车辆承诺书,包括客车数量、类型及等级、技术等级、座位数以及客车外廓长、宽、高等。如果拟投入客车属于已购置或者现有的,应当提供行驶证、车辆技术等级评定结论、客车类型等级评定证明及其复印件;

(4)拟聘用驾驶人员的驾驶证和从业资格证及其复印件,公安部门出具的3年内无重大以上交通责任事故的证明;

(5)经办人的身份证明及其复印件,所在单位的工作证明或者委托书。

(四)道路客运站经营申请规定

申请从事客运站经营的,应当依法向工商行政管理机关办理有关登记手续后,向所在地县级道路运输管理机构提出申请。

1. 从事客运站经营的申请条件

(1)客运站经有关部门组织的工程竣工验收合格,并且经道路运输管理机构组织的站级验收合格;

(2)有与业务量相适应的专业人员和管理人员;

(3)有相应的设备、设施,具体要求按照行业标准《汽车客运站级别划分及建设要求》(JT/T200)的规定执行;

(4)有健全的业务操作规程和安全管理制度,包括服务规范、安全生产操作规程、车辆发车前例检、安全生产责任制、危险品查堵、安全生产监督检查的制度。

受理申请机关专用

道路旅客运输班线经营申请表

说明

1.本表根据《道路旅客运输及客运站管理规定》制作，申请从事道路旅客运输班线经营应当按照《道路旅客运输及客运站管理规定》第二章的有关规定向相应道路运输管理机构提出申请，填写本表，并同时提交其它相关材料（材料要求见第4页）。

2.本表可向各级道路运输管理机构免费索取，也可自行从交通运输部网站（www.mot.gov.cn）下载打印。

3.本表需用钢笔填写或者计算机打印，请用正楷，要求字迹工整。

申请人基本信息

申请人名称 ______________________

要求填写企业（公司）全称或者企业预先核准全称、个体经营者姓名

负责人姓名 __________ 经办人姓名 __________

如系个人申请，不必填写"负责人姓名"及"经办人姓名"项

通信地址 ______________________

邮　　编 __________ 电　　话 __________

手　　机 __________ 电子邮箱 __________

经营许可证编号 __________

已获得道路班车客运经营许可的经营者，申请新增客运班线的，需填写下列内容

已获许可经营范围　　　　请在□内划✓

县内班车客运 □　县际班车客运 □　市际班车客运 □　省际班车客运 □

已获许可客运班线类型

一类班线 □　二类班线 □　三类班线 □　四类班线 □

现有营运客车情况

	总数	高级客车	中级客车
客车数（辆）			
座位数（个）			

拟聘用营运客车驾驶员情况

序号	姓名	性别	年龄	取得相应驾驶证时间	从业资格证号	从业资格证类型	三年内是否发生重大以上交通责任事故
1							
2							
3							
4							
5							
6							
7							
8							
9							
10							
11							
12							
13							
14							
15							
16							
17							
18							
19							
20							
21							
22							
23							
24							
25							
26							
27							
28							
29							
30							

表格不够，可另附表填写

申请许可客运班线情况　　　　请在□内划✓

始发地 ______________________

终到地 ______________________

拟始发地客运站 __________ 是否已签意向书 □

拟终到地客运站 __________ 是否已签意向书 □

途径主要地点 ______________________

途中停靠站点 ______________________

营运里程 __________ 公里

其中：高速公路里程 __________ 公里　占总营运里程 ______ %

日发班次 __________ 个

申请经营期限 __________ 个

客运班线类型　一类班线 □　二类班线 □　三类班线 □　四类班线 □

班车类别　普通 □　直达 □

拟投入营运客车情况

序号	厂牌型号	数量	座位数（个）	车辆类型及等级	车辆技术等级	车辆外廓长宽高	拟购还是现有
1							
2							
3							
4							
5							
合计							

表格不够，可另附表填写。

经营方式

公车公营 □　承包 □　挂靠 □

对开客运经营者名称 ______________________

（如果有）

申请材料核对表　　　　请在□内划✓

一、在申请开业同时申请道路客运班线经营的，除提供申请开业的相关材料外，还需提供下列材料：

1.《道路旅客运输班线经营申请表》（本表） □

2.可行性报告，包括申请客运班线客流状况调查、运营方案、效益分析以及可能对其他相关经营者产生的影响等 □

3.进展方案。已与起讫点客运站和停靠站签订进站意向书的，应提供进站意向书 □

4.运输服务质量承诺书 □

二、已获得道路班车客运经营许可的经营者，申请新增客运班线时，除提供上述4项材料外，还应提供下列材料：

1.《道路运输经营许可证》复印件 □

2.与所申请客运班线类型相适应的企业自有营运客车的行驶证、《道路运输证》复印件 □

3.拟投入车辆承诺书，包括客车数量、类型及等级、技术等级、座位数以及客车外廓长、宽、高等。若拟投入客车属于已购置或者现有的，应提供行驶证、车辆技术等级证书（车辆技术检测合格证）、客车等级评定证明及其复印件 □

4.拟聘用驾驶人员的机动车驾驶证、从业资格证及其复印件，公安部门出具的3年内无重大以上交通责任事故的证明 □

5.经办人的身份证明及其复印件，所在单位的工作证明或者委托书 □

只有上述材料齐全有效后，你的申请才能受理

声明

我声明本表及其它相关材料中提供的信息均真实可靠

我知悉如此表中有故意填写的虚假信息，我取得的道路客运班线经营许可将被撤销

我承诺将遵守《中华人民共和国道路运输条例》及其它有关道路运输法规、规章的规定

负责人签名 __________　日　期 __________

负责人职位 __________

如系个人申请不必填写"负责人职位"项

图6-3-2　道路旅客运输班线经营申请表

2. 从事客运站经营的申请材料

申请从事客运站经营的，应提供下列材料：

(1)道路旅客运输站经营申请表,如图6-3-3所示;

道路旅客运输站经营申请表

受理申请机关专用

说明

1. 本表根据《道路旅客运输及客运站管理规定》制作,申请从事道路客运站经营应当按照《道路旅客运输及客运站管理规定》第二章的有关规定向县级道路运输管理机构提出申请,填写本表,并同时提交其它相关材料(材料要求见第4页)。

2. 本表可向各级道路运输管理机构免费索取,也可自行从交通运输部网站(www.mot.gov.cn)下载打印。

3. 本表需用钢笔填写或者计算机打印,请用正楷,要求字迹工整。

申请人基本信息

申请人名称 ______

要求填写企业(公司)全称或者企业预先核准全称、个体经营者姓名

负责人姓名 ______ 经办人姓名 ______

如系个人申请,不必填写"负责人姓名"及"经办人姓名"项

通信地址 ______

邮编 ______ 电话 ______

手机 ______ 电子邮箱 ______

申请事项

客运站名称 ______

所在地址 ______

占地面积 ______ 客运站建筑面积 ______

设计年度日旅客发送量 ______ 竣工时间 ______

经验收符合的站场级别 ______ 验收时间 ______

拟投入运营时间 ______ 申请经营范围 ______

拟聘用专业人员、管理人员情况

序号	姓名	性别	年龄	工作岗位	身份证号码	职称	专业证书号码
1							
2							
3							
4							
5							
6							
7							
8							
9							
10							
11							
12							
13							
14							
15							
16							
17							
18							
19							
20							
21							
22							
23							
24							
25							
26							

表格不够,可另附表填写

客运站设施设备情况

场地设施

站前广场 ______ 平方米 停车场 ______ 平方米 发车位 ______ 个

建筑设施

一、站房

1. 站务用房

候车厅(室) ______ 平方米 重点旅客候车室(区) ______ 平方米

售票厅 ______ 平方米 行包托运厅(处) ______ 平方米

综合服务处 ______ 平方米 站务员室 ______ 平方米

驾乘人员休息室 ______ 平方米 调度室 ______ 平方米

治安室 ______ 平方米 广播室 ______ 平方米

无障碍通道 ______ 米 残疾人服务设施 ______ 件

智能化系统用房 ______ 平方米 盥洗室和旅客厕所 ______ 平方米

2. 办公用房 面积 ______ 平方米

二、生产辅助用房

汽车安全检验台 ______ 个 车辆清洁、清洗台 ______ 个

配电室 ______ 平方米

基本设备

请在□内划√

旅客购票设备 □ 候车休息设备 □ 行包安全检查设备 □

安全消防设备 □ 清洁清洗设备 □ 广播通讯设备 □

行包搬运与便民设备 □ 采暖或制冷设备 □ 宣传告示设备 □

智能系统设备

请在□内划√

计算机售票系统设备 □ 监控设备 □

生产管理系统设备 □ 电子显示设备 □

申请材料核对表 请在□内划√

1.《道路旅客运输站经营申请表》(本表) □

2. 客运站竣工验收证明和站级验收证明 □

3. 拟招聘的专业人员、管理人员的身份证明和专业证书及其复印件 □

4. 负责人身份证明及其复印件,经办人的身份证明及其复印件和委托书 □

5. 业务操作规程和安全管理制度文本

只有上述材料齐全有效后,你的申请才能受理

声明

我声明本表及其它相关材料中提供的信息均真实可靠

我知悉如此表中有故意填写的虚假信息,我取得的客运站经营许可将被撤销

我承诺将遵守《中华人民共和国道路运输条例》及其它有关道路运输法规、规章的规定

负责人签名 ______ 日期 ______

负责人职位 ______

如系个人申请不必填写"负责人职位"项

图6-3-3 道路旅客运输站经营申请表

(2)客运站竣工验收证明和站级验收证明；

(3)拟招聘的专业人员、管理人员的身份证明和专业证书及其复印件；

(4)负责人身份证明及其复印件，经办人的身份证明及其复印件和委托书；

(5)业务操作规程和安全管理制度文本。

(五)行政许可程序的规定

县级以上道路运输管理机构定期向社会公布本行政区域内的客运运力投放、客运线路布局、主要客流流向和流量等情况；在审查客运申请时，应考虑客运市场的供求、普遍服务和方便群众等因素；按照《中华人民共和国道路运输条例》、《交通行政许可实施程序规定》及本规定规范的程序实施道路客运经营、道路客运班线经营和客运站经营的行政许可。

1. 申请受理

道路运输管理机构对道路客运经营申请、道路客运班线经营申请予以受理的，自受理之日起 20 日内作出许可或不予许可的决定；道路运输管理机构对客运站经营申请予以受理的，应自受理之日起 15 日内作出许可或不予许可的决定。

受理跨省客运班线经营申请的省级道路运输管理机构，在受理申请后 7 日内，发征求意见函、附《道路旅客运输班线经营申请表》至途经上下旅客目的地省级道路运输管理机构征求意见；相关省级道路运输管理机构在 10 日内将意见传真给受理申请的省级道路运输管理机构，不予同意的，应依法注明理由，逾期不予答复的，视为同意。对跨省客运班线经营申请持不同意见且协商不成的，由受理申请的省级道路运输管理机构通过其隶属的省级交通运输主管部门将各方书面意见和相关材料报交通运输部决定，并书面通知申请人。交通运输部自受理之日起 20 日内作出决定，书面通知相关省级交通运输主管部门，由受理申请的省级道路运输管理机构按本规定为申请人办理有关手续。

2. 申请道路客运经营行政许可

道路运输管理机构对符合法定条件的道路客运经营申请作出准予行政许可决定的，应出具《道路客运经营行政许可决定书》如图 6-3-4 所示。明确许可事项，许可事项为“经营范围、车辆数量及要求、客运班线类型”，在 10 日内向被许可人发放《道路运输经营许可证》，并告知被许可人所在地道路运输管理机构。

3. 申请客运班线经营行政许可

道路运输管理机构对符合法定条件的道路客运班线经营申请作出准予行政许可决定的，应出具《道路客运班线经营行政许可决定书》，如图 6-3-5 所示。明确许可事项，许可事项为“经营主体、班车类别、起讫地及起讫站点、途经路线及停靠站点、日发班次、车辆数量及要求、经营期限”；在 10 日内向被许可人发放《道路客运班线经营许可证明》如图 6-3-6 所示，告知班线起讫地道路运输管理机构；属于跨省客运班线的，应将《道路客运班线经营行政许可决定书》抄告途经上下旅客的和终到的省级道路运输管理机构。

4. 申请客运站经营行政许可

道路运输管理机构对符合法定条件的客运站经营申请作出准予行政许可决定的，应出具《道路旅客运输站经营行政许可决定书》，如图 6-3-7 所示，并明确许可事项，许可事项为“经营者名称、站场地址、站场级别和经营范围”，在 10 日内向被许可人发放《道路运输经营许可证》。

道路客运经营行政许可决定书

编号：

________________：

你于　　年　　月　　日提出________________申请。

经审查，你的申请符合________________

________________的规定，决定准予道路客运经营行政许可。请按下列要求从事道路客运经营活动：

经营范围：________________

____

车辆数量及要求：________________

____

客运班线类型：________________

____

请于　　年　　月　　日去　　　　领取（换发）《道路运输经营许可证》，并于　　年　　月　　日前按上述要求落实拟投入车辆承诺书，然后办理相关手续。在确定的时间内未按许可要求落实拟投入车辆承诺书的，将撤销本经营许可。

（印章）

年　　月　　日

图 6-3-4　道路客运经营行政许可决定书

道路客运班线经营行政许可决定书

编号：

________________：

你于　　年　　月　　日提出________________申请。

经审查，你的________________申请符合________________的规定，决定准予道路客运班线经营行政许可。请按下列要求从事道路客运班线经营活动：

经营主体：________________

起讫地及起讫站点：________________

途径路线及停靠站点：________________

日发班次：________________

班车类别：________________

车辆数量及要求：________________

经营期限：自　　年　　月　　日起至　　年　　月　　日止。

请于　　年　　月　　日前按上述要求落实拟投入车辆承诺书，然后办理相关手续。在确定的时间内未按许可要求落实拟投入车辆承诺书的，将撤销本经营许可。

（印章）

年　　月　　日

图 6-3-5　道路客运班线经营行政许可决定书

道路客运班线经营许可证明

×客运班许字　　号

经营者名称				许可机关(盖章) 年　月　日
经营许可证号				
起点及站名		讫点及站名		
主要途径地				
停靠站点				
客运班线类型		班车类别		
日发班次		车牌号码		
车辆类型等级				
班车客运标志牌编号				
有效期	自　年　月　日 至　年　月　日			
说　明	1. 本证明贴在班车客运标志牌背面,缺一无效 2. 本证明不得转让、涂改或者伪造,过期作废			

图 6-3-6　道路客运班线经营许可证明

道路旅客运输站经营行政许可决定书

编号:

____________:

你于　　年　　月　　日提出____________申请。

经审查,你的申请符合____________

____________的规定,决定准予道路客运站经营行政许可。并请按下列要求从事道路客运站经营活动:

经营者名称:____________

站场地址:____________

经营范围:____________

站场级别:____________

请于　　年　　月　　日前去　　　　领取(换发)《道路运输经营许可证》,然后办理相关手续。

(印章)

年　　月　　日

图 6-3-7　道路旅客运输站经营行政许可决定书

5. 不予行政许可规定

道路运输管理机构对不符合法定条件的申请作出不予行政许可决定的,应向申请人出具《不予交通行政许可决定书》,被许可人应当按确定的时间落实拟投入车辆承诺书。道路运输管理机构已核实被许可人落实了拟投入车辆承诺书且车辆符合许可要求后,应当为投入运输的客车配发《道路运输证》;属于客运班车的,应当同时配发《班车客运标志牌》如图 6-3-8所示。正式班车客运标志牌尚未制作完毕的,应先配发临时客运标志牌。

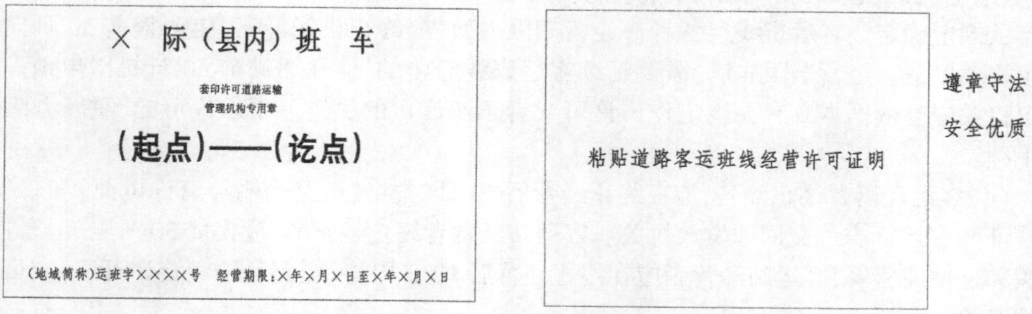

× 际（县内）班 车

套印许可道路运输
管理机构专用章

（起点）——（讫点）

（地域简称）运班字××××号 经营期限：×年×月×日至×年×月×日

a)正面

粘贴道路客运班线经营许可证明

遵章守法
安全优质

b)背面

图 6-3-8 班车客运标志牌

（六）其他规范

1. 经营者申请增加客运班线的

已取得相应道路班车客运经营许可的经营者需要增加客运班线的，应按本规定：一是从事县级行政区域内客运经营的，向县级道路运输管理机构提出申请；二是从事省、自治区、直辖市行政区域内跨2个县级以上行政区域客运经营的，向其共同的上一级道路运输管理机构提出申请；三是从事跨省、自治区、直辖市行政区域客运经营的，向所在地的省、自治区、直辖市道路运输管理机构提出申请。

2. 不同级别的道路运输管理机构受理申请的

向不同级别的道路运输管理机构申请道路运输经营的，应由最高一级道路运输管理机构核发《道路运输经营许可证》，并注明各级道路运输管理机构许可的经营范围，下级道路运输管理机构不再核发《道路运输经营许可证》，已向被许可人发放《道路运输经营许可证》的，上级道路运输管理机构应当按上述要求予以换发。

3. 外商投资、设立分公司和子公司申请经营的

中外合资、中外合作、外商独资形式投资道路客运和客运站经营的，应同时遵守《外商投资道路运输业管理规定》，道路客运经营者设立子公司的，按规定向设立地道路运输管理机构申请经营许可；设立分公司的，应向设立地道路运输管理机构报备。

4. 客运班线服务质量招投标的规定

对同一客运班线有3个以上申请人的，道路运输管理机构可采取服务质量招投标的方式实施道路客运班线经营许可；省级道路运输管理机构协商确定通过服务质量招投标方式，实施跨省客运班线经营许可的，可采取联合招标、各自分别招标等方式进行。

（1）在道路客运班线经营许可过程中，任何单位和个人不得以对等投放运力等不正当理由拒绝、阻挠实施客运班线经营许可。

（2）客运（站）经营者需要变更许可事项或者终止经营的，应向原许可机关提出申请，按本章有关规定办理；客运班线的经营主体、起讫地和日发班次变更和客运站经营主体、站址变更按照重新许可办理；客运（站）经营者在取得全部经营许可证件后无正当理由超过180天不投入运营或者运营后连续180天以上停运的，视为自动终止经营。

(3)客运班线的经营期限由省级道路运输管理机构按《中华人民共和国道路运输条例》的有关规定确定。客运班线经营者在经营期限内暂停、终止班线经营,应当提前30日向原许可机关申请。经营期限届满,需要延续客运班线经营的,应在届满前60日提出申请。原许可机关应当依据本章有关规定作出许可或者不予许可的决定。予以许可的,重新办理有关手续。

(4)客运经营者终止经营,应在终止经营后10日内,将《道路运输经营许可证》和《道路运输证》、客运标志牌交回原发放机关。客运站经营者终止经营的,应提前30日告知原许可机关和进站经营者,客运站经营者应在终止经营后10日内将《道路运输经营许可证》交回原发放机关。

(5)客运经营者在客运班线经营期限届满后申请延续经营,符合下列条件的,应当予以优先许可:

①经营者符合本规定中的条件:一是有与其经营业务相适应并经检测合格的客车;二是有符合条件的从事客运经营的驾驶人员;三是有一套健全的安全生产管理制度。如果是从事道路客运班线经营的,还应当具有第四项条件,即应有明确的线路和站点方案;

②经营者在经营该客运班线过程中,无特大运输安全责任事故;

③经营者在经营该客运班线过程中,无情节恶劣的服务质量事件;

④经营者在经营该客运班线过程中,无严重违法经营行为;

⑤按规定履行了普遍服务的义务。

三、道路客运经营管理

客运经营者按照道路运输管理机构决定的许可事项从事客运经营活动,不得转让、出租道路运输经营许可证件。

(一)客运经营行为

客运经营者不得强迫旅客乘车,不得中途将旅客交给他人运输或者甩客,不得敲诈旅客,拉客、甩客、倒客、宰客行为,是客运经营的禁止行为,是对客运经营者规范经营的基本要求。客运经营者不能擅自更换车辆,因为车辆的类型等级都与乘车舒适性和票价高低有关,不得擅自更换。客运经营者也不得阻碍其他经营者的正常经营活动,这是维护客运市场秩序,保护合法竞争的要求。

(二)客运班线、班车服务

道路客运班线属于国家所有的公共资源。班线客运经营者取得经营许可后,应向公众提供连续运输服务,不得擅自暂停、终止或者转让班线运输。

客运班车按照许可的线路、班次、站点运行,在规定的途经站点进站上下旅客,无正当理由不得改变行驶线路,除许可上下旅客的站点之外,不得在站外和沿途揽客;农村客运班线的运行,经许可机关同意采取区域经营、循环运行、设置临时发车点等灵活的方式经营。同一线路或同一区域的农村客运,应同等对待,实现公平竞争。

严禁客运车辆超载运行,在载客人数已满的情况下,允许再搭乘不超过核定载客人数

10%的免票儿童。客运车辆不得违反规定载货，但营运客车随车携带旅客行包、利用下置行李舱进行小件快运不属于违反规定载货，不得以无证经营进行处罚。

（三）运价、乘车服务

客运运价是由省级交通主管部门和省级物价部门联合制定的，客运经营者应当遵守有关运价规定，使用规定的票证，不得乱涨价、恶意压价、乱收费，保护旅客权益，保持良好的运输市场秩序；在车厢内显著位置公示道路运输管理机构监督电话、票价和里程表，让旅客明白消费并接受旅客和运管机构的监督。

客运经营者为旅客提供良好的乘车环境，确保车辆设备、设施齐全有效，保持车辆清洁、卫生，并采取必要的措施防止运输过程中发生侵害旅客人身、财产安全的违法行为；客运经营者有义务为旅客购买承运人责任险，这是一项强制性法律制度，客运经营者必须执行。

（四）安全生产和应急预案

客运经营者加强对从业人员的安全、职业道德教育和业务知识、操作规程培训，采取有效措施，配备双班驾驶人员，采取停人不停车措施，防止驾驶人员连续驾驶时间超过4个小时疲劳驾驶，客运车辆驾驶人应严格遵守道路运输法规和道路运输驾驶员操作规程，文明服务安全驾驶。

客运经营者应制定突发公共事件的道路运输应急预案，应急预案保证救灾人员、应急处置人员和受灾人员与救灾物资的运输，道路运输企业必须承担紧急运输任务的法定义务，并具有应急处置的能力，客运经营者必须制定突发公共事件的应急预案，以保证在紧急突发事件发生时能迅速启动、立即反应、有效应对，应急预案包括报告程序、应急指挥、应急车辆和设备的储备以及处置措施等内容。发生突发公共事件时，客运经营者应服从县级及以上人民政府或者有关部门的统一调度、指挥。

按照道路运输管理机构以及其他国家相关行政管理机构的要求，在客运经营过程中，建立完善各类台账和档案，并及时报送主管部门。

（五）标志牌制作使用

1. 标志牌制作与发放规定

省际临时客运标志牌，如图6-3-9所示；省际包车客运标志牌，如图6-3-10所示。由省级道路运输管理机构按照交通运输部的统一式样印制，交由当地县以上道路运输管理机构向客运经营者核发。省际包车客运标志牌和加班车、顶班车、接驳车使用的省际临时客运标志牌在一个运次所需的时间内有效，因班车客运标志牌正在制作或者灭失而使用的省际临时客运标志牌有效期不得超过30天。

从事省际包车客运的企业应按照交通运输部的统一要求，通过运政管理信息系统向车籍地道路运输管理机构备案后方可使用包车标志牌。

省内临时客运标志牌、省内包车客运标志牌样式及管理要求由各省级交通主管部门自行规定。

省 际 临 时 班 车

套印省级道路运输
管理机构专用章

(起点)——(讫点)

(省简称)运班临字××××××号

a)正面

经营者名称			
经营许可证号		车牌号码	
起点及站名		讫点及站名	
主要途经地		停靠站点	
班车类别		使用原因	
有效期	自　年　月　日起至　年　月　日止		

说明	经办人签字：
一、此牌适用范围：1. 原有正班车已经满载，需要开行加班车的；2. 因车辆抛锚、维护等原因，需要接驳或者顶班的；3. 正式班车客运标志牌正在制做或者不慎灭失，等待领取的 二、属于上述第1、2种原因使用此牌的，有效期为一个运次所需时间；属于上述第3种原因使用此牌的，有效期不得超过30天	具体发证道路运输管理机构(盖章) 年　月　日

b)背面

图 6-3-9　省际临时客运标志牌图

省 际 包 车 (二维码)

(起点)——(讫点)

(省简称)运包字　　号

车牌号：　　运输企业(章)：
驾驶员：　　企业签发人：
主要途经地：　　有效期：

图 6-3-10　省际包车客运标志牌

2. 使用临时客运标志牌运营

客运车辆在三种情况下可以使用临时客运标志牌：一是原有正班车已经满载，需要开行加班车时，不再使用以前的加班车标志牌，统一使用临时客运标志牌；二是因车辆抛锚、维护等原因,需要接驳或者顶班时;三是正式班车客运标志牌正在制作或者不慎灭失,等待领取正式标志牌或补办客运标志牌时。发放临时客运标志牌时,要将以上三种情况中属于哪一种情况注明在标志牌背面,便于路检路查。

凭临时客运标志牌运营的客车应当按正班车的线路和站点运行。属于加班或者顶班的,还应当持有始发站签章并注明事由的当班行车路单;班车客运标志牌正在制作或者灭失的,还应当持有该条班线的《道路客运班线经营许可证明》或者《道路客运班线经营行政许可决定书》的复印件。

(六)驾驶人、旅客责任义务

(1)客运车辆驾驶人员应随车携带《道路运输证》、《从业资格证》等有关证件,在规定位置放置客运标志牌;客运班车驾驶人员还应随车携带《道路客运班线经营许可证明》,证明车辆和人员是取得合法营运资格的。

(2)旅客乘坐营运客车出行时,在合法权益受到保护的同时,也应承担一定的责任和义务,如:持有效客票乘车,遵守乘车秩序,文明礼貌;携带免票儿童的乘客应在购票时声明,以免使免票儿童过多,超过限载的规定;不得携带国家规定的危险物品及其他禁止携带的物品乘车,以免对运输安全造成影响。

(七)客运包车运行

客运包车应当凭车籍所在地道路运输管理机构核发的包车客运标志牌,标志牌由省级运管机构制作,由地市或县级运管机构发放,经营者领取方便,以方便旅客和方便经营者为第一要务。按照约定的时间、起始地、目的地和线路运行,并持有包车票或者包车合同,不得按班车模式定点定线运营,不得招揽包车合同外的旅客乘车,否则将按未经班线许可从事班车客运进行处理。

客运包车除执行道路运输管理机构下达的紧急包车任务外,其线路一端应当在车籍所在地。发放包车标志牌的必须是车籍所在地运管机构,运管机构也不得发放起讫地均不在本地的包车客运标志牌。单程的去程包车回程载客要向客源地运管机构备案的规定,这样既能让当地运管机构掌握客源情况,避免客车以包车名义随意拉客影响市场秩序,也可提高包车的实载率,避免空驶。省际、市际客运包车的车籍所在地为车籍所在的地区,县际客运包车的车籍所在地为车籍所在的县。

非定线旅游客车可持注明客运事项的旅游客票或者旅游合同取代包车票或者包车合同,须注明包车客运的有关事项。

(八)调集运力规定

春运、旅游“黄金周”或者发生突发事件等客流高峰期运力不足时,道路运输管理机构可临时调用车辆技术等级不低于二级的营运客车和社会非营运客车开行包车或者加班车。非营运客车凭县级以上道路运输管理机构开具的证明运行。

四、道路客运站经营管理

客运站经营者应当依法加强安全管理,完善安全生产条件,健全和落实安全生产责任制。客运站经营者应当对出站客车进行安全检查,采取措施防止危险品进站上车,按照车辆核定载客限额售票,严禁超载车辆或者未经安全检查的车辆出站,保证安全生产。

(一)客运站经营活动

客运站经营者应按照道路运输管理机构决定的许可事项从事客运站经营活动,不得转让、出租客运站经营许可证件,这与对道路客运经营者的要求一致。客运站是具有公益性的交通基础设施,客运站经营者擅自改变客运站的用途和服务功能,会导致旅客乘车困难或者影响出行,应维护好各种设施、设备,保持其正常使用。

(1)客运站经营者经营行为规定。应禁止无证经营的车辆进站从事经营活动,无正当理由不得拒绝合法客运车辆进站经营;坚持公平、公正原则,合理安排发车时间,公平售票;发车时间安排上发生纠纷,客运站经营者协调无效时,由当地县级以上道路运输管理机构裁定。

(2)客运站经营者和进站客运经营者之间应是经营合作关系,适用于《合同法》调解的范畴,按照双方签订的合同履行各自的责任和义务,特别是客运站经营者应按月和客运经营者结算运费的内容,用规章的形式对站运双方的责任进行了规范。

(3)客运站经营者应公布进站客车的班车类别、客车类型等级、运输线路、起讫停靠站点、班次、发车时间、票价等信息,调度车辆进站发车,疏导旅客,维持秩序。

(4)客运站经营者应设置旅客购票、候车、乘车指示、行李寄存和托运、公共卫生等服务设施,向旅客提供安全、便捷、优质的服务,加强宣传,保持站场卫生、清洁。在客运站从事客运站经营以外的其他经营活动时,应当遵守相应的法律、行政法规的规定。

(5)客运站经营者应严格执行价格管理规定,在经营场所公示收费项目和标准,严禁乱收费;应按规定的业务操作规程装卸、储存、保管行包;应建立和完善各类台账和档案,并按要求报送有关信息。

(二)应对突发公共事件

(1)客运站是人流聚集的公共场所,其管理者必须具备应对突发事件的能力,客运站经营者应当制定公共突发事件应急预案,包括报告程序、应急指挥、应急设备的储备以及处置措施等内容。

(2)进站客运经营者应在发车30分钟前备齐相关证件进站等待发车,不得误班、脱班、停班。进站客运经营者不按时派车辆应班,1小时以内视为误班,1小时以上视为脱班。但因车辆维修、肇事、丢失或者交通堵塞等特殊原因不能按时应班、并且已提前告知客运站经营者的除外。进站客运经营者因故不能发班的,应当提前1日告知客运站经营者,双方要协商调度车辆顶班。对无故停班达3日以上的进站班车,客运站经营者应当报告当地道路运输管理机构。

五、客运(站)经营活动监督检查

道路运输管理机构应对道路客运和客运站的经营活动进行监督检查,维护运输市场秩序、保护旅客和经营者权益的重要保障,道路运输管理人员应严格按法定职责权限和程序进行监督检查,确保公开、公平、公正,严格依法行政,建立健全监督制度和机制。

(一)监督检查规范要求

道路运输管理机构及其工作人员重点在客运站、旅客集散地对道路客运、客运站经营活动实施监督检查,可根据管理需要在公路路口实施监督检查,但不得随意拦截正常行驶的道路运输车辆,不得双向拦截车辆进行检查,保证经营者和旅客的合法权益,减少对经营者正常经营活动和社会正常秩序的影响。

(二)监督检查行为

道路运输管理机构工作人员的责任意识,保证监督检查所获得的情况是客观真实的,保护当事人的合法权益,便于当事人自觉接受监督检查或行政处罚。实施监督检查时应有2名以上人员参加,并向当事人出示交通运输部统一制式的交通行政执法证件。

道路运输管理机构人员可向被检查单位和个人了解情况,查阅和复制有关材料。但应保守被调查单位和个人的商业秘密;被监督检查的单位和个人应接受道路运输管理机构工作人员依法实施的监督检查,如实提供有关资料或者说明情况。

(三)客运车辆经营规定

1. 客运车辆审验

县级以上道路运输管理机构应当定期对客运车辆进行审验,每年审验一次。审验内容包括:①车辆违章记录;②车辆技术等级评定情况;③客车类型等级评定情况;④按规定安装、使用符合标准的具有行驶记录功能的卫星定位装置情况;⑤客运经营者为客运车辆投保承运人责任险情况。审验符合要求的,道路运输管理机构在《道路运输证》审验记录栏中或者IC卡注明;不符合要求的,应当责令限期改正或者办理变更手续。

2. 客运车辆超载

道路运输管理机构工作人员在实施道路运输监督检查过程中,发现客运车辆有超载行为的,应当立即予以制止,并采取相应措施安排旅客改乘(对客运车辆超载行为可以制止,但没有处罚权)。客运车辆超载的处罚,对同一违法事项只能由一个部门处罚,不能由两个部门实施处罚,公安部门是道路交通安全的管理者,它承担着道路交通安全的管理职责,并按照《道路交通安全法》可对超载行为依法进行处罚。道路运输管理机构发现客车超载时,应向当地公安部门进行通报,以打击超载行为。

3. 异地违法经营处理

客运经营者所在地运管机构掌握客运经营者和车辆的违法经营情况,对其服务水平、经营规范做出准确的考核,有利于加强对客运经营者服务质量的监督和源头管理。客运经营者在许可的道路运输管理机构管辖区域外违法从事经营活动的,违法行为发生地的道路运输管理机构应当依法将当事人的违法事实、处罚结果记录到《道路运输证》上,并抄告作出道路客运经营许可的道路运输管理机构。

4. 行政处罚决定通报规定

客运经营者违反本规定的,县级以上道路运输管理机构在作出行政处罚决定的过程中,可按照行政处罚法的规定将其违法证据先行登记保存。作出行政处罚决定后，客运经营者拒不履行的，作出行政处罚决定的道路运输管理机构可将其拒不履行行政处罚决定的事实通知违法车辆车籍所在地道路运输管理机构，作为能否通过车辆年度审验和决定质量信誉考核结果的重要依据。

5. 暂扣客运车辆规定

道路运输管理机构的工作人员在实施道路运输监督检查过程中，对没有《道路运输证》又无法当场提供其他有效证明的客运车辆可以予以暂扣，并出具《道路运输车辆暂扣凭证》，如图6-3-11所示。对暂扣车辆应当妥善保管，不得使用，不得收取或者变相收取保管费用。

道路运输车辆暂扣凭证

编号：　　　字第　　号

第　　联

当事人姓名：________　联系电话：________

业户名称：________________

通信地址：________　邮政编码：________

我单位在依法实施道路运输检查时，发现你驾驶的车辆在从事道路运输活动，且无法当场提供《道路运输证》和其他有效证明，依据《中华人民共和国道路运输条例》第六十三条的规定，决定暂扣你的车辆。请在七日内持本凭证到________接受处理。暂扣期间，对车辆予以免费保管；逾期不接受处理的，将依法作出行政处罚决定；拒不履行的，将申请人民法院强制执行。

当事人对暂扣车辆的决定不服的，可根据《中华人民共和国行政复议法》或《中华人民共和国行政诉讼法》，在接到本凭证之日起六十日内向________申请行政复议，或在六个月内向人民法院提起诉讼。

车　辆　简　况

车号：______　车型：______　轮胎：______　门锁：______

车灯：______　玻璃：______　后视镜：______

车上其它设备及物品：________________

____

备注：________________

执法人员签名：________　执法证号：________

当事人签名：________

执法机关(印章)

年　月　日

图6-3-11　道路运输车辆暂扣凭证

违法当事人应当在暂扣凭证规定的时间内到指定地点接受处理。逾期不接受处理的，道路运输管理机构可依法作出处罚决定，并将处罚决定书送达当事人。当事人无正当理由逾期不履行处罚决定的，道路运输管理机构可申请人民法院强制执行。

六、客运(站)经营的法律责任

(一)非法从事道路客运经营

有下列行为之一的，由县级以上道路运输管理机构责令停止经营；有违法所得的，没收违法所得,处违法所得2倍以上10倍以下的罚款;没有违法所得或者违法所得不足2万元的,处3万元以上10万元以下的罚款;构成犯罪的,依法追究刑事责任:

(1)未取得道路客运经营许可,擅自从事道路客运经营的;

(2)未取得道路客运班线经营许可,擅自从事班车客运经营的;

(3)使用失效、伪造、变造、被注销等无效的道路客运许可证件从事道路客运经营的;

(4)超越许可事项,从事道路客运经营的。

(二)非法从事客运站经营

有下列行为之一的,由县级以上道路运输管理机构责令停止经营;有违法所得的,没收违法所得,处违法所得2倍以上10倍以下的罚款;没有违法所得或者违法所得不足1万元的,处2万元以上5万元以下的罚款;构成犯罪的,依法追究刑事责任:

(1)未取得客运站经营许可,擅自从事客运站经营的;

(2)使用失效、伪造、变造、被注销等无效的客运站经营许可证件从事客运站经营的;

(3)超越许可事项,从事客运站经营的。

(三)非法转让、出租许可证件

(1)客运经营者、客运站经营者非法转让、出租道路运输经营许可证件的,由县级以上道路运输管理机构责令停止违法行为,收缴有关证件,处2000元以上1万元以下的罚款;有违法所得的,没收违法所得。

(2)客运经营者(含国际道路客运经营者)、客运站经营者及客运相关服务经营者不按规定使用道路运输业专用票证或者转让、倒卖、伪造道路运输业专用票证的,由县级以上道路运输管理机构责令改正,处1000元以上3000元以下的罚款。

(四)未投保承运人责任险

客运经营者有下列行为之一,由县级以上道路运输管理机构责令限期投保;拒不投保的,由原许可机关吊销《道路运输经营许可证》或者吊销相应的经营范围:

(1)未为旅客投保承运人责任险的;

(2)未按最低投保限额投保的;

(3)投保的承运人责任险已过期,未继续投保的。

(五)无证经营或不携带《道路运输证》

(1)取得客运经营许可的客运经营者使用无《道路运输证》的车辆参加客运经营的,由县级以上道路运输管理机构责令改正,处3000元以上1万元以下的罚款。

(2)客运经营者不按照规定携带《道路运输证》的,由县级以上道路运输管理机构责令改正,处警告或者20元以上200元以下的罚款。

(六)违规经营行为

(1)客运经营者有下列情形之一的,由县级以上道路运输管理机构责令改正,处1000元以上 3000 元以下的罚款；情节严重的，由原许可机关吊销《道路运输经营许可证》或者吊销相应的经营范围：

①客运班车不按批准的客运站点停靠或者不按规定的线路、班次行驶的；

②加班车、顶班车、接驳车无正当理由不按原正班车的线路、站点、班次行驶的；

③客运包车未持有效的包车客运标志牌进行经营的，不按照包车客运标志牌载明的事项运行的，线路两端均不在车籍所在地的，按班车模式定点定线运营的，招揽包车合同以外的旅客乘车的；

④以欺骗、暴力等手段招揽旅客的；

⑤在旅客运输途中擅自变更运输车辆或者将旅客移交他人运输的；

⑥未报告原许可机关，擅自终止道路客运经营的。

(2)客运站经营者有下列情形之一的，由县级以上道路运输管理机构责令改正；拒不改正的，处 3000 元的罚款；有违法所得的，没收违法所得：

①擅自改变客运站的用途和服务功能的；

②不公布运输线路、起讫停靠站点、班次、发车时间、票价的。

(七)不具备安全条件经营

(1)客运(站)经营者已不具备开业要求的有关安全条件、存在重大运输安全隐患的，由县级以上道路运输管理机构责令限期改正；在规定时间内不能按要求改正且情节严重的，由原许可机关吊销《道路运输经营许可证》或者吊销相应的经营范围。

(2)客运站经营者有下列情形之一的，由县级以上道路运输管理机构责令改正，处 1 万元以上 3 万元以下的罚款：

①允许无经营许可证件的车辆进站从事经营活动的；

②允许超载车辆出站的；

③允许未经安全检查或者安全检查不合格的车辆发车的；

④无正当理由拒绝客运车辆进站从事经营活动的。

(八)道路运输管理机构工作人员违法行为

道路运输管理机构工作人员违反本规定，有下列情形之一的，依法给予行政处分；构成犯罪的，依法追究刑事责任：

(1)不依照规定的条件、程序和期限实施行政许可的；参与或者变相参与道路客运经营以及客运站经营的；

(2)发现违法行为不及时查处的；违反规定拦截、检查正常行驶的运输车辆的；违法扣留运输车辆《道路运输证》的；

(3)索取、收受他人财物，或者谋取其他利益的；

(4)其他违法行为。

《道路旅客运输及客运站管理规定》的“规范、维护、保障、保护”八个字立法目的，是对道路客运行业发展目标、工作原则、发展方向的描述，道路客运行业管理的工作是规范道路客运和客运站的经营活动，维护道路客运市场的秩序，保障道路客运安全，保护旅客及经营者的合法权益。

附录　道路交通管理标志

一、警告标志（警告车辆、行人注意危险地点的标志）

十字交叉

T 形交叉

T 形交叉

T 形交叉

T 形交叉

环形交叉

Y 形交叉

Y 形交叉

Y 形交叉

Y 形交叉

向左急弯路

向右急弯路

反向弯路

反向弯路

连续弯路

左侧变窄

两侧变窄

右侧变窄

窄桥

易滑

注意行人

注意儿童

注意非机动车

注意残疾人

注意横风

上陡坡

下陡坡

连续下坡

事故易发路段

注意危险

傍山险路

傍山险路

注意落石

注意落石

村庄

注意牲畜

注意野生动物

隧道

隧道开车灯

注意信号灯

堤坝路

堤坝路

渡口

过水路面

慢行

驼峰桥

路面不平

路面高凸

路面低洼

施工

有人看守铁路道口

无人看守铁路道口

叉形符号
（表示多股铁道与道路交叉）

50米

100米

150米

斜杠符号

左右绕行

左侧绕行

右侧绕行

注意合流

双向交通

注意潮汐车道

注意保持车距

十字平面交叉

丁字平面交叉

注意前方车辆排队

注意路面结冰

注意雨(雪)天

注意雾天

注意不利气象条件

建议速度

避险车道

二、禁令标志(禁止或限制车辆、行人交通行为的标志)

禁止通行

禁止驶入

禁止停车

禁止长时停车

停车检查

禁止机动车通行

禁止载货汽车驶入

禁止电动三轮车驶入

禁止大型客车驶入

禁止小型客车驶入

禁止汽车拖、挂车驶入

禁止拖拉机驶入

禁止三轮汽车、低速货车驶入

禁止摩托车驶入

禁止某两种车驶入

禁止非机动车进入

禁止畜力车进入

禁止人力货运三轮车进入

禁止人力客运三轮车进入

禁止人力车进入

禁止行人进入

禁止向左转弯

禁止向右转弯

禁止直行

禁止向左向右转弯

禁止直行和向左转弯

禁止直行和向右转弯

禁止掉头

禁止鸣喇叭

限制宽度

限制高度

限制质量

限制轴重

禁止超车

解除禁止超车

限制速度

解除限制速度

区域限制速度

区域限制速度解除

禁止运输危险品车辆驶入

区域禁止停车

区域禁止停车解除

区域禁止长时停车

区域禁止长时停车解除

停车让行

减速让行

会车让行

海关

三、指示标志(指示车辆、行人行进的标志)

直行

向左转弯

向右转弯

直行和向左转弯

直行和向右转弯

向左和向右转弯

靠右侧道路行驶

靠左侧道路行驶

立交直行和左转弯行驶

立交直行和右转弯行驶

环岛行驶

单行路(向左或向右)

单行路(直行)

步行

鸣喇叭

最低限速

路口优先通行

会车先行

人行横道

右转车道

左转车道

直行车道

直行和右转合用车道

直行和左转合用车道

掉头车道

掉头和左转合用车道

分向行驶车道

允许车道

多乘员车辆专用车道

公交线路专用车道

快速公交系统(BRT)专用车道

机动车行驶

机动车车道

非机动车行驶

非机动车车道

停车位

四、指路标志(传递道路方向、距离信息的标志)

1. 一般道路指路标志

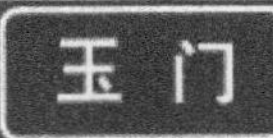

地名

著名地名

行政区划分界

道路管理分界

国道编号

省道编号

县道编号

交叉路口预告

十字交叉路口

丁字交叉路口

环形交叉路口

互通式立交

分岔处

地点距离

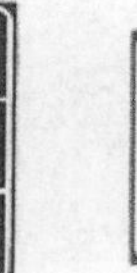
此路不通

火车站

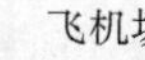
飞机场

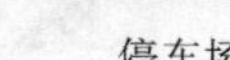
停车场

长途汽车站

急救站

客轮码头

名胜古迹

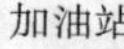
加油站

洗车

轮渡

地铁站

餐饮

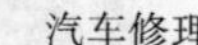
汽车修理

路滑慢行

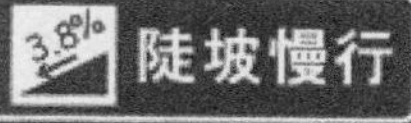

陡坡慢行

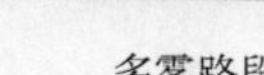
多雾路段

软基路段

大型车靠右

注意横风

事故易发点

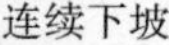
连续下坡

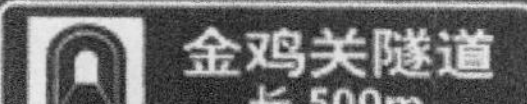

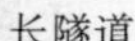
长隧道

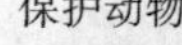
保护动物

避车道　残疾人专用设施

绕行标志

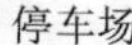
停车场

车道数增加

车道数变少

线形诱导标

2. 高速公路指路标志

入口预告

入口预告

入口预告

入口

起点

终点预告

终点提示

终点

下一出口

出口编号预告

出口预告

出口预告(两个出口)

出口

地点方向

地点方向

地点方向

地点方向

地点距离

收费站预告

收费站

紧急电话

电话位置指示

加油站

紧急停车带

服务区预告

停车区预告

停车场预告

停车场

爬坡车道

车距确认

道路交通信息

里程牌

百米牌

分流

合流

线形诱导标

ETC 车道指示

不设电子不停车收费(ETC)
车道收费站预告及收费站

设有电子不停车收费(ETC)
车道收费站预告及收费站

停车领卡

五、辅助标志

7:30 - 10:00

时间范围

7:30 - 9:30
16:00 - 18:30

时间范围

除公共
汽车外

除公共汽车外

机动车

货车

货 车
拖拉机

货车、拖拉机

向前 200m

向左 100m

向左、向右各 50m

向右 100m

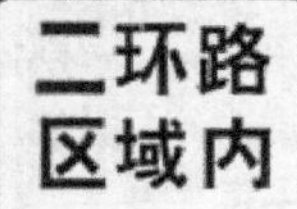

某区域内

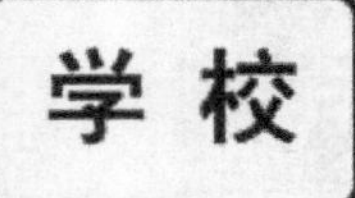

学校

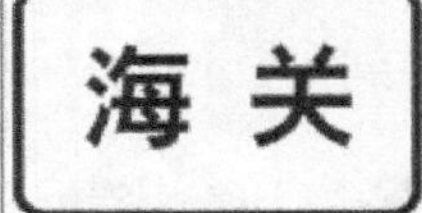

海关

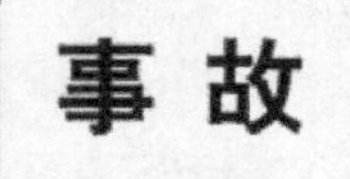

事故

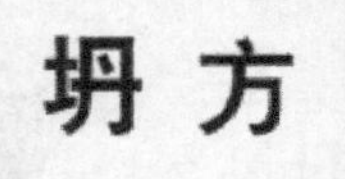

坍方

私人专属

私人专属

组合

行驶方向

长度 5km

长度

教练路线

教练车行驶路线

考试路线

驾驶考试路线

校车停靠站点

校车停靠站点

六、旅游区标志

旅游区方向　旅游区距离　问询处　徒步　索道

野营地　营火　游戏场　骑马　钓鱼

高尔夫球　潜水　游泳　划船　冬季浏览区

滑雪　滑冰

七、道路施工安全标志

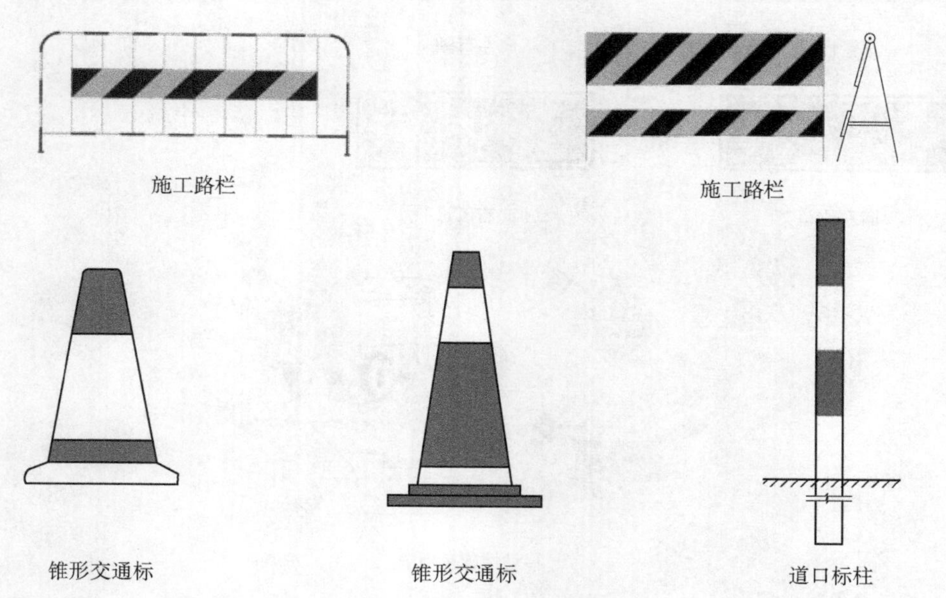

施工路栏　施工路栏

锥形交通标　锥形交通标　道口标柱

前方施工

前方施工

道路施工

道路封闭

道路封闭

道路封闭

右道封闭

右道封闭

右道封闭

左道封闭

左道封闭

左道封闭

中间封闭

中间封闭

中间封闭

车辆慢行

向左行驶

向右行驶

向左改道

向右改道

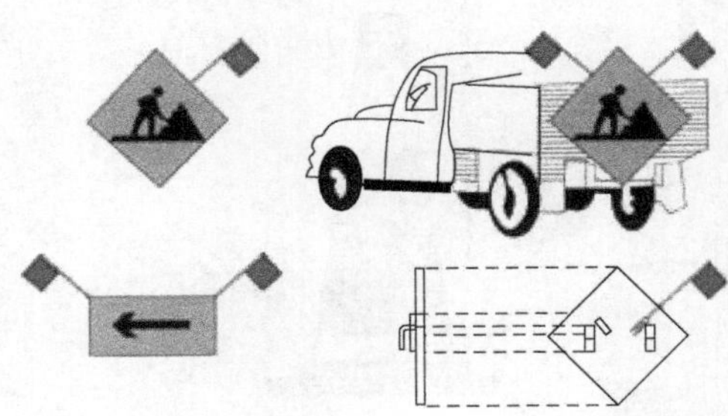
移动性施工标志

八、道路交通标线

中心黄色双实线(严禁车辆跨线或压线行驶)

中心黄色虚实线(实线一侧禁止车辆越线或左转弯,虚线一侧准许车辆越线超车或左转弯)

双向两车道路面中心线(分隔对向行驶的交通流,在保证安全的情况下允许车辆越线超车或左转弯)

车行道边缘线(白色实线,用来指示机动车道的边缘,或用来划分机动车道与非机动车道的分界)

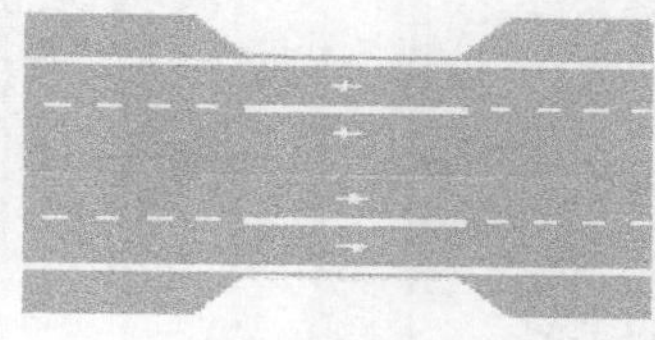

禁止变换车道线(白色实线)

左弯待转区线(左弯车辆可在直行时段进入待转区,等待左转。左转时段终止,禁止车辆在待转区内停留)

人行横道

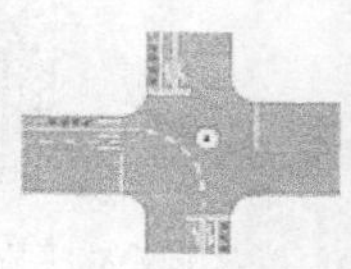

左转弯导向线(白色虚线,表示左转弯机动车与非机动车之间的分界)

高速公路车距确认标线(用以提供车辆驾驶人保持行车安全距离之参考)

直接式出口标线

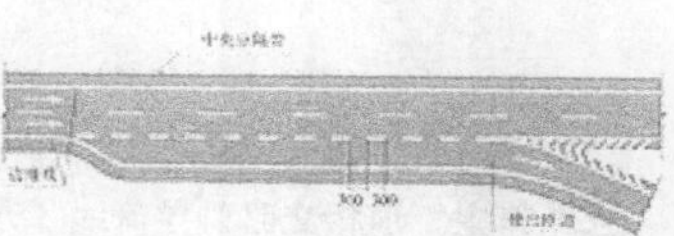

平行式出口标线

直接式入口标线

平行式停车位

倾斜式停车位

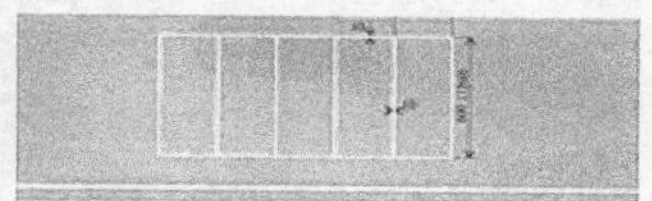

垂直式停车位

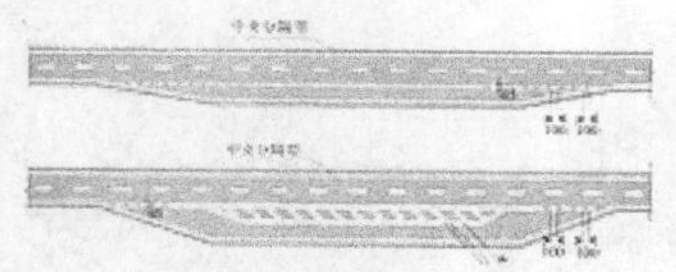

港湾式停靠站(公共客车专用)

三车道标线

禁止路边长时停放车辆线

禁止路边临时或长时停放车辆线

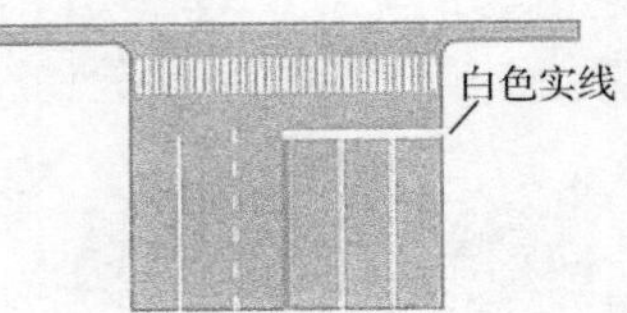

信号灯路口的停止线(白色实线，表示车辆等候放行的停车位置)

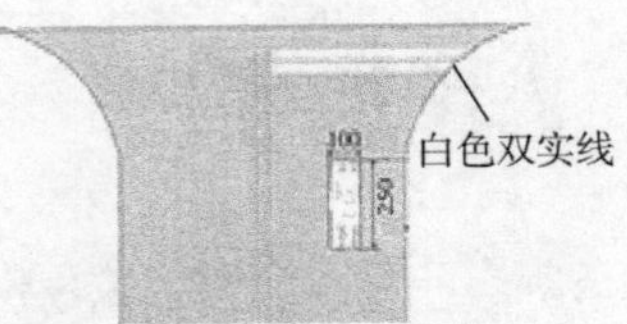

停车让行线(表示车辆在此路口必须停车让干道车辆先行)

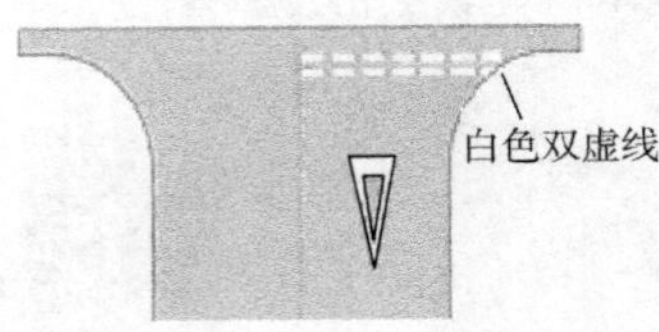

减速让行线(表示车辆在此路口必须减速让干道车辆先行)

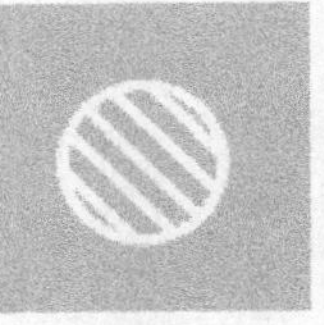
中心圈(用以区分车辆大、小转弯，车辆不得压线行驶)

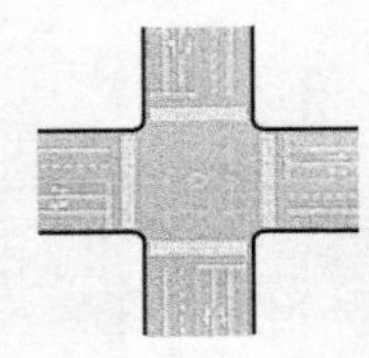
非机动车禁驶区标线(左转弯骑车人须沿禁驶区外围绕行)

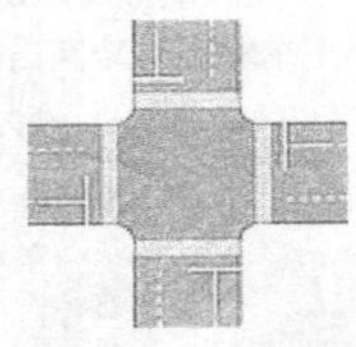
网状线(用以告示驾驶人禁止在该交叉路口临时停车)

简化网状线

近铁路平交道口标线

复杂行驶条件丁字路口导流线

Y 型路口导流线

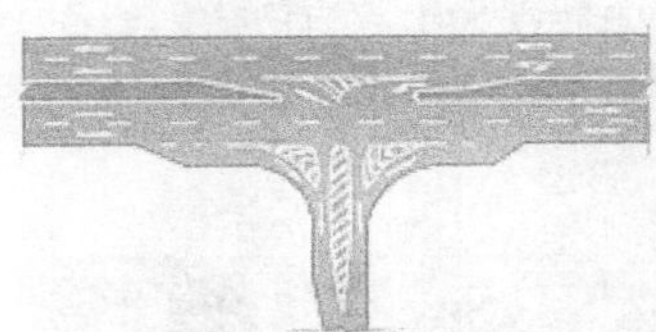
支路口主干道相交路口导流线

专用车道线(仅限于某车种行驶)

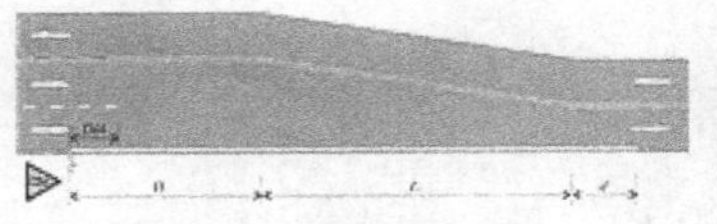
三车道缩减为双车道

四车道缩减为双车道

四车道缩减为三车道

四车道缩减为双车道

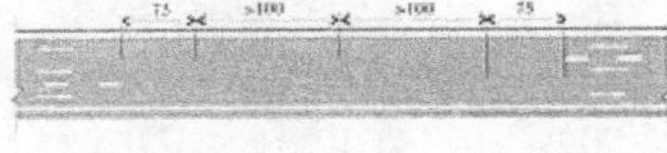

三车道斑马线过渡

双向两车道改变为双向四车道

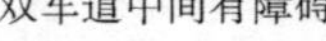
双车道中间有障碍

四车道中间有障碍

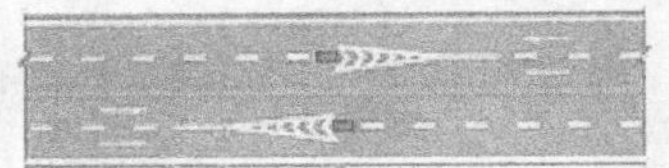
同方向二车道中间有障碍

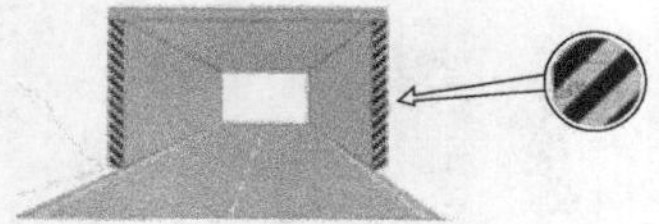

立面标记（提醒驾驶人注意，在车道或近旁有高出路面的构造物）

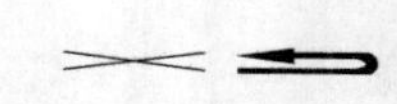

禁止掉头标记

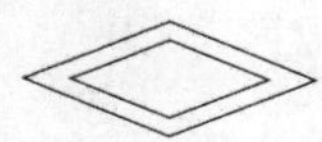

人行横道预告标示

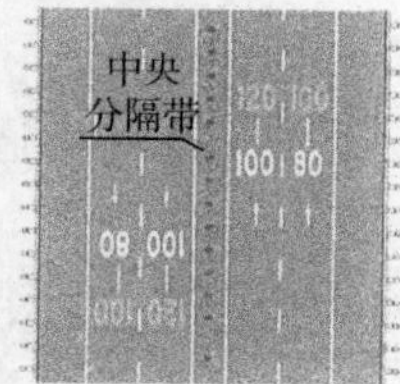

路面限速标记字符

非机动车道路面标记

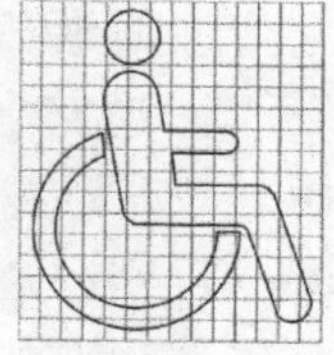

疾人专用停车位路面标记

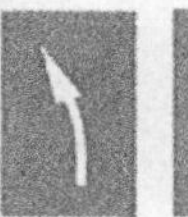

导向箭头

参考文献

[1] 2016 最新交通法规汇编[M]. 北京:法律出版社,2016.

[2] 蔡风田,等. 道路客货运输驾驶员继续教育培训教材[M]2 版. 北京:人民交通出版社,2014.

[3] 吴晓斌,等. 客运企业与站(场)经理人培训教材[M]. 杭州:浙江科学技术出版社,2009.

[4] 交通运输部运输服务司. 道路运输车辆技术管理规定释义[M]. 北京:人民交通出版社股份有限公司,2016.

[5] 裴玉龙,等. 道路交通安全管理法规概论及案例分析[M]. 北京:人民交通出版社,2006.

[6] 何树林. 道路交通安全管理法规与案例教程[M]. 北京:国防工业出版社,2012.

[7] 杨松林,等. 道路交通安全法规教程[M]. 北京:人民交通出版社,2011.

[8] 陆春其,等. 高速公路交通安全管理[M]. 北京:人民交通出版社,2004.

[9] 郑安文. 道路交通安全与管理[M]. 北京:机械工业出版社,2008.

[10] 林平. 汽车法规概论[M]. 北京:机械工业出版社,2010.

[11] 李辉安,蒋国平. 道路旅客运输企业车辆技术管理与车队标准化管理[M]. 北京:清华大学出版社,2014.

[12] 交通运输部公路科学研究院. 道路运输企业车辆技术管理[M]. 北京:人民交通出版社股份有限公司,2016.

[13] 赵广娜,宿春君. 道路旅客运输及客运站管理规定[M]. 北京:人民交通出版社,2008.

[14] 杭州长运运输集团有限公司. 道路旅客运输服务与管理[M]. 北京:人民交通出版社,2013.

[15] 交通专业人员资格评价中心,交通部职业技能鉴定指导中心. 汽车客运服务员(初级、中级、高级)[M]. 北京:人民交通出版社,2010.

[16] 国家质量监督检验检疫总局,国家标准化管理委员会. GB 1589—2016 汽车、挂车及汽车列车外廓尺寸、轴荷及质量限值[S]. 北京:中国标准出版社,2016.

[17] 国家质量监督检验检疫总局,国家标准化管理委员会. GB 18565—2016 道路运输车辆综合性能要求和检验方法[S]. 北京:中国标准出版社,2016.

[18] 中华人民共和国交通运输部标准. JT/T 325—2013 营运客车类型划分及等级评定.[S]. 北京:人民交通出版社,2013.

[19] 中华人民共和国交通运输部. 安全驾驶从这里开始[M]. 3 版. 北京:人民交通出版社股份有限公司,2016.

[20] 聂红梅,单宗芬. 新编道路交通运输法规[M]. 北京:北京交通大学出版社,2016.